天下文化
BELIEVE IN READING

健康生活 133B

艾倫・羅絲曼 Ellen Lerner Rothman, M.D. ——著
朱珊慧——譯　賴其萬——審閱

白袍

一位哈佛醫學生的歷練

White Coat

Becoming a Doctor at Harvard Medical School

目錄

006 合作出版總序 樹立典範 黃達夫
008 序 穿上白袍之後 賴其萬
014 前言 白袍

1 第一年 White Coat

020 第1章 到達哈佛
034 第2章 解剖實驗室
040 第3章 急診室的春天
044 第4章 記錄性史
050 第5章 大期待
058 第6章 安寧療護

2 第二年

White Coat

066 第7章 療癒之觸
076 第8章 第一次檢查
082 第9章 命名
088 第10章 價值衝突
094 第11章 骨盆腔
106 第12章 感情
112 第13章 公演
118 第14章 國家醫師執照考試
122 第15章 恐怖、恐怖
128 第16章 創傷
134 第17章 喪失語言
142 第18章 上路

3 臨床實習

White Coat

152 第19章 外科
166 第20章 醫療程序
176 第21章 難纏的病人
200 第22章 太多
218 第23章 婦產科
226 第24章 治療性墮胎
242 第25章 淒風苦雨的病房
256 第26章 小兒科
262 第27章 傑米
276 第28章 愛滋病
292 第29章 內科
300 第30章 大虎

328 第31章 絕望
334 第32章 終身大事
344 第33章 鳥人
354 第34章 精神科
360 第35章 潔西卡
382 第36章 問問題的力量
394 第37章 哈薩德
402 第38章 急診室再現
420 第39章 畢業
428 中英文專有名詞對照

合作出版總序

樹立典範

給新一代醫療人員增添精神滋養

黃達夫醫學教育促進基金會董事長
和信治癌中心醫院院長　黃達夫

我一直很慶幸這四十幾年習醫與行醫的生涯，適逢生命科技蓬勃發展，醫學進步最迅速的時期，在這段時間，人類的平均壽命幾乎加倍，從戰前的四十幾歲增加到今天已接近八十歲。如今，我雖然已逐漸逼近退休年齡，卻很幸運的能夠與年輕的一代同樣抱著興奮的心情迎接基因體醫療的來臨，一同夢想下一波更令人驚奇的醫學革命。

我更一直認為能夠在探究生命奧祕的同時，協助周遭的人們解除疾病帶給他們的痛苦，甚至改變他們的生命，這種經常與病人分享他們生命經驗的職業，是一件極具挑戰性、極有意義的工作。在我這一生所接觸的師長、同僚和後輩中，我不斷發現樂在工作的人，都是從照顧病人的過程中獲得滿足，從為病人解決問題的過程中找到樂趣。而驅使他們進一步從事教育、研究、發現的工作最強有力的動機，也是為了解決病人的問題。自從我進入醫療工作後，因著這些典範的激勵，支持我不斷的往前走，也常讓我覺得能與他們為伍是個極大的光榮，更讓我深深感受到典範對我的影響力和重要性。

除了周遭生活中所遇到的典範外，我相信在每個人的生命中，必定也經常從書籍中找到令我們欽慕的人物和值得學習的經驗，這些人、這些觀察也常具有相同的影響力和重要性。因此，我過去曾推薦一些有關醫療的好書給天下文化出版社，建議他們請人翻譯出版，這次當天下文化出版社反過來提議與黃達夫醫學教育促進基金會合作出版有關醫療的好書，由基金會贊助提供給國內的醫學院學生和住院醫師時，我認為是件非常值得嘗試的工作，董事會也欣然認同這是件值得投入的事情，目前計劃每年出版三本書，給國內新一代醫療人員添一些精神上的滋養，希望能激勵他們從醫療工作中找到生命的意義和生活的樂趣。

二〇〇二年一月十五日

序

穿上白袍之後

賴其萬

二〇〇一年底，好友黃達夫醫師送我一本《*White Coat*》，我在看完以後，寫了一篇導讀在《當代醫學》的「每月一書」專欄裡介紹了這本好書。之後我陸續接到了幾位不同學校的醫學生寫信告訴我，他們很希望這本書能譯成中文，讓更多台灣的讀者共享。有一位同學甚至告訴我她已開始著手翻譯了，我這才趕快告訴她，如果我們要出中譯本的話，一定得先要有版權才行。而在這同時，黃達夫院長與我也都認為這本書實在值得譯成中文，列入黃達夫醫學教育促進基金會與天下文化合作出書的第四本好書。於是天下文化就找了專業的朱珊慧女士著手翻譯，而很高興看到這本書的中譯本終於問世了。

幾個星期前天下文化邀我幫她們審閱譯稿時，我正好要動身去波士頓參訪哈佛醫學院一個星期，於是我就帶著譯稿與原著一起動身。我一邊重讀作者羅絲曼（Ellen Lerner Rothman）醫師在這書裡，娓娓道出她在哈佛大學醫學院從入學到畢業的四年中，對同學、老師、病人、醫護人員以及醫療環境的各種觀察與感觸，一邊又正好在這所醫學院與她們的師生在一起。走在她所描述的建築物裡，與她書中所提到的師長交談，也有機會與她的學弟妹談他們在這裡受教育的感想，使我對這本書更產生一種分外的親切感。

第一天到哈佛與前院長費德曼教授交談時，我與他提及《白袍》這本書，我告訴他我很想知道目前羅絲曼醫師在做什麼工作。想不到他說我問對了人，因為他目前正負責哈佛醫學院校友會的事。於是他立即轉頭在電腦上查了一下，就發現這位醫生現在在亞利桑那州的印地安人保留區服務。這老人家臉色愉悅地告訴我，當他讀《白袍》這本書時，對這學生的印象是「這女孩子很會說話，很會寫文章」，但他沒有把握她真的會當一位有愛心、能奉獻的醫生。今天在獲知她居然真的秉持理想不為利誘，選擇在印地安人保留區服務時，他有說不出的快慰。他說現在的醫學生在他們的生涯規劃裡，不少人都把「生活方式」（life style）擺在理想之上，而讓他十分感慨。我們交換了許多有關這方面的意見，而我們都同意醫生這職業與其他行業非常不一樣的就是，我們不能單純以金錢物質的酬庸來衡量我們的成就，這身白袍的確具有更深遠的意義。

全書總共分為三大部分，「第一年」包括如何走入學醫之路、經歷解剖學科、急診室、安寧病房臨終照顧，以及醫學生學習如何探詢病人性方面的病史等。「第二年」包括一些臨床診斷的學習、價值觀的改變，參加第一階段醫師資格考試的經驗，以及接觸到一些較不尋常的病人的記趣。最後部分「臨床實習」則包括醫學院第三與第四年的生活，描述到各科實習的心得，以及在實習過程中留下深刻印象的特殊病人。

在照顧癌末的病人時，她領悟出「做為一名醫療照顧者，我的目標是盡量讓他感到舒適，並且幫助他同時能夠掌握身體方面與精神方面的生活。我並不認為我必須要挽救他的性命或讓他走得漂亮，我只希望能幫他走得有尊嚴」。而她很感慨說出一段醫師的心語：「身為醫療照顧者，實在很難不採用可以救命的技術，而讓病人只接受簡單、非侵襲性的急救方法，然後死亡。不經過一番奮戰就放棄病人，實在不容易做到。死得有尊嚴，在醫院裡並不常見。」她並道出一位同學聽到的病人心聲：「我知道，要醫師親近一個快死的人很不容易。但如果到了什麼話都不對我說的地步，就只有兩種可能：要不是他們以醫師的立場，已經說不出任何鼓勵我的話了，就是他們根本不在乎我。」

作者在書中多處都提到哈佛醫學院特別重視「病醫課」（patient-doctor course）。這課程的名字最突顯的就是把「病人」放在「醫生」之前，顧名思義這堂課的目的就是要加強以病人為中心的醫療理念。從大一開始，這門課就是必修，直到大三。醫學生在不同階段的學習過程中，透過如何去認識病人、如何獲得病史、如何獲得明確的診斷、如何與師生溝通分享臨床的種種心得，而融合醫病關係、醫學倫理與醫學專業的知識。

作者在書中說：「到了二年級更深入醫病關係之後，我發現我與病人之間的關係愈來愈密切了，而權力落差也更明顯了。我不僅必須討論敏感的問題，還得伸手去觸摸病人。我知道光是說說話並不會傷害到別人的身體，但突然之間，我意識到我這雙探索的手具有做出傷天害理之事的可能。就在一年級快結束時，我好不容易對訪談有了信心，但學習身體檢查卻又帶來新的、更深的不安全感。雖然上了二年級，每一週都學到更多的臨床技巧，但這種高度的不安全感卻加深了自己不適任的感覺，甚至蓋住了我的成就感。」讀到這裡，的確令人不得不佩服哈佛大學醫學院為了培養出仁心仁術的良醫，用心良苦地設計出如此有心的課程。

書名為《白袍》，作者也多次描述到她穿上這身白袍的心理變化。她發現白袍使她對病人產生一種權威，但也使自己感受到沉重的責任感。在小兒科的實習裡，她因為脫下了白袍而悟出「雖然我在醫療世界裡的歸屬感還不夠，因而把白袍視為是群體性與合法性的護身符，但我愈來愈不喜歡它加諸在醫病關係上的拘束感。我覺得它讓我比較不人性化，比較定型。一旦我和病人建立起關係，白袍的重要性就退隱到幕後了，不管怎麼說，我還是比較喜歡輕鬆一點。脫下了白袍、看不出長短的差別、也沒有鼓鼓的口袋可供辨別，想要一眼判定層級的高低是不太容易的。而且奇怪的是，卸下了白袍，我反而覺得更能融入醫療世界中。」

而最後在書中的結尾，作者很感性地說：「我曾經因為看到『急診室的春天』裡醫學的複雜難解而心生畏懼，現在，我已經可以輕而易舉挑出其中的錯誤了。我已經覺得自己像個醫師了嗎？我還是不確定。但為了讓自己扮演醫師與醫療照顧者的角色更稱職，我猜想我的成長永遠沒有止息的一天。」

最後我想錄下一段作者對學醫這條路所引起的思索，而這使我更相信，學醫這條路最好還是在大學畢業後才開始，這樣比較能培養出心智成熟的醫生：「醫學院念了一年半的這個關頭，我遇到了個人的價值觀及目標與病人的信念相衝突的狀況。我想要了解，如何才能維護病人的價值觀並保護他們的自主權。隨著過去十年來，醫療關係愈來愈以病人為導向之後，我們所面臨的挑戰也愈來愈明顯。為了保護病人的價值觀，我願意做出多大程度的妥協？做出妥協對我來說有多困難？大學時代是我的自我探索與個人成長的階段。我知道了自己的界限在哪裡，設定了自我規範，也發展出自己的一套價值觀。進入醫學院後，我那套價值觀不夠用了，我得學會讓自己的價值觀與病人的信念互相吻合，並且讓他們的目標實現，同時又不需要犧牲自己的。念大學時，我很努力想找到自我；現在，我想知道，在別人之所以成為別人的環境裡，我會變成什麼樣……醫學並未允許我們把病人放在我們的道德標準下檢視。我們必須學會把自己的成見擱置一旁。」

我深信羅絲曼醫師學醫的心路歷程，可以幫忙醫學生保留他們那份赤子關愛之心，也可以喚醒醫生們自己當年初入醫學殿堂時的那份天真敏感的心，更可以幫忙許多想要學醫，但又不知道這條路是否適合他們的年輕學子。我甚至認為社會大眾也可以藉由這本書了解醫生的養成教育，而更能醫病彼此體恤，共創更好的醫療環境。

白袍

White Coat

前言

「你**絕對**不可能猜到我剛才做了什麼事。」羅伊在電話那頭說。他在門診跟著一位主治醫師看診，剛從那兒回來。

羅伊是我們班第一個幫病人做直腸觸診、檢查攝護腺的同學。事實上，除了量血壓之外，那也是大家所執行的第一種檢查程序。那位先生在這次看診中要接受三次檢查——一次由醫師動手，另外兩次由醫學生上陣。這種經驗固然讓病人不太自在，而羅伊也是同樣尷尬。

我把羅伊的事告訴我母親，她很懷疑病人怎麼會答應讓初出茅廬的生手來動他的攝護腺。「病人真的『願意』嗎？」

唯一可以解釋病人之所以會願意的理由，就是羅伊那身白袍。在穿了幾個月的白袍之後，我也已經習慣於病人對我的信任，其實我的能力跟病人的信任完全不成比例。我有個同學在看診時，因為對病人被診斷出的那種病症不熟，只好問：「嗯，你可不可以告訴我一點這種病到底是怎麼回事？」

病人回他：「我還在等你告訴我咧。」

我們的白袍（胸前印著深紅色書寫體「哈佛醫學院」）是在醫學院新生訓練第一天的白袍典禮上領到的。我們霍姆斯學會（Holmes Society）的白袍典禮一點也不莊嚴隆重。為了行政上的理由，我們班被隨意分成四組（編按：哈佛醫學院實施小班教學制。這四組依美國醫學史上有名的四巨頭Canon、Castle、Peabody和Holmes而命名），每組舉辦各自的典禮，之後一起午餐。大家第一次穿上嶄新的實驗室白袍，都有點忸怩，不時打量別人穿白袍的模樣。之前在學會辦公室外大家歪歪斜斜的排隊領白袍，我排在倒數幾個。等輪到我時，所有小號的都發完了，我領到的那件大了好幾號。

「你可以自己跟別人換。」行政助理說。

穿著剛拆封、還有折痕的白袍一天之後，我們以醫療界正式成員的身分，首次參與門診。

白袍典禮是學校行政單位想出來的新點子，目的是希望在我們踏入醫學院的第一天，為我們宣示醫學生涯就此開展。雖然這件白袍不像一般醫師或住院醫師的那麼長，但它標誌著我們與醫學的密切關係，同時把我們與一般民眾及義工區分開來。

身為一年級的醫學生，我還沒有準備好接受這種關係。上了一整年的課（包括解剖學、藥理學、生物化學、生理學、遺傳學與胚胎學）之後，我的感想是「學，然後知不足」。但是在每個禮拜一的「病人—醫生課程」（Patient-Doctor course，編按：以下簡稱病醫課）中，我發現自己還是穿著白袍繼續訪談著一個又一個的病人。

儘管我在醫學界中的定位不明，但我的白袍依舊引領我走入醫病之間高深莫測的陌生國度。對我的病人而言，白袍代表的就是一般大眾賦予醫師的權威與信任。大部分的病人並不了解，不同的白袍長度代表著不同的醫療階級。白袍就是白袍。大家壓根兒就不管我的白袍明白昭示著我只不過是個醫學生。我覺得自己好像被烙上了「紅字」（編按：出自霍桑（Nathaniel Hawthorne）的小說《紅字》（*The Scarlet Letter*）），但沒有人知道那代表什麼意思。

每個禮拜的訪談是病醫課的一部分，目的是學習面對病人時的重要詢問技巧、正確的態度以及適切的回應。老師教我們有條不紊、仔細記錄病史，這一點我每週都在不同的病人身上如法炮製，多少有點熟練了。雖然每個禮拜與病人互動的目的是要問出病人的病史，但實際上不如說是我們藉著訪談來學習。上完病醫課，和同學從醫院走回醫學院的途中，安蒂亞發表感想：「實在很討厭耶。我老是在想接下來要問病人什麼問題，根本沒辦法專心聽病人講病情。你想這個情況有沒有可能改善？」

我每次和病人訪談時，他們都會看著我的白袍。我的許多病人都是七十多歲的老人了，二十二歲的我，在他們眼裡一定像個孩子一樣，但這身白袍掩飾了我的青澀，遮蔽了我的生疏，也罩住了我的不安。然而，在醫學的世界裡，我並不因為能夠藏身在白袍之後而覺得輕鬆，白袍反而迫使我去行使我還沒準備好要接受的權力。

穿上白袍，我可以恣意發問，病人也會覺得自己有義務要回答。他們相信我會不帶批判去傾聽他們的故事，了解他們的症狀與痛苦，並且心懷同情。我從他們私人的問題中收集資訊，詢問他們身心生活中最深沉私密的部分。然而他們卻對我一無所知。

此外，這種每週的互動雖然賜予我們權力，卻沒有附帶任何責任。每個禮拜，我帶著幾頁胡亂塗寫的潦草筆記離開病人的房間，然後一去不復返。病人的生活，以及我們之間的互動，最後都濃縮在我的塗鴉中。我完全不需要負責照顧病人，我往後的義務就僅限於保守病人的祕密而已。

在進醫學院之前，要我答應讓醫學生幫我檢查直腸，這種事根本想都別想。不過那一襲白袍可能也愚弄過從前的我。雖然我非常感謝這些病人，讓我有機會可以學習如何訪談以及執行簡單的檢查程序，但我更期待有朝一日，能夠具備真才實學來服務他們。我期待能快點成長，配得上我的白袍。

White Coat

1 第一年

White Coat

第1章

到達哈佛

雖然我再三聽到關於口試委員的傳言，但卻沒有親身見識過。不過，我有個念耶魯的同學告訴我，她的確遇到過一個很胖的口試委員，劈頭就問：「你會不會覺得我太胖？」

去年秋天我到哈佛醫學院面試時，並沒有留下太深刻的印象。當時我確信自己應該不會有機會再到這兒來了，所以根本沒花心思仔細瀏覽校園。當我八月到校參加新生訓練時，感覺上就像是初來乍到似的。

哈佛醫學院的白色大理石建築巍巍聳立在長木（Longwood）大道旁。五棟新古典主義風格的建築物圍繞著一個長方形庭院的三邊，中間是草坪，四周以固定間距種了一圈小樹。草坪長向的兩邊有兩座一模一樣的大樓，每座都由兩棟組成，中間由玻璃長廊連接。

每棟建築物都有四扇窄長的綠色玻璃窗。這群建築物在八〇年代末期經過整修，雖然其中一棟最近以一位捐款人的名字重新命名，但大家還是習慣用A、B、C、D棟來稱呼。至於E棟，多半的人叫它MEC，也就是醫學教學中心（Medical Education Center），醫學院大部分的教室都在這一棟。A棟則在草坪最遠的那一端，高高的白色大理石台階十分顯眼。它是五棟建築物中最宏偉壯觀的，有一排三層樓高的愛奧尼亞式大圓柱（譯注：柱頭有渦狀裝飾），柱頂的中楣上刻著「哈佛醫學院」。院長室和其他行政部門都在這棟大樓裡。

這群建築的對街是一個圓環。圓環右邊直通長木大道的是路易巴斯德（Louis Pasteur）大道，有兩棟一模一樣的紅磚屋各踞一方。這兩棟造型古怪的五角形大樓，和對街的大理石群樓相比，簡直奇醜無比。其中的第二棟，就是醫學院的宿舍——范達比爾特廳（Vanderbilt Hall），大家喜歡暱稱它為范迪（Vandy），那就是我第一年住的地方。

范迪廳的門廳暗暗的。地板鋪著深棕色的石塊，掛在圓形天花板上的老舊青銅吊燈散發出昏黃的燈光。圓形門廳兩側各有一條短短、陰暗的走廊，牆上掛著一排排灰棕色古董級的信箱。門廳另一頭有個後門，通向范迪廳的中庭。

穿過中庭，爬上階梯，就到了二樓的走廊。通過左邊的一個公用廚房，向右過了幾個門直走下去就是我的房間。房間不大，但就宿舍而言是足夠了。地上鋪的是硬木地板，唯一的窗戶可以俯瞰外面的圓環；房間左邊放了一張床，書桌旁有一組小書架，另外還有一個小衣櫥，這就是全部的擺設。

我在整理行李時，還是很難相信自己已經置身於醫學院中，尤其還是哈佛醫學院。我是比較晚才想到要學醫的。那時剛念完大學二年級，忽然興起申請醫學院的念頭，但是一直到三年級學期中才下定決心。我拚命努力，及時修完預科所有的必修課程，以便趕上在一九九四年秋季申請入學。

開始念大學時，我原本打算主修古典文學，然後畢業後從事法律相關的工作，特別是憲法方面。大一時，我選了一門生物學入門當作自然科學的必修科目。我完全沒料到我非常喜歡這門課，同時我也發現自己對拉丁文一點天分都沒有。生物學引發我對科學議題的興趣，我也因此開始為《耶魯科學雜誌》（*Yale Scientific Magazine*）寫文章，探討自然科學中的政治與社會議題。其中醫學倫理又特別激起我的好奇心，因此到大三時，我決定要申請醫學院，準備將來從事醫學倫理相關的工作。當時我還不確定自己是否要從事臨床醫學，我甚至考慮要修法律系為輔系。

雖然我對醫學與醫學倫理非常熱中，但我非常討厭預科那些學生的心態。醫學院的入學競爭非常激烈——每年有四萬五千名學生爭取一萬六千個名額。而事實上，競爭早在所謂的「淘汰」（weed-out）課程就已經開始，例如有機化學、物理、化學以及生物學入門等。有些學生會破壞同學的實驗，或是把放在圖書館的指定參考書藏起來，以利自己取得排名優勢。我覺得大家都太在意成績了，只要認為哪些活動可以為醫學院入學申請加分，一定無所不用其極，以期打造一份輝煌的簡歷。

我對那些醫預科學生印象最壞的一次是在醫院當義工的時候。大二上學期我決定到醫院當義工，一探實際行醫的究竟。在一個初秋的黃昏，我一路問人，找到耶魯—新哈芬醫院（Yale-New Haven Hospital），去參加義工工作分配會議。在小小的講堂中，有將近五十個醫預科學生坐在我的四周。聽完說明之後，好幾個人舉手發問。主持人點了靠近前排的人，他問說擔任義工對於他進醫學院有沒有幫助。主持人回答，醫學院的確希望在申請人的簡歷上看到至少一年的義工經驗。那位同學坐了下來，點點頭，似乎鬆了一口氣。

「還有問題嗎？」主持人問道。沒有半個人舉手。

「好，報名表在前面，我們會叫你，然後把排班表告訴你。」她說。

我決定到呼吸治療科去當義工。當時我剛花了一個暑假在新生兒肺疾實驗室做完研究，正想看看我的研究在臨床上的實際狀況。但結果我被派到的工作卻是每星期花一個下午的時間，幫忙把醫院各處呼吸器儲存櫃的貨補足。他們派我去幫忙黛安，她是一個肥胖的黑人女性，話不多，我跟她完全熟不起來。我們從地下室開始，把一輛大推車堆滿各式各樣的塑膠管和接頭，然後走遍醫院，把空的櫃子裝滿。每隔十五分鐘，她就停下來喝個二十分鐘的咖啡。每次她都用保麗龍杯裝了七分滿的走味咖啡，然後從咖啡機旁的糖盒裡，一把抓起十包藍色包裝的代糖，一次拆開五包，仔細地把糖一點不剩地全部倒進咖啡杯裡，最後舉杯一飲而盡。我去了三、四次之後就決定放棄了。

對我而言，申請醫學院是一件很辛苦的事。我一點都沒有信心可以上得了醫學院，所以申請了將近二十所。每份申請書都有兩個部分要完成，而且每個學校都要求申請人回答好幾個申論題，題目幾乎都沒有重複。趕場到各個學校應試也是既花錢又耗時，而且口試委員一心想把學生搞得神經兮兮的。關於口試委員，坊間流傳著一種標準說法：他們會要求學生打開一扇明知道已經釘死了的窗戶，然後看看學生有什麼反應。另一個經典的故事就是，口試委員讓學生一個人在辦公室裡等，然後打電話到辦公室，看看學生是否會去接電話。如果接了，口試委員就會責怪他擅自接聽別人的電話；若是沒接，他就會責怪應試者為什麼不幫忙留言。總之，橫豎都是輸。雖然我再三聽到這些傳言，但卻沒有親身見識到這樣的人物。不過，我有一個念耶魯的同學告訴我，她的確遇到過一個很胖的口試委員，劈頭就問說：「你會不會覺得我太胖？」

我自己也有過一場惡夢。這是我最糟的一次口試。一個大約六十歲的男性口試委員把我叫進一間辦公室。他很瘦，一頭銀色直髮，棕眼四周有些皺紋，額頭上有一道很深的抬頭紋，嘴唇薄薄的。

「哦，資料上說你對倫理學很有興趣。」他在面試一開始時這麼對我說。我尷尬笑了一笑。

「好吧，那麼我想和你談談我家的狗。這隻狗我已經養了很久。牠已經十歲了，孩子都很喜歡牠。但是現在兩個孩子都離開家了，而這隻狗則患了糖尿病。我們常常要檢查牠的血糖，替牠注射胰島素。那真是件大工程，而且牠也非常討厭打針。既然孩子都不在家了，我和太太很希望能夠到處遊山玩水。但因為有這條生病的狗，讓我們遲遲無法成行。我們該不該讓這隻狗安樂死呢？」

「嗯，」我含糊其辭地說，「這就要看你能夠給你的狗怎樣的生活品質，以及你覺得你的狗該過怎麼樣的生活……」我很清楚他想要聽到一個明確的答案，但是我抓不準他想要聽哪一種答案，以及什麼話會冒犯到他。

「啊，算了，那太簡單了，我們換個更難的。我岳父最近病得很重，他的身體本來很硬朗。他總是說，如果他生病了，他寧願好死也不要賴活著。幾個月前他得了癌症，而且蔓延到骨頭。他實在痛得很厲害，要我幫他打一針嗎啡。我該不該多加些劑量呢？」他問道。

「這個嘛，」我說，「這就要看他生病以後的心智狀態如何來決定。看他是否可以理智表達自己的意見，以及你是否認為他太過沮喪了……」

「你根本沒有回答。」他說。

「嗯，你需要考慮所有的變數……」

「可是那並不是答案。這就是你們那群搞倫理學的人的問題。你們老是在唱高調，但真的面臨問題的核心時，卻又說不出個所以然來。」他說道。

「好吧，如果是我的話，不管我父親多麼希望我幫他結束生命，我想我一生都沒辦法面對是我親手壓下針筒讓他注射過量而死的事實。」最後我這麼告訴他。事實上我真正想說的是：「殺了你家的狗、殺了你岳父吧，別再用那些笨問題來煩我了。」

我很清楚記得收到哈佛錄取通知書的那一天。三月初的一個下午，我到郵局去，發現信箱裡有三封信。杜克大學寄了厚厚的一疊來，哈佛則是薄薄的一封信，而另一封是遊說我辦信用卡的。太薄的信不是個好兆頭，我已經準備好接受落榜的命運。我繼續看著信，試圖搜尋某些字眼，例如：「因為有太多傑出的申請者，我們很遺憾無法……」我一邊迷惑地研究著那封單薄的信，一邊走回宿舍，有位同學跟了上來走在我後面，並且注意到信上哈佛的校徽。「哈佛寄來的？」他問道。

「是啊。」我回答。

「收不收？」他問我。

「什麼？」

「人家要不要你？」

我又把信看了一遍。「要吧，我想。」

如果哈佛沒什麼其他的話要對我說，至少也可以在信封裡塞幾張白紙，讓它看起來有希望一點啊。

得意是後來的事。因為我收到信時，聯絡不上我父母親，於是我整個下午都待在宿舍裡，把全副心思都放在明天早上要交的一篇實驗報告上。到了晚上，當家人知道我錄取了之後，一個個都興奮地打電話來。

當我坐在范達比爾特廳房間的第一個下午，短短幾分鐘之內就見到許多新的哈佛同學，我實在不敢相信自己那麼幸運。他們錄取我的時候是怎麼想的？會不會是搞錯了呢？我實在很害怕。我的同學一定都很優秀。我要如何趕上呢？如果醫學對我而言終究是個錯誤的選擇，那該怎麼辦呢？我努力擺脫我的恐懼，然後走回外面的網球場去參加迎新烤肉。

「一年級教育體驗營」（FEAT, the First-Year Education Adventure Trip）是為期五天的迎新健行活動。和我同一組的羅伊，後來成為我在醫學院中最要好的同學之一。他並不是戶外活動型的人，我實在搞不懂他為什麼要報名參加。在健行的第一天，巴士停在路邊讓我們下車。當我們剛走不遠、還看得見黃顏色的校車時，就必須涉過一條大約四英尺寬、五英寸深的小溪流。大家都好好走過去了，輪到羅伊時，他突然在一塊岩石上滑倒，一腳踩進溪流裡，浸濕了一隻靴子。在回程涉溪的時候，他又滑了一跤，這次換另外一隻腳掉進小溪裡。在接下來的四天裡，他不停抱怨著靴子從來就沒有完全乾過。五天行程結束後，當我們終於到達停車場時，羅伊因為太高興終於可以離開森林了，竟然衝上前去親吻校車。念完第一年後，當我們在登記要當迎新體驗營的領隊時，羅伊說他寧願去死。喔不，他是說，他要辦自己的迎新活動——「一年級教育體驗購物營」（FEAST, First-Year Education Adventure Shopping Trip），目的地是緬因州的基特利（Kittery）大賣場。

羅伊長得很高，加上他很瘦，所以更顯得高。他有一頭深棕色的頭髮和溫柔的棕色眼睛，五官長得有稜有角，下巴中間還有一道深深的凹痕。到目前為止，他最遠近馳名的特色就是尖銳的大嗓門。和他通電話時，我得把話向拿離耳朵幾英寸遠。羅伊小時候，他的母親認為他說話會這麼大聲，一定是因為他聽力不好，於是送他去接受一次又一次的聽力測驗。但測驗結果都顯示他的聽力很正常。他就是天生嗓門大。

我也是在新生體驗營時認識卡洛斯的。他和我不同組，但在我們回到波士頓的第一個晚上，我們這組有一群人決定到劍橋吃晚飯，幾個其他組的成員也和我們一起去。吃飯時，卡洛斯坐在我對面，我們聊了一下，然後在搭地鐵回校區時又多談了一會兒。等我們回到范迪時，大家就各自回房休息了。大約一個小時後，我在走廊上撞見了卡洛斯，但我沒有認出他是吃晚飯時的那個人，於是我又自我介紹了一次。他說他很想原諒我，但他從不讓我從這樁糗事中脫身。

卡洛斯十一歲時，舉家從阿根廷搬到美國加州，一直到現在，他的英文還是帶有一點鼻音。他的個子不高，淡棕色的頭髮配上橄欖茶色的眼睛，架著一副橢圓形玳瑁細框眼鏡，待人溫和，富有急智。他當時剛從英國回來，之前他在那裡靠著馬歇爾獎學金

（Marshall scholarship）得到了衛生經濟學（health economics）的碩士學位。他是我們班最有才氣的同學之一，什麼問題都難不倒他，卻從來不擺架子。卡洛斯和我在第一年就常在一塊，第二年學期初開始約會，到了大三結束就訂婚了。

在狂亂、興奮、焦慮又疲累的前幾週過去之後，我的生活步調很快調整得比較從容。我每天早上七點四十五分起床，然後總會在房間外的走廊或范迪的門廳處，撞見同學急急忙忙趕到對街的醫學教學中心上八點三十分的課。講堂最近剛整修過，裡面是兩層樓高的階梯教室。比較性急的同學會早一點到教室去占前面兩排的座位，而到了第一個月結束時，其他的人也選定了自己喜歡坐的區域。羅伊通常會晚幾分鐘，所以得坐在講堂後面的位子。授課結束後，我們會到樓上的診斷技術演練區去，在小會議室裡針對病例進行小組討論，或在顯微鏡室看幻燈片。

早上的課結束後，我們會在中庭和學會辦公室逗留幾分鐘，就是第一天舉行白袍禮集合的地方。我通常會留在那裡和卡洛斯或羅伊說說話，然後走回宿舍去吃中飯。每個星期一下午，我會到醫院去上病醫課，每星期二和四的下午我也有課。下了課，我通常都會趕回宿舍，以便在晚餐之前擠出一段時間來跑步。其他沒課的下午，我都待在房間裡念書。

每天晚上十一點半，我和朋友都會聚在一起喝茶。那是我在大學時代養成的習慣，現在則延續到醫學院來。聚會大多數是在我的房間，但偶爾也會輪流到其他人的寢室去。星期四的晚上，我們會到羅伊的房間去看美國國家廣播公司（NBC）的影集「急診室的春天」（ER）。通常在這個晚上，我們會把喝茶與看電視合併舉行，這樣看完後還可以多少做點事情。卡洛斯、羅伊和我是核心成員，每晚都會聚在一起喝茶。有時只有我們三個，特別是考試逼近的時候，但通常都會有其他同學過來坐坐，一般來說大概是四到八個人左右。到目前為止，喝茶是我一年級生活中最喜歡的時光。我們什麼都聊，從那天有誰在課堂上打瞌睡、上課討論的主題到私人生活，全都是我們閒談的話題。

週末通常都很安靜。許多同學，包括卡洛斯，都會出城去探望親朋好友。我習慣在星期天K書。如果考試快到了，就連星期六也會拿來念書。但我比較常在星期六和同學一起去探索波士頓。我們會到外面去吃飯、上劇院或到高級的紐伯里精品街（Newbury Street）去逛街。我也參觀過波士頓美術館、水族館，以及自由步道（Freedom Trail）上的各個歷史景點。

不出所料，我們的課業非常重。根據學校「新途徑教育體系」（the New Pathway system of education。編按：這是一種小班教學制，以問題導向教學，由哈佛醫學院首創，已實施多年）的規畫，我們只花一小部分的時間在大教室聽課，絕大部分的學習是來自於以問題為導向的小組討論，彼此互為良師益友。這個制度非常適合我。我和許多同學一樣，是屬於積極型的，喜歡自己發掘問題，然後自己找出解決方案。新制度把傳統醫學課程中靠死記硬背來學習的教法，改變為經由腦力激盪來啟發的方式。小組討論時，在指導教授的協助下，我和同學可以從特定的病例中學習到基本的醫學課題；另外還有小型的實驗課，分別鑽研病理學與組織學。

在醫學院的頭兩年裡，以課堂教學為主。雖然有充足的師資，但學習的過程著重培養我們獨立思考以及自我管理的能力。教授在我們的教育過程中分量沒那麼重，而是站在指導的立場，確保我們能夠消化重要的基本知識。我們的研究主題經常在換，所以幾乎很少有講師或指導教授一次教我們超過幾個星期。

醫學院的第一年專攻生理學；第二年則學習了解各種疾病。我有許多在其他醫學院念書的同學，他們都非常羨慕哈佛學生在踏入臨床前的學習階段所採用的「非過即當」（pass-fail）評分方式——每次考試都會有一個分數，但教務處只會記錄過關還是被當。我們並沒有正式的排名，目的就是希望免除彼此間的競爭。但這個評分方式的壓力還是很大，因為我們還是可以看到成績曲線圖，雖然不會知道是誰拿到最高分，但要知道自己在全班中的排行倒還挺容易的。

在第三、第四年，我們進到醫院開始接受比較嚴苛的訓練。在這第二階段的兩年中，我們逐科輪流實習，在醫院跟著不同科別的醫師或住院醫師一起工作，包括外科、小兒科、產科、婦科、精神科、放射科與神經科。後兩年與前兩年不同，是要打分數的，像是特優、優等、尚可或不佳。分數是帶我們實習的住院醫師或主治醫師決定的，有些科要考試，但很多科都不需要。雖然一般都批評醫師打分數太主觀（通常是在我們離開該科數個月之後才評分的），但是這些分數遠比我們在前兩年所取得的分數重要，因為它攸關我們申請住院醫師時的排名。

新途徑教育最大的改革就是病醫課。這是一門為期三年的課程，目的是要反覆灌輸我們醫學的人性面，並在踏入醫學教育之始，引領我們接觸病人。這門課第一年著重在教導我們如何記錄周密完整的病史，但第一次接觸病人的過程占去了我們大部分的時間，我們學習如何與病人相處以及回應問題。每星期有一個下午要聚會兩小時，每次我們幾乎都在訪談病人，可能是一群人一起訪問，也可能是個別進行，然後再分享自己的經驗。有好幾次我們還利用錄影的方式來進行，便於事後觀察自己的表現，並且針對其中的互動加以評量。第二年的時候，就開始學習身體檢查的技巧。我們持續每個星期見面學習上述的第一部分，同時著手檢查病人。愈到後面，我們待在醫院裡的時間愈多；到了第二年的最後幾個月，病醫課增加為每星期兩個整天。到了第三年，因為同時要處理在病房所遇到的臨床及個人問題，所以又調整回每個星期一次。除了少數例外情況，三年的病醫課都是按照第一年時的分組來上課。

在第一年的病醫課裡，我就見識到未來四年的醫學院生涯即將遭遇到的挑戰。隨著臨床技巧愈來愈純熟，這樣的挑戰也愈變愈複雜，然而在我的初期經驗中所播下的幼苗已經逐漸成長茁壯。剛進醫學院時，我以為繁重的課業與難熬的日子會令人喘不過氣來，但是在迅速調整步伐之後，我很快就察覺到，這些其實是最容易跨越的障礙。對我來說，最大的挑戰是去承擔身為醫師的責任，以及要適應醫病之間的密切關係。我一向認為病人與醫師是一種真誠的夥伴關係，但很快就意識到，兩者的權力天生就有差異。我曾經想過，面對病人的死亡應該不容易，但旋即知道，病人要安心離開塵世才更困難。上醫學院之前，我向來能夠掌控橫在眼前的任務，但現在的目標似乎龐大得遠非我所能勝任。我一向認為自己將來會結婚、組織一個家庭，但現在我看到了挑戰：緊張繁重的行醫生涯將使這個夢想的達成難如登天。

進醫學院之前，我以為自己很清楚「我要當醫師」這句話是什麼意思。但就在踏出學醫的第一步之後，我才發現自己一點概念都沒有。

White Coat

第2章

解剖實驗室

在夢中，我們五個人圍在推床旁，站在各自的老位置，顯然是正在解剖。我握著她的一隻手，就像平常我們會在親友接受痛苦可怕的療程時給予安慰一樣。

我們不知道他們是誰，也永遠不了解他們為什麼會選擇來到這裡。對他們而言，我們代表著「醫學」；對我們而言，他們代表著「人體」。

在解剖室裡，我首次體驗到真實的死亡。進醫學院的第一個星期一，我就面對了一屋子把遺體奉獻給醫學的人。灰色金屬門的後方滲出甜甜的福馬林味道，我猶豫了一下，才鼓起勇氣用汗濕的雙手推開那扇門。我進入三間解剖室中間的那間。沿牆排列的不鏽鋼解剖台上蓋著深藍色的丹寧布，從布的起伏，隱約可以看出下面人體的形狀。對面整片牆都是窗戶，早晨溫暖的陽光灑了進來，在覆蓋人體的丹寧布和汗漬斑斑的乳黃色油氈布地板上投下光影。解剖室的大門敞開著，我往左右兩邊望去，同樣的房間裡都擺著成排蓋上丹寧布的推床。我轉進左邊那間，在左邊那排倒數第二個位置找到我要解剖的遺體，它看起來和其他的沒什麼兩樣。

就在這第一堂解剖課的早晨，我和四個同學掀開丹寧布遮罩，露出了底下的軀體。那是一位女性。她那小小、皺皺，有著粉褐色乳頭的乳房微微垂向兩側。她的頭和手都用細棉布包起來，用大型安全別針別住。因為不好意思再更進一步侵犯她的隱私，所以那天早上我們只把布掀開看了一下，然後就又很小心地蓋回去。兩個月的實驗課上下來，我愈來愈熟悉她的身體，也對她的身體構造瞭若指掌。我順著她的脾臟動脈找到腹腔動脈，從中樞神經一路找到手臂神經叢，還把腸胃道從頭到尾看了一遍。

但我對死亡本質的認識似乎毫無進展。我還沒有體驗過人們在垂死過程中的掙扎，就被強行推去面對死亡的身體層面。對於眼前這位女性的身體，我比任何活人還熟悉，但對於她的靈魂、她的生命，我卻一無所知。

解剖所做的準備，把她身為一個人最基本的特質都抹去了。定色劑除去了歲月的痕跡，讓她一點都看不出年齡；解剖過程的切割，也讓她看起來不成人形，而她的臉則仍然裹在棉布裡。

在大體追悼儀式中，愛莉莎說，她是如何努力想要從一具軀體看出他原來身為一個人的特質，但總是徒勞無功。「每次我們看著一個新的人體構造，」她說，「我心裡就想：這個一定很不一樣。這個人的構造一定很特別。但結果每次都是一樣的。所有人體的結構看起來都一樣。」

在上解剖課期間，幾乎所有人都曾夢見過我們解剖的對象。杭得特院長（**Dean Ed Hundert**）事先警告過我們那是很正常的現象。我已經做好心理準備，預期夜裡會看到自己戴著手套、拿著解剖刀來回切割的景象。但實際上不斷出現在我夢裡的畫面，是我握著大體的一隻手。在夢中，我們五個人圍在推床旁，站在各自的老位置上，顯然是正在解剖。我握著她的一隻手，就像平常我們會在親友接受痛苦可怕的療程時給予安慰一樣。我在睡夢裡虛構了這種人際之間的情感交流，而這在實驗室中是不可能存在的。

不過話說回來，雖然我很遺憾和這些人生前沒有什麼接觸，但其實我也不想知道得更多了。人際關係會帶來牽連和責任，將成為我解剖時的痛苦負擔。

如果說我與死亡的初次相遇純屬身體層次的話，很快我就體驗了情感與人性的那一面。在解剖課結束前的一個星期二下午，我在病醫課中被分配到訪談莎拉。

莎拉七十四歲，孤單單地一個人在等死。當我走進病房時，看到她雙手交疊在腹部，靜靜躺在床上，兩眼怔怔看著空白的電視螢幕。病床間的簾子拉了起來，隔開她和別的病人。那簾子已經很舊，花色都模糊不清了。莎拉因為充血性心衰竭已經奄奄一息，當初醫師預測她只能再活一年，結果她多活了十一年。即使她知道接受現實後內心能獲得平靜，但她還是很不甘心自己即將死亡。隨著病情的惡化，並失去行動能力，親友也跟她愈來愈疏遠。她對於醫師不再花時間在她身上感到很沮喪，並歸因於她快速惡化的病情。

「我知道，要醫師親近一個快死的人很不容易。但如果到了什麼話都不對我說的地步，就只有兩種可能：要不是他們以醫師的立場，已經說不出任何鼓勵我的話了，就是他們根本不在乎我。」她說。

還有其他類似的病例。阿曼達，十六歲，愛滋病末期。我和幾個同學在上病醫課（一）的時候一起訪談過她。阿曼達癱在床上看電視，金褐色的頭髮隨手紮成一個馬尾。她的嘴唇乾裂，上面都是紫褐色的痂皮，中央靜脈導管的頂端從病人服的領口伸出。她去年親眼看著自己的媽媽和小弟死於愛滋病。已無法進食的她，偶爾會想吃椒鹽脆餅解解饞。她在一年多以前已經放棄學業，現在一整天大部分的時間都在看電視。我們問她最喜歡看什麼節目：「不知道。」最喜歡的演員：「不知道。」最喜歡做的事：「不知道。」她已經開始放棄做人了。

丹和史帝夫也有愛滋病。我因為選修了「與重症共同生活」這門課而到他們家訪問。這門課讓我們接觸到末期病症、疼痛處理以及安寧療護等課題。我到他們家的時候，史帝夫還躺在床上，但是丹很小心地攙扶他到客廳，體貼地讓他在一張搖椅上坐下。雖然丹看起來還很健康，但史帝夫憔悴的面容、淚汪汪的藍眼睛以及深陷的黑眼圈，在在都透露出他是個慢性、末期病人。

見面的時候，史帝夫和丹都已經不再為自己設定長期的目標；他們正在籌畫一個拍賣會，因為他們認為自己死後，家人可能無法好好打理他們的古董。雖然他們已經為自己安排後事，但還是為家裡的貓咪訂立遠大的目標：「墨墨」要進行新的節食計畫。

我常常會想到他們。但一年級聖誕節的腳步接近時，莎拉占據了我所有的心思。醫師預期她活不過十二月。我在計畫回家過寒假時，心中惦念著她是否還活著。她是不是能和家人和好？是不是可以和朋友建立比較有意義的關係？

我發現自己心繫於這些生命所剩無幾的病人。我深深震懾於他們在面對死亡時，還是努力想要活得更有尊嚴，想要成為更好的人。當我更深入這些病人的生活並且照顧他們時，我開始對臨床接觸與醫病關係愈來愈有熱情。剛進醫學院時，我不確定自己是不是要當臨床醫師，但現在我了解到，如果醫學倫理只是抽象地思索病人的生命問題，我是無法忍受的。我希望能夠更投入。

有時候感覺死亡好像無所不在。在解剖實驗室裡，我們終於掀開裹臉的遮布，打開頭蓋骨並解剖大腦，這還沒什麼大問題。和一個前晚差點斷氣，而未來幾個月也必定會撒手人寰的病人談話，這也還好。可是當我回到家，發現我的金魚死了，這回可沒那麼容易接受。我足足哭了半個小時。

White Coat 第3章

急診室的春天

在「急診室的春天」裡，卡特無法讓一位老太太說出姓名，主治醫師卻立刻套出相關訊息，卡特又羞又愧。房間明顯陷入一片靜默，沒有人說半句話，但都浮現同樣的念頭：那就是我。

在這個地方，看「急診室的春天」影集是一種義務，容不得你選擇。每個星期四晚上十點，我們會聚集在指定的地點：羅伊的房間、瑪莉莎的房間或斑鳩交誼廳。問題不是看不看，而是在哪兒看。

我總是到羅伊的房間看。我會盡量早到，以便在床上占個位子；晚來的人就得坐在地板上。

我和同學是出於對哈佛的忠誠而開始看這個影集的。衝著這是哈佛醫學院畢業的克利奇頓（Michael Crichton）和三年級醫學生貝爾（Neal Baer），根據他們在麻州綜合醫院（Massachusetts General Hospital）的經驗而撰寫的腳本，我們怎麼能錯過呢？據傳這個節目是依循我們的課程規畫走的，因為節目中的案例通常都剛好是我們上課的主題。但是看「急診室的春天」很快就變得不只是一份責任。我們上鉤了，欲罷不能。

就我個人而言，「急診室的春天」不只是一部受歡迎的電視影集而已。看著主治醫師、住院醫師還有醫學生面對千奇百怪的個人背景與道德議題時，如何處理複雜的醫療問題，是個很好的經驗。那就好比在一個小時內看了七、八個現場演出的教學案例一樣。除此以外，看著自己在對臨床問題以及多變的醫病關係更加了解後，對這個節目也更能領會，著實令人興奮。

我第一次發現自己真正了解這個節目的某些醫學知識的那一刻，我記憶猶新。那是在上解剖課期間，有個心臟病的案例剛好上到一半。我甚至沒有把握自己完全了解血液是如何透過心臟進行循環的。但當「急診室的春天」裡的救護車醫療人員把病人送進來大喊著：「V-fib！要給她電擊。」時，我們房間裡此起彼落說：「V-fib就是心室纖維震顫！」我們都知道，從這位女士的胸腔送進電流，目的是要讓她的心臟細胞進入「不反應期」，而重新設定電流，使心臟能夠再開始整體同步規則跳動。這個時刻的來臨，也象徵我們進入了醫療的團隊。

當課程從解剖學進入生理學與藥理學時，看「急診室的春天」的經驗也跟著改變。在生理學的部分，我被那個充血性心衰竭的病例迷住了。進入藥理學的階段，我對藥物的興趣比什麼都大。當我學到IV push就是靜脈快速注射，streptokinase是一種溶血塊的藥劑，而lidocaine是抗心律不整藥劑時，我對於進入醫學世界有了另一番的體悟：對於節目中呼嚕呼嚕就過去的連珠炮式藥物術語，我終於能夠心領神會了。當藥物的種類一個星期接著一個星期送進我的記憶庫後，我的解碼能力也立刻急速上升。

「急診室的春天」不只橫掃宿舍，也入侵教室。有一位同學為她的小組組員們鉅細靡遺解說心電圖記錄器，包括心跳模式的記錄，以及它所量測的資訊類型。其中一個同學深受震撼，問她是在哪裡學到的。「喔，」她回答道，「我在『急診室的春天』裡看到的。」

吸引我們每個星期到同一個地點去收看的原因，不單單只是醫學知識而已。我們看著影集裡的主治醫師、住院醫師或醫學生，如何巧妙渡過病人或家屬等重重的難關或搞砸一切，然後省思自己該如何反應。當傲慢的外科住院醫師班頓因為沒有耐心傾聽病人訴說，而未診斷出盲腸炎時，羅伊說出了大家的心聲：「他一定沒有上病醫課（一）。」

有時候，問題不在於如果將來面臨相同的情況我們會如何反應，而是我們過去曾經有過什麼反應。看著三年級醫學生卡特訪談第一位病人的那種感覺，和認出心室纖維震顫一樣重要。就在那一集播出的時候，我們也才剛剛訪談過我們的第一個病人。在「急診室的春天」裡，卡特訪談的是一位年邁的老太太，對於所有的問題，她一概用唱歌來回答。他甚至無法讓她開口說出姓名。等主治醫師回來看她時，立刻套出相關的訊息，使得卡特當場又羞又愧。就在那個時候，房間明顯陷入一片靜默。沒有人說半句話，但卻都浮現同樣的念頭：那就是我。與病人談話時備感威脅，必須取得**正確**資訊時壓力十足，認為自己能力不足時沮喪萬分：正是我的寫照。

很快我就變成了「急診室的春天」迷，每星期四晚上都以膜拜的心情收看。可是很意外的是，我發現在放假期間收看這個影集變得很痛苦。上課的日子看，我覺得很享受也很輕鬆；一旦放假，看起來就覺得心煩意亂、壓力很大。高我們幾屆或低我們幾屆的學生，就不像我們對「急診室的春天」有這樣的情愫。或許是因為「急診室的春天」和我們的經驗比較雷同；我們是一起成長的。我們和卡特之間那種極為強烈的聯結，是那些累得半死的高年級生所沒有的。因為「急診室的春天」是在我們一年級的頭幾個月開始播出的，所以很容易變成我們校園生活中固定的一環。

我和同學從「急診室的春天」裡的諸多主治醫師、住院醫師以及醫學生中尋找典範與警惕。對於我們希望如何回應病人，我們發展出一套模式，也試著去了解，如果自己無法承擔會有怎樣的感受。

第4章

White Coat

記錄性史

我們凝神細聽著珊蒂訴說她罹病後遭遇的種種困難。她說完後就開放討論，這時安蒂亞的手馬上躍入空中：「妳的性生活怎麼樣？」四周的同學都在位子上不安地挪動身子。

情況很緊張。時逢病醫課（一）規定的期末錄影訪談，過不過就看這一次了。希斯在逼真的小型檢查室裡訪談一個扮演病人的演員，這個房間是專為考試而設立的，位於醫學教學中心的一個角落。他知道指導教授正透過單向鏡觀察並錄下整個對話過程。他也知道在接下來的一個星期，我們會在小組討論課當中播放各自的錄影帶。而他必須在剩下不到五分鐘的時間內取得病人的性史。

「那麼，我們來談談你的性生活吧。」

幾乎很難找到更文雅的方式來進行。那是大家公認最難與病人交談的主題，也是醫學生在學習過程中最大的挑戰之一。

我們的社會對性這檔子事真著迷。廣告商用美滿性生活的承諾來引誘我們，電影把銷魂的性經驗與真愛劃上等號。但是在此同時，談論性與性功能的真實面卻是最大的禁忌之一。我們不僅要面對社會的規範，每個人還有自己的信條。記錄性史的時候，我們得同時考量文化規範與病人個人的價值觀。對於這個可能造成我們自己與病人都不自在的主題，在訪談時我們多少得營造出某種公開、誠實與感性的氛圍。

因為這類訊息本身就具有高度隱私的特質，所以探詢性史就更加深了醫病關係間的權力不平衡。身為一個學生，我並不需要照顧病人或為取得的訊息負責，所以訪談的重點在於我們如何問問題，而不在於病人的答案。討論胸痛還不算什麼，但是陽痿或性病的病史，實在是非常的隱私，因此，要為我的問題的正當性辯護就更加困難了。這豈不是被認可的窺淫狂嗎？

雖然我很怕這個主題，但是班上有些同學卻非常自在。當我們的病醫課進入為期兩週的性專題課程時，安蒂亞整個人都活了起來。她宣稱：「我已經等了**整整一年**了！你們都知道的啊，這是我**最有興趣**的！」

安蒂亞說起話來總是繪聲繪影。她常常用誇大的手勢來加強語氣，語調又很急促。我常常會隨著她的興奮起舞，而且深受她的吸引，迫切希望得到她的注意。她在念大學時讀了一本有關變態性行為的書之後，就決定要一生致力於人類性行為的研究，而在進入醫學院之前，她就已經花了好幾年的時間，和在內華達州合法妓院裡賣淫的一位性工作者進行合作。

有時候病人會很欣賞我們的直率。上生化課時，我們有一個輔導個案，罹患罕見的遺傳性疾病「成骨不全症」。這個疾病的成因是膠原蛋白（一種構成骨骼與結締組織的蛋白質）的生成有缺陷，因此，這種病人的骨骼天生就很脆弱。當時的課程管理人邀請了一位成骨不全症的病人珊蒂，到班上來和我們聊聊。

珊蒂坐著輪椅來到梯形教室前面。她的情況很嚴重，都已經四十歲了，可是體型卻不及一個三歲小孩。她的身體主要就是一個頭和軀幹，雙腿非常短，長度僅及輪椅椅座的邊緣。我們凝神細聽著珊蒂娓娓訴說她罹患這種疾病後所遭遇到的種種困難。她說完之後就開放討論，這時安蒂亞的手馬上躍入空中。

「妳的性生活怎麼樣？」

我瑟縮了一下，而四周的同學也都在位子上不安地挪動身子。安蒂亞怎麼可以在這種場合問「那種」問題？她的機智得體哪兒去了？如果和病人私下訪談時，討論有關性的問題還算勉強說得過去的話，那在兩百個陌生人面前談簡直就是天大的不合宜。

但是珊蒂非常興奮。「給那個女孩A！」她說。「你知道嗎？我很高興你問我這個問題。很多人看到我，總是認為我不可能有什麼活躍的性生活。但現在我有一個非常棒的伴侶。他對我很溫柔，而且我們兩個都很滿足。他擔心我會折斷骨頭，但我們都非常小心。有一次他不小心讓我掉進浴缸裡，他覺得好糗。那時他臉上的表情簡直是……他認為我一定有哪裡折斷了，結果沒事。我們現在還會拿那件事來開玩笑呢。」

隨著對性別以及性相關刻板字眼的去汙名化運動興起（也就是大眾媒體所謂的「政治正確」），記錄性史的工作就變得更加困難了。雖然弄清楚病人是不是同性戀者、已婚或單身、縱慾或禁慾向來就很重要，但我們繞著這些問題步步為營，想取得資訊時，還是深怕一個不小心就把自己的價值觀強加於病人身上，讓雙方有了隔閡。這種有話不直說的態度，在某種程度上，又強化了與病人談性的禁忌。

這類問題讓病人覺得尷尬，而我們同樣也不好受。有一天下午，羅伊試著用符合政治正確的方法來探詢病人的性傾向。病人茫然望著他一分鐘。「你是想問我是不是同性戀嗎？我不是。你為什麼不直接問呢？」

雖然老師鼓勵我們詢問所有病人這些問題，但通常似乎都不太適合。「要問一個七十四歲的老太太，在性方面到底是受到男性、女性還是兩性的吸引，我就是開不了口。」瑞努道出了大家共同的排拒心理。當她真的鼓起勇氣問一個已婚婦女這個問題時，病人因為背後可能的意涵而覺得被冒犯。「妳為什麼問這樣的問題？我對女人當然沒興趣。我已婚耶，孩子都兩個啦！」

瑞努也是我們病醫課班上的，長得非常漂亮。她有一頭濃密的棕黑色長髮，黑色的瞳孔幾乎和褐色的虹膜分不出來。她有一身古銅色的肌膚和一對不常笑的薄唇。與病人相處的經驗讓瑞努覺得很矛盾。她對病人的故事多半不感興趣，因而懷疑自己在醫學的領域中到底該找什麼樣的工作。她偶爾也會質疑自己選擇進醫學院到底對不對，而記錄病史的工作更加深了這樣的疑慮。

雖然學習如何和病人談論性慾與性生活有許多困難，但久而久之，我開始覺得這樣的談話像是例行公事，不那麼唐突了。

羅伯特是一個三十歲的男性，因為氣喘惡化而住院。突發症狀大致上已經解決了，隔天早上就可以出院。他的身材高大，除了眼白和牙齒，他的眼珠、頭髮和皮膚一片棕黑色。他穿著醫院發的淡藍色睡褲以及綠色塑膠拖鞋，上身搭了一件海軍藍的連帽無領長袖運動衫。我跟他討論完他的氣喘後，轉移到其他的醫療問題上，才突然想起來忘了問他是如何引發氣喘的。

「喔，是我在吸古柯鹼的時候吧。」羅伯特滿不在乎地回答。我很努力掩飾自己的驚訝。他竟然如此一派輕鬆。

「你還使用其他毒品嗎？」我問他。

「嗯，我每天大概要嗑幾包海洛因。不過也就這樣了，」羅伯特說道。

在對話的過程中，羅伯特告訴我他希望隔天可以去勒戒中心。他的女朋友過去都是由靜脈注射毒品的，但去年已經完全戒除。我們在討論他女朋友的時候，我順勢問他有關安全性行為的問題。「你通常會使用保險套嗎？」

「才不咧，我不喜歡。」

「嗯，你知道嗎，因為你使用靜脈注射毒品，所以你是屬於感染愛滋病與肝炎的高危險群，那是會經由性行為傳染的。保險套可以杜絕傳染。」

「我知道啊，我做過一次愛滋病篩檢。陰性反應。」

「是啦，即使是如此，你和你女朋友還是屬於高危險群。我知道保險套戴起來並不舒服，但就保護你和你的女朋友而言卻是非常重要的。我不能命令你怎麼做，但我希望確定你了解保險套對你的重要性。」

「啊，我知道我應該要戴，可是我認為那種事不會真的發生在我頭上。」

「好啦，只要你了解就好。」

後來那個星期快結束時，我把那次訪談描述給我母親聽。當我已經談到其他的話題時，她還繞著保險套轉。「等等。你告訴誰要戴什麼啊？我恐怕得花上很長的時間才能習慣呢。」她說道。至少在那次與羅伯特的互動中，我已經能夠很自在輕鬆地談性了。

「陰莖」、「勃起」、「陰道」、「性高潮」這些字眼，我還是沒辦法說得很自然。每當我問「你對自己的性功能有沒有什麼問題或疑惑？」時，還是會聽到自己的聲音結結巴巴在「功能」兩個字上卡住了。但我還是繼續問，希望有一天這樣的對話能夠脫口而出。

第5章 White Coat

我很驚訝地發現，班上有許多人都在跟憂鬱症奮鬥。我怎麼也想不到的那些人竟然走上前去，訴說他們的鬱悶心情、治療過程，以及用藥後得到的舒緩。

大期待

成功峰是我們的剋星。我們在阿爾崗金族印第安山區（Adirondack Mountains）健行一整天後，汗流浹背，又累又餓。我和九位哈佛醫學院的同學企圖在夜幕低垂之前登上三千三百英尺的成功峰。我們失敗了。

事與願違的狀況從來也沒停過。

八月入學時，我一方面非常期待「非過即當」的輕鬆上課氣氛，可是又聽說醫學院的課業非常繁重，壓力又大，因而忐忑不安；同學的傑出優異更是讓我備感威脅。

當我適應了課業量，並且和同學變成好朋友之後，一切的擔憂就煙消雲散了。但是雖然上課沒什麼壓力，實際上還是引起高度緊張的氣氛，讓人始料未及。

謠言在我們一年級的班上流傳得很厲害，特別是在考試前。「我聽說我們班至少是過去五年來壓力最大的一班。」這句話的出處有各種說法，從某人朋友的老師，到霍姆斯學會會長顧登諾（Dan Goodenough），全都榜上有名。

為了準備一科非過即當的考試長期奮戰一個星期之後，我跟羅伊說，為這種考試一直待在圖書館開夜車，會不會拚過頭了？雖然會打分數，但教務處只會記錄我們是過關還是被當。連在大學中會給成績的那些考試，我都還沒那麼用功過呢。

「我知道我一定會過，那根本不是重點，」他說道。「我只是希望過也要過得有面子一點。」

我們通常都戲稱高分過關的同學為「超P」（super P），但是大家都還是全力爭取。不管該科考試有多不重要，或是教務處有多寬容，我們還是希望自己的表現讓人刮目相看。對許多人來說，過關是不夠的。

在一次公開討論會中，有位同學說出了自己最後被當一科的沮喪。「為什麼沒有人要談談被當的事呢？我看過曲線圖，大概有十多人跟我一樣被當。這種事不應該覺得那麼丟臉吧。」在醫學院裡，我們的標準比某些社會上最嚴格的要求還高，失敗是最大的禁忌。

我們不斷檢視自己，以便盡量和任何會導致失敗的風險保持安全距離。對於不是必修的課程，同學間的對話不時被這些疑問打斷：「你真要修那門課嗎？」「你最近看了哪些書？」「你當真覺得那個重要嗎？」

我們不僅懷疑自己，也對小班教學以及學習過程提出質疑。同學都擔心自己學到的基礎科學知識不夠。我們大部分都聽說過，在醫學生到醫院逐科輪流實習時，臨床醫師譏諷同學的科學底子不扎實。我們覺得逐頁研讀兩千頁的《哈里遜內科》（*Harrison's*）很可笑，但謠傳我們班真的有個同學如法奉行。

這種集體的疑慮蔓延得非常快。凱特是我的實驗室搭檔，很快就成為我最親近的朋友之一。她是個脾氣很好、周身散發著溫暖的人，有一頭捲捲的褐色長髮，臉上總是帶著微笑。她喜歡跟人擁抱，偏愛手染服裝。在班上，她是出了名的愛打毛線。總是隨身帶著一袋五顏六色的毛線，只要是有演講的場合，她就會把棒針和毛線拿出來邊聽邊打。

凱特在和指導教授討論過小班教學制之後，滿腹壓力、沮喪地離開。她們小組說出了大家私下對教育「量」的疑慮。凱特大致上對我們的教育是還滿意的，她說：「好吧，也許我是學得不夠，也許我將來不會是個好醫師，但我想我還是要相信哈佛，他們應該知道自己在做什麼。」

在醫學領域，既獎勵也要求我們時時自我評量、永遠企求成功。醫學的魅力在於救人的能力。若醫學果真如此神妙（其實只有部分奠基於事實），那等我一窺醫學之堂奧後，連那些自己造成的疾病——如酒精性肝硬化或吸菸導致的肺癌——我都可以治癒。我也可以拯救那些先天被遺傳決定命運的人。我更可以了解人類的身體，解開生命之謎。反過來說，病人會仰望我為他們提供大膽甚至戲劇化的療方，以逃脫命運的擺布。

同時，我又必須超越人類必會犯錯的宿命：不論身心多麼疲累，我絕不疏忽與犯錯，因為我的錯誤與失敗可能會帶來慘痛的後果。

這種對醫學與醫療照顧的理想化憧憬，既誇張又太過自我膨脹。不管怎麼說，樣樣都要學的壓力實在令人難以招架。

在病理學實驗室裡，指導教授給我們看某個人的體內器官，上面布滿了斑點狀的黃色淋巴腫瘤。「在病人身上可能有腫瘤的位置做觸診時要非常非常小心，」他說。「否則可能會觸動鬆動的細胞，造成擴散與新的轉移。」想到連自己不經意的觸碰都可能引發致命的後果，著實令人膽顫心驚。

即使是個人的生活，我們也採用與修習課業同樣嚴厲的標準。我們竭力領先失敗一步，但有時還是會覺得自己掉入萬丈深淵。雖然每個人各自孤軍奮戰，但我確信，它在我們每個人的心中肆虐之後，都留下了斑斑傷痕做為警惕。

第一個學年三月底的時候，班上有位同學企圖自殺。那天早上，他一直都待在女朋友（也是同班同學）的宿舍房間裡。當他女朋友去沖澡時，他就不見了。他租了一部車，開上了一座橋。他把車停在路邊，開門下車，然後縱身跳進了好幾英尺下面的海灣裡。但奇蹟救了他。

「就在一躍而下的同時，他了解到自己犯了有生以來最大的錯誤，」他的女朋友後來告訴我們。「他在空中翻轉身體調整方向，好讓自己掉到水裡，而不是撞到下面的混凝土橋墩。」他死裡逃生，只撞斷了一根肋骨。

我簡直不敢相信他會自殺。我和他們兩個上同一位教授的生化課和藥理學。我們那個小組的八個同學每星期都要見面三次，每次一起上課兩小時。我從來沒有察覺到他的掙扎，甚至沒懷疑過他會沮喪。他課前總是充分準備，不論什麼主題他都懂得很多，同時熱烈參與討論。雖然他不是那種我會在課後花很多時間跟他在一起玩的人，但我們相處和睦。我完全沒有發現一絲不對勁的地方。

自殺事件之後不久，愛莉莎收到來自班上同學的匿名攻擊信。我在醫學教學中心的走廊上碰到一群同學，愛莉莎坐在他們中間，雙眼紅腫呆滯，淚珠還不聽使喚撲簌簌掉落。她把手上那張紙遞給大家傳閱。那封未署名用打字的信責怪愛莉莎生性喜歡競爭，破壞了班上的精神，說她營造出來的氣氛害得同學想自殺。寫信的人指出，他們不喜歡她在教授個別指導時那種帶有優越感的態度，有好些人拒絕再和她一起上課。匿名信還提出警告，如果她再不修正自己的行為，他們希望她能離開這個班級。

愛莉莎在我們班上人緣不太好。她的年紀比較大，但我向來覺得她長得很美。她是一個很敢講話的人，但還是有細膩溫柔的一面。愛莉莎非常用功，二年級時，她隨身帶著一本黑色的筆記本，那是她花了一番功夫從《羅賓斯基礎病理學》（*Robbins*）裡面整理出來的概要。這本參考書有一千頁左右。然而同樣的這種特質，一方面把她塑造成一個優秀的學生，另一方面卻讓她變成一個難相處的課堂夥伴。上解剖課時，她表現得過分積極，幾乎一手包辦所有的解剖過程，自己一一指出所有的結構，甚至搶著回答所有的問題。在這一方面，她當然不是我們班上絕無僅有的，但也許是因為她是女性，所以大家對她的評斷嚴苛了點。

我發現愛莉莎在社交生活中是很討人喜歡的，雖然我和她在課外並沒有太多的接觸。她非常聰明機靈，對病人總是有一些很有趣的見解，每次到了小組討論時，她總是很願意和大家分享。不過她在班上卻沒什麼朋友，大多數時候都是自己一個人。

我們後來都沒有找出寫匿名信的人。我無法想像為什麼會有人做出這麼殘忍又卑劣的事。儘管愛莉莎偶爾會有不當的舉動，但不管她做了什麼，都不應該被如此對待。雖然整個事件很快就淡化了，但卻使得愛莉莎和班上同學漸行漸遠。她通常都獨自一個人在學會辦公室，邊看報紙邊吃午餐。

在自殺事件後接下來的幾個星期，班上的其他人也站出來讓大家分擔他們的苦惱。丹．顧登諾是霍姆斯學會的會長，在自殺事件之後，贊助我們班舉辦公開的討論會，幫助大家整理自己的情緒。他是個革新版的嬉皮，身上穿的是有圖案的Polartec排汗衣以及勃肯鞋（Birkenstocks），而他的同事個個都是打著領結、西裝筆挺的。如果有什麼情緒需要找人發洩的話，丹可是首選。

我很驚訝地發現，班上有許多人都在跟憂鬱症奮鬥，有些是我做夢也想不到的，他們挺身而出，訴說自己的鬱悶心情、治療過程，以及用藥後得到的舒緩。有個同學站起來告訴大家他是個同性戀。他一直以來都非常努力想要接受自己是同性戀的事實，他希望大家也能夠以一個完整的人來接納他，而不是繼續否認這個情況。下一個禮拜，另一位同學也「出櫃」了，並且也告訴了家人。還有同學分享自己與飲食失調對抗的故事。大家都覺得課業壓力很重，而且很懷疑自己是否能成為稱職、有自信的醫師。

我本來以為同學間彼此知之甚詳，後來才發現大家竟然對別人都那麼不了解；我們都很同情彼此沉重的課業量與壓力，但相互之間竟然都沒有給予什麼支撐。討論會中有一個同學說：「我看看身邊的人，心想大家都生活得非常完美。大家都可以從容應付壓力，似乎壓力都不會找上他們。我以為我是唯一的一個。」即使是在一起歷練成為醫師的同學面前，我們還是很害怕承認自己在掙扎、自己有弱點。

完美。醫學期待的就是完美。我們要求的也是完美。第一次嘗試攀登成功峰失敗了。但接下來的日子，我們會繼續努力。

White Coat

第6章

安寧療護

我已經很熟悉醫療人員所面對的掙扎：我們每個人都遊走在模糊的界線之間，有時候照顧得太多，有時候又超然得近乎冷漠，但在安寧療護之中，這種衝突又顯得更尖銳。

出了電梯之後，我轉了個彎。午後的陽光從陰暗走廊盡頭的窗戶穿透進來，在油氈布地板上投射出一個巨大的窗影。走廊發黃的白色牆上嵌著一排棕色的門：七〇八、七〇九、七一〇。七一二室有一盆顯眼的翠綠色三葉草，向路過的人昭示：「我是愛爾蘭人」（編按：白三葉草為愛爾蘭國花）。七一六室和其他的房間一樣，也是一扇棕色的門。

我輕敲房門，門開了一點，寬度只夠讓病人的阿姨拿著換洗衣物出來。我瞥見房裡有一個肥胖的女人坐在床沿，緊緊握住一個人的手，那人的下臂骨瘦如柴，上臂以上給牆擋住了，讓它的主人躲過了偷窺的視線。門很快又關了起來。

「不會再拖很久了。他媽媽現在和他在一起，護士剛離開。頂多再幾個小時。」一病人的阿姨說。我們拿著換洗衣物，沿著走廊往回走向電梯，一起到樓下的洗衣間去。「請你幫我把這些衣服送進烘乾機裡。你可以不用再上樓了。」她給了我幾個二十五分的硬幣之後，就沒入電梯裡，回到樓上走廊盡頭的那間房去了。

我後來才知道，就在我把摺好的乾淨衣服放在走廊白色信箱旁的地板上之後的三小時，湯姆士死於愛滋病，享年三十三歲。他們告訴我他走得很安詳。

那扇棕色的門和其他所有棕色的門一起並列在走廊上，看來毫無異樣。它並未將隱匿其中的垂死氣息逸散出來。我很好奇其他棕色門的背後到底深藏著怎樣的故事，不知道痛苦與死亡是否也潛伏在那些棕色的圍籬之後。

我整個暑假都在安寧病院工作，那是一個照顧末期病人與家屬的醫療機構。安寧療護的護士、醫師、社工與志工會到病人的家裡去提供醫療照顧與心理諮商。他們讓病人盡可能住在家裡，並決定何時該住院治療。

除了跟著護士和醫師進行家庭訪視之外，我還自願陪伴病人和家屬，支持他們渡過邁向死亡的哀傷過程。這樣的會面並沒有特定的目的。偶爾我會開車送病人去看醫師，或把某樣醫療器材送到病人家裡，或者只是和病人聊聊天，幫他們做點簡單的家事。儘管我在安寧療護的過程中扮演的都是些小角色，但身為醫學生，地位還是很尷尬，既不是照顧者也不是朋友。我很努力想要在這些關係中求取一個平衡點。

對安寧療護團體的成員來說，要明確界定與病人的關係是很困難的，並非只有我是如此。我已經很熟悉醫療人員所面對的掙扎：我們每個人都遊走在模糊的界線之間，有時候照顧得太多，有時候又超然得近乎冷漠，但在安寧療護之中，這種衝突又顯得更尖銳。我們所接觸的病人都是行將就木的人，而我們的目標就是在他們人生的最後階段，提供人性化的安寧醫療協助。我們開了無數次的小組會議，討論如何幫助某個病人參加一場婚禮、和他們所愛的人重修舊好，或是平心靜氣面對現況。我們也討論病人面對死亡時巨大的恐懼與希望。我們處理他們的疼痛問題，並且思考哪些醫療方法是可以在家中進行的。我們對每個病人都涉入很深，而病人本身因為已無力顧及那些無足輕重的社交連結，所以也和我們發展出密切的關係。因此，想要讓照顧者和病人之間保持距離，也著實不容易。

那年夏天，我首次遇到我的病人去世。雖然我在病醫課當中接觸過幾個垂死的病人，並且在「與重症共同生活」的選修課中，和丹與史帝夫培養出富有意義的長遠關係，但即使是在解剖實驗室接觸過死亡的實體，他們並沒有一個人真的走到死亡這一步。一直到醫學院第一年結束時，我對死亡的概念還是很抽象。

大衛五十出頭，可是看來還很年輕，身材矮小，頭有些禿，高高的額頭上有一綹像鐵絲般的紅髮。他是虔誠的俄羅斯東正教徒，他太太喬安則把時間奉獻給家庭與教友團體。

喬安說起話來輕聲細語，體重過重的她有一頭及腰的紅褐色長髮。她穿著一雙破拖鞋在屋裡走來走去，一下子給大衛的腳冰敷，一下子給他嗎啡止痛，不時打斷我們。他們有六個小孩，最小的梅蘭妮才九歲。

大衛是最近病危的。被送進安寧病院的三個禮拜前，他還帶著全家前往佛羅里達度假，途中突然感到非常疲累。回到波士頓後，他去看醫師，結果發現一種稱為惡性黑色素瘤的皮膚癌已經轉移到他的肝臟。大衛的病惡化得非常快，當我們見面時，他已經很虛弱了。第一次訪視時，我們坐在凌亂的餐桌旁，他把雙腳架在一張椅子上，讓嚴重腫脹的雙腳減輕負擔。我們把堆得滿滿的書和報紙推開，挪出空間來放我的便條本。喬安給我泡了杯茶，給大衛一杯開水。我們坐著聊天時，他告訴我一生的故事，我準備把它寫成一本書，當作是他送給家人最後的禮物。

第二次訪視只不過是在一個星期之後，而躺在幽暗房間裡的大衛已經坐不起來。我拉了一張搖椅坐到他床邊。一個星期前，他說故事時思路都還很清楚，現在則是零零碎碎很難聽懂。喬安常常走進來，更換敷在他額頭上的冷毛巾，順便也為我解讀那些片斷的話語。我要離開之前，大衛給了我一張印有俄羅斯聖者的卡片。我們計畫在下次訪視的時候要錄影。

但大衛三天後就撒手人寰了。對於他的死亡，我並不驚訝，在他走後幾天接到死訊時，我也異常鎮定。他本來就是因為快要死了才會住進安寧病院，也就是這樣的認知，讓我比較容易接受他的死亡。身為醫學生，我並不覺得我個人對他的醫療照顧有責任，但是我以為自己會有更強烈的反應。我懷疑，自己是不是太貼近了整個醫療自然過程的極限。我寄給喬安一張弔唁的卡片，附上和大衛兩次對話的記錄。

當我把暑假到安寧病院工作的經驗告訴我的朋友和家人時，他們通常都會反問我如何能夠承受得了。「那不是太難過了嗎？」我的母親問道，那時我正著手安排暑假計畫。

如果安寧病院是專門為了即將死亡而設立的，那就實在是太痛苦了：而如果安寧病院是為了讓人習慣死亡的過程而設立的，那這個動機本身也實在令人高興不起來。但根據我的經驗，我發現安寧療護既為死，也為生。這兩個過程是糾結在一起的，而安寧療護的哲學，就在調和兩者的相互關連性。

在一個悶熱的夏日午後，我和我最喜歡的安寧病院護士莫妮卡去探視凱西。有關凱西的一切都直指一個事實：她即將步入死亡。但對莫妮卡而言，凱西並非踩著死亡的腳步前行，而是好好活過人生的最後階段。雖然莫妮卡也承認死亡離凱西不遠了，但她仍想盡各種小方法來鼓舞並證實凱西的生命力。在那次和莫妮卡與凱西的特別訪視中，我們的話題落在安素（Ensure）這種公認超級難吃的營養飲品上。後來，凱西說一直談著食物讓她不禁餓了起來，她有點想喝一小杯草莓安素。於是莫妮卡走進廚房，回來的時候，手裡拿著高腳酒杯，裡面裝著安素，還浮著一些冰塊。

「食物如果好看，你就會覺得比較好吃。」莫妮卡說。

「嘿，你怎麼知道？你真是挑對杯子了，」凱西答道。「看起來真美！」

那天下午，我們離開了從高腳杯裡喝草莓安素的凱西。無法吃進足夠食物以維持生命，原本是疾病與退化的最基本表現，然而莫妮卡成功將之轉化為證明生命力的一種儀式。

經過這個暑假之後，我覺得自己已經不再是以前的那個我了。我看到了生命到底可以抓住什麼：瑪莎，努力想要搬出低收入戶住宅，希望搬進自己的房子，一年後死於轉移性癌；瑪莉亞，二十九歲的單親媽媽，即將死於肺癌，和她瘦骨嶙峋的母親躺在幽暗的公寓裡，而她的母親也因為癌症，來日無多。我看到許多與家人疏遠的病人，到頭來還是無法與家人重修舊好，最後孤零零離去。我看過心理有準備、從容上路的人，也看過走的時候滿臉淚痕的人。

我喜歡和那些與死神搏鬥的病人談話，他們掙扎著為生命劃下和諧的句點。我很珍惜受邀到病人家中的機會，他們賦予我特權，讓我進入他們私人的領域，擺脫醫院呆板的規定。我很重視安寧病院提供的人性尊嚴，而且對這樣的體制感覺很自在。有了這次的經驗之後，我希望未來能致力於安寧療護的工作。

做為一個學生，我從未見過死亡；我只看到一步步邁向死亡的過程。但從這次與瀕死經驗的短暫接觸，我發現自己似乎比較了解生命的價值所在了。

White Coat

2

第二年

White Coat 第7章

療癒之觸

崔西是我第一個伸手觸碰的病人。我已經習慣了與病人談話，但卻從沒碰過他們。我的手掌隱約還可以感覺到崔西那不會動的腿；那一觸傳達的死寂感，不斷在我體內迴盪。

九月一個晴朗的午後，溫暖的陽光從窗戶流瀉進來，病房看起來柔和又明亮。崔西坐在房間中央的輪椅上，我和班上七位同學擠在她旁邊的小小空間裡，幾乎都貼到對面的牆了。她的先生本來坐在病房另一個角落的椅子上，我們進來之後，他起身坐到床上，靠在崔西身邊。他留著一頭短短的暗金色頭髮和濃密的鬍子，身材高大，像個運動員。他以保護者的姿態看顧著崔西。她有一雙清澈的藍眼睛，眼珠外圍是細細的一圈深藍色，我們魚貫進入病房時，她細細盯著每個人看。粗粗的塑膠氧氣管從牆上連接到她脖子上的白色氣切套管上，套管直接插入她頸部。

崔西罹患的是脊髓側索硬化症，也就是大家比較熟知的肌肉萎縮症，又稱蓋瑞氏症（Lou Gehrig為美國職業棒球明星，因罹患此病而過世。台灣一般稱此病病人為漸凍人），病人的神經退化後會漸漸癱瘓以及早逝。三十五歲的她，已經走到生命的最後階段。肌肉萎縮症摧毀了她們一家：她的兩個哥哥和一個妹妹也沒有逃過魔掌。

崔西幾乎已經全身癱瘓，而且無法開口說話。她的左手食指還稍微能夠動一下。她先生把她的手指放在掌心，讓她慢慢在手上吃力地畫下字母。等她沒有力氣再用手指寫字時，她就用眼睛來說話。已經僵直的身體只剩下一雙藍眼睛還會滴溜滴溜地轉。她利用字母板來溝通，很類似我小時候玩的靈應牌字母板（Ouija）。她先生指著一個個字母，指到她要的，她就眨眨眼。他們一起費盡千辛萬苦把她想說的話拼出來。

崔西和她先生等著我們的出現，她先生還帶來了一年前崔西和家人一起拍攝的錄影帶。從電視畫面上，我們看到崔西和她先生坐在屋前的門廊上，夏末的太陽金光燦爛。當時崔西已很虛弱，但還能走路和說話。她穿著蘇格蘭格子花紋的上衣和藏青色斜紋褲，看起來一點也不像病人。她望著坐在膝上玩的兩歲兒子，笑容可掬。

這是病醫課（二）的第一個星期，主要是學習身體檢查。我們的神經學指導老師帶著我們八人小組去看崔西，為我們示範神經系統的檢查。老師大約六、七十歲，穿件藍色上衣，打著紅色圓點的領結。

「艾倫，」他對我說，「請試試她四頭肌的力量。」因為我非常專心看著崔西，所以聽到自己的名字時嚇了一跳。

當我走近崔西，彎下去摸她的小腿時，她的藍眼睛一路注視著我。我把右手掌放在她蒼白的腿上，摸起來感覺涼涼的，好像塗了什麼乳液。「你的小腿可以向我這邊踢過來嗎？」我問她。

崔西用那雙寬容而悲傷的藍眼睛凝視著我。我的手掌連一丁點的顫動都感覺不到。我回頭看著崔西，她的眼睛微微張大了一點，好像在說：「我試過了，但實在沒辦法。」

我抽回手，站直身子。手掌因為摸到乳液而有點黏膩，但我不敢擦掉。我看著指導老師。「不會動。」我說。

崔西是我第一個伸手觸碰的病人。念醫學院第一年期間，我已經習慣了訪談，坐在病床與無數的病人談話，但卻從沒碰過他們。我的手掌隱約還可以感覺到崔西那僵直的腿；那一觸傳達的死寂感不斷在我體內迴盪，讓人傷感。

崔西讓我見識到臨床觸診的力量與強度，但也加深我徒勞無功與功敗垂成的感覺。我手掌所碰觸到的無力，提醒了我，自己的照顧能力不足，而醫學也有其極限。

我花了好一陣子才習慣觸摸病人。觸診涉及個人的身體，且具有侵犯性。雖然我的雙手具有安撫作用，但當觸摸病人的身體找尋在體內肆虐的病因時，仍然會，甚至有時候是不能避免地，造成病人的疼痛。升上二年級，我還是不需要承擔持續照顧病人的責任。檢查就僅僅只是觸感的練習而已，而聆聽病人的故事也只是為了寫報告罷了。我覺得自己褻瀆了病人，在白袍的掩護下，迫使病人接受未出師的生手在他們身上游移。但每個星期我都鼓起勇氣，大步踏進病房，然後向新的病人自我介紹。我幾乎很少遭到拒絕。

見過崔西幾個星期之後，我遇到了娜塔莉。當我穿著一身乾淨清爽的白袍走進陰暗的房間時，她匆匆挽起金髮，鬆鬆紮了一個馬尾，打開床頭的日光燈。她眨了幾下眼睛適應刺眼的光線，看著我時還瞇著眼睛。她一邊朝我微笑，一邊坐在床上整理身上那件草綠色的絲質睡衣。我向她解釋我是二年級的醫學生，如果可以的話，我想要記錄她的病史並且很快做一下身體檢查。她馬上就同意了。三十五歲的娜塔莉罹患的是乳癌，已經切除了左邊乳房，並且動了重建手術。

「我起先沒有發現我有腫塊，是我男朋友發現的。有一天下午，我們倆在做愛，有點粗暴那種，你知道的啦，他用力拉我的胸部，我大叫一聲『唉喲！』痛得我三天都不能穿內衣。後來我們想找出會這麼痛的原因，結果就找到一個小腫塊。這個腫塊又圓又硬，就像顆彈珠一樣。我以前從來就沒有注意到。所以我就和醫師約診，她進來後摸了摸我的乳房，一臉嚴肅，然後走出去帶了另外一個人進來摸我的乳房。他們看起來似乎都很擔心，於是就在那個地方刺進一根小針，然後進行切片檢查，最後結果證實是癌症。這大概是兩、三個禮拜前的事了。所以我就到這兒來切除乳房。我本來很怕告訴我男朋友，我快要失去一邊乳房。但他真的好體貼，他說：『嗯，我想另一邊乳房只好獨占我所有的注意力了。』」

「你想不想看我的新乳房？」她問我。

我還沒來得及答話，她的絲質睡衣就已經從肩頭滑下。我冷不防退了一步，還是很不習慣去看和摸。她的新乳房很漂亮，看起來也很柔軟，完全和真的乳房沒什麼兩樣，但是有粗粗黑黑的縫線由腋下延伸而下，繞著乳房，在中間有圈粉紅色的皮膚，那裡原本應該是乳頭所在的地方。

「你可以摸摸看。」她說。

當我的手指輕輕滑過她的胸部時，我感覺到新乳房微微的隆起。新舊組織間沒什麼界線，不會覺得新乳房是外來物、是假的。我把手指輕輕往下移到新乳房上，小心翼翼避開黑色的縫合處，深怕一不留神就弄痛了她。

「他們之後才會做乳頭，」她說道。「你知道他們是怎麼弄的嗎？」

我一點概念都沒有。連乳房重建手術我都沒聽說過，更別提她進一步所需的整形手術了。

娜塔莉舉起她的左手臂。「他們從這裡拿出許多淋巴結。這樣以後我的手臂會變粗嗎？」

我還是不知道答案。「這些問題很重要。你應該寫下來問問你的醫師。」這是我唯一能給的建議。

到了二年級更深入醫病關係之後，我發現我與病人之間的關係愈來愈密切了，而權力落差也更明顯了。我不僅必須討論敏感的問題，還得伸手去觸摸病人。我知道光是說話並不會傷害到別人的身體，但突然之間，我意識到我這雙探索的手具有做出傷天害理之事的可能。就在一年級快結束時，我好不容易對訪談有了信心，但學習身體檢查卻又帶來新的、更深的不安全感。雖然上了二年級，每一週都學到更多的臨床技巧，但這種高度的不安全感卻加深了自己不適任的感覺，甚至蓋住了我的成就感。

但在此同時，既然我已經開始學習身體檢查，我想我已經快要完成來到醫學院所要達成的目的：照顧病人。現在我要開始學習各種疾病，以及如何辨認疾病。一年級是打基礎的時候。我想，今年我應該可以成為一個醫師了。

我們日復一日進行例行公事，特別是前半年，和一年級的時候差不多。我和同學還是每星期有一個下午要上病醫課，但課程延伸為四到五個小時，而不是一年級的兩小時。輪番上陣的指導教授，教我們如何透過身體檢查檢測不同系統的器官；聽完課之後，我和同學就會在彼此或病人身上練習這些技巧。

除了病醫課之外，我們還上精神病學的入門課程。指導教授會帶病人來，然後我們整組人一起訪談病人，現場會有一位精神科醫師從旁指導。對我們許多人而言，包括我自己，那是我們第一次接觸罹患精神病的人。

其他一般課程我們也持續在上。一年級的時候主要是學習生理學，到了二年級就開始接觸各種疾病。一整年的課程是根據各種器官系統來安排的，由神經學打頭陣，然後一路摸遍整個身體，直到春季上完荷爾蒙與新陳代謝等部分。

二年級開始的時候，凱特和我像大多數同學一樣，搬出范迪廳住到學校附近的公寓去。凱特和我加上一個一年級的學生，分租在布魯克林一間公寓的地下室，有三個房間。這間公寓很老舊，客廳有一面磚牆沒粉刷。我的房間很小，是圓形的，有一個假壁爐。從窗子望出去是一道磚牆。那是離暖氣爐最遠的一個房間，整個冬天都冷得要命，但我很喜歡這個房間。我以前從來就沒有住過自己的公寓，我實在很喜歡有自己的浴室和廚房，不需和人共用。凱特喜歡做菜，所以我們的房子常常都有新鮮麵包或菜餚的味道。從我們的公寓走路到醫學院大概需要二十分鐘。可以暫時遠離醫院，看不到醫院灰色的建築物，也聽不到救護車的警報聲，對我而言彌足珍貴。我加入了公寓轉角處的一家健身房，這是我多年來第一次在愉悅的氣氛下，使用最先進的設備來健身。這不禁讓我懷疑自己到底是如何咬牙撐過第一年的。

羅伊和另外三個同學搬到一間離我的住處只有三個街口的公寓。而卡洛斯的公寓離羅伊住處只有一個街口，到我的公寓大概是七分鐘的腳程。因為大家都住得很近，所以我們還是常常聚在一起閒磕牙。我們不常外出吃飯，反倒是常常臨時起意，各帶幾個菜就吃將起來，或開個非正式的派對。我們還是固定在星期四晚上聚在一起看「急診室的春天」，但是日日密切互動的宿舍生活型態消失了。我們不再每個晚上喝茶或每天一起吃飯。這是第一次我們可以規畫多一點有別於醫學院的個人生活。

卡洛斯和我在一年級的時候就變成了好朋友，現在我們比以前更常膩在一起。我們一起打回力球，一起租錄影帶來看，而不管我們到誰家看「急診室的春天」，他都會陪我走回家。九月尾的某個夏日午後，我們一群人到附近的公園去。當我們坐在池塘邊，看著一隻蒼鷺從泥黃的水中叼起金魚時，卡洛斯悄悄把他的手搭在我的背上。那一刻就像通了電一般。朋友們之前就已經開始大聲嚷嚷，懷疑我們是不是在暗通款曲。

幾個星期之後，某晚看完了「急診室的春天」，卡洛斯陪我走回家時，他突然挑起了這個話題。「艾倫，你覺得我們之間有什麼嗎？」他問道。

我以為他是想要告訴我該煞煞車，所以立刻否認了有任何情愫的存在。幸好他又加把勁，所以等我們走到我家時，就已經決定要開始約會了。

我很擔心要和卡洛斯約會這件事。不僅因為我們是同班同學，更重要的是我們的朋友是同一票人。朋友會怎麼看我們這一對呢？如果以後我們分手了該怎麼辦？可能真的會有尷尬的場面出現。但一想到卡洛斯我就覺得很興奮，和他約會的感覺也很棒。這可能不是有史以來我所做過最實際的決定，但所有的顧慮一下子就被我拋到一邊。剛在一起的前幾個月實在很奇妙。

到了二年級下半年的時候，我們的社交生活減少了，因為時間表排得非常緊湊，我們甚至開始想念偶爾聚在一起看「急診室的春天」的日子。病醫課延長為每個星期兩個整天，而在一月底的時候，我們班也準備了二年級的公演，那是一齣音樂劇，傳統上都是由二年級學生編劇製作的，多半是在嘲弄系上的教授、課程、還有學生自己。這場公演花了我們無數個晚上來排練。

等到公演結束，我們就開始準備國家醫師執照考試的第一部分，一般稱之為Boards，考試時間是六月。內容廣泛、長達兩天的複選題型考試，涵蓋了七大科目，讓每個醫學生都心驚膽顫。就拿我來說吧，從剛進醫學院第一次聽到這個考試時，我就開始擔心。我們必須通過這次考試以及第二部分考試（那是升上四年級後就要舉行的），考過才能畢業。然後我們得在當住院醫師的第一年完成這個考試的第三（也是最後）部分。為了增進讀書效率，我們幾乎與世隔絕，彼此也漸漸減少聯絡。到了考試前的最後幾個星期，社交生活基本上完全停止，因為我們必須每天日以繼夜死命K書。

White Coat

第8章

第一次檢查

在訪談的過程中，他看來有些困惑，而且常常話講到一半就睡著了。他冰冷的眼球骨碌碌滾回眼窩中，只剩下眼白還看得到，眼瞼則在空洞的眼睛上翻啊翻。

我一邊笨拙地用手指尋找病人手臂上動脈的脈搏，一邊在血壓計的壓脈帶、聽診器和病人的手臂之間奮力掙扎。「喂，這可是我量血壓量得最久的一次了。」我的病人抱怨。

「這是我第一次量血壓，」我結結巴巴地回答，差一點就讓壓脈帶掉到床下去。病醫課（二）是我們過渡到醫院臨床世界的轉運站。在前一年，我們學著記錄病史和病程，納入醫學的觀察與診斷中；我們學習把我們與病人的對話去蕪存菁，只留下與醫學相關的重點，並且把病人的症狀轉換為對臨床而言很重要的詳細資料，然後據以做出診斷。我們也學著用醫學語言講述病史。

隨著身體檢查的開始，我們與病人互動的焦點有了很大的改變。光是了解生病的掙扎與住院的沮喪已經不夠了；現在我們必須要斷定出病人是有顱骨神經的問題與感覺受損。第一年，我們必須從病人的故事中去推斷一般人生病的經驗；換言之，我們必須把病人轉化成一般人。但是到了二年級，我們要學習如何把一般人轉化成病人。

二年級時，瑪夏和我被分配在同組上病醫課。瑪夏是安蒂亞的密友。瑪夏說話也很喜歡加強語氣，對她有興趣的事物也展現出同樣的熱切。她很瘦，骨架子很小，喜歡穿引人注目的時髦衣服。

當瑪夏和我一起走進病房時，我還是穿著去年的白袍，比較沒那麼乾淨清爽了，不過比起同一層樓住院醫師舊舊的白袍，看起來還是很潔白。今年我還隨身攜帶一個黑色的相機袋子，裝著我的新儀器。我用右手小心攬著垂在臂側的包包，肩頭明顯感受到增加的重量。

我的第一次臨床經驗就遇到個心情不佳的病人。瑪夏和我原本是要記錄病史，然後做完整的神經學檢查。那天下午一開始的場面就很尷尬，後來更是糟到讓我們深感挫敗。雖然我們的病人只有六十五歲，但卻瘦瘦乾乾的。他平躺在床上，被子蓋在他那瘦削的身形上幾乎沒什麼起伏；一隻滿布皺紋、青筋糾結的手放在肚子上。他睡著了，嘴巴微微張開，下陷的兩頰好像填補了嘴巴裡面的空洞；每次呼氣時，鬆垮的雙頰就會略微向外鼓起，而毛茸茸的灰白眉毛則不時在抽動。

我們的病人睡在門邊的病床上。米黃色的簾幕拉上了，我們看不到另一張床上的病人。瑪夏和我拉了兩張椅子到他床邊，拖過地板時發出刺耳的聲音，希望可以吵醒這個病人。我們的指導員堤姆是個四年級的醫學生，他靠牆站著觀察我們記錄病史、進行身體檢查，並給予精神支持。稍後我們將在指導醫師面前進行所有的動作。

「叫醒他！」堤姆對我們大聲說。

我小聲叫著病人的名字，同時輕手輕腳搖晃他的肩膀。他一下子就醒了，那雙凹陷冰冷的藍眼睛直瞅著我們瞧。

「他們是二年級的醫學生，到這裡來和你說說話，順便做一下身體檢查。」堤姆告訴他，為我們打破了尷尬的沉默，因為瑪夏和我一時間都不知道該說什麼。這個病人沒什麼抱怨，但在訪談的過程中，他看來有些困惑，而且常常話講到一半就睡著了。他冰冷的眼球骨碌碌滾回眼窩中，只剩下眼白還看得到，眼瞼則在空洞的眼睛上翻啊翻。

訪談到一半時，我發現堤姆的注意力轉移到簾幕的另一邊去了。等下一次我回頭去看時，堤姆已經走了，但還有其他的人進出這個病房。隔壁床的病人手腳被綁住，大吼大叫想要掙脫。在這場混亂之中，我們的病人又醒了，看著我們說：「你們有看到在我面前的那座山嗎？」

瑪夏和我同時轉過頭去，想要看看背後的牆上是不是貼了什麼山脈的圖片，但卻只看到制式的時鐘、月曆和釘在軟木塞板上的圖表。我們的病人說起了住院的種種辛苦。後來瑪夏打斷他的談話。「幾分鐘之前，你說你看到了一座山，」她說道。「現在還看得到嗎？」

「呸！見你的鬼，」他回答，「我又不是瘋了。那只是一種比喻！」我恨不得鑽進地洞裡。

上病醫課（一）時，我們只需要和病人聊一聊，大致知道他們的病史就好。因為病人想講什麼就講什麼，而且也片片段段，想當然這個病史一定比較不可靠。但是當我們要負責去記錄臨床用的病史時，就得嚴陣以待了。我覺得我非得從這個病人沒條理的胡言亂語與比喻中撿拾出一點與醫療相關的病史不可。我也知道至少到了這個節骨眼，要聽我做臨床簡報的指導醫師早就已經知道「答案」了。所以我最好是能夠整理出正確的病史。

我們的神經學檢查也好不到哪兒去。在檢查的過程中，病人的眼球每隔一段時間就滾回腦袋裡，不時進入神遊狀態，所以幾乎沒辦法確定他的眼睛是否可以正常轉動。我們的感覺系統檢查還剩下一半，反射動作、小腦功能還有待測試，但他卻說：「你們差不多好了吧？我真的要小便了。很抱歉。」於是我們很識相地趁機結束這次訪談。

「這簡直是糟透了，」堤姆後來對我們說。接著，他就為我們示範，要報告這一類案例時如何才能減少被電的機會。「首先，你們應該要說『病人很不會說病史』，好讓大家有個心理準備。這樣一來，他們就不會怪你病史講得太糟或者檢查沒做完。」他說。在驗收身體檢查的成果時，他也建議我們不時運用「雙向」策略，意思是右邊左邊都要兼顧。這樣聽起來就是會比較好，他告訴我們。

許多病人都了解臨床病史對我們的重要性。在我們到達病房以前，已經有人要求他們配合，他們也知道我們必須正確無誤地點出病人的症狀與異常之處，並由病史中探知相關的蛛絲馬跡，然後說出他們和指導醫師早已知道的診斷結果。他們知道我們做臨床病史是一種測驗，所以，有些人會幫我們掩飾之前發生的大小錯誤，讓我們在指導醫師面前留住面子。

羅伊和卡洛斯被分配到另外一家醫院去上同一堂病醫課。兩個地點的課程安排都一樣，而我們的經驗也都完全類似。他們一開始也是先學習神經學檢查。羅伊在第一次幫病人做身體檢查時，忘了要求病人瞇瞇眼睛、扮扮鬼臉來測試他的顏面神經是否正常。當指導醫師走進病房去驗收成績時，他問羅伊有沒有幫病人做顏面神經測試，自己還一邊擠眉弄眼示範。病人發現羅伊忘了測試他，馬上就插嘴說：「不對、不對，你不記得了嗎？你測過了！」病人瞇起眼睛。「一切正常，記得吧？」

羅伊的指導醫師一點也沒上當，他對病人說：「沒關係的啦。你不用幫他掩護。」

卡洛斯的病人則是信心十足告訴他：「直接跳到頭部的檢查吧。所有的毛病都出在那裡。」

從一年級到二年級，課程的重點似乎有戲劇性的大轉變。在頭幾次的病醫課中，有一次，兩位負責我們課程的醫師為我們示範如何取得更有用的病史，這和我們在病醫課（一）學到的很不一樣。他們坐在我們這組四十個學生的面前，一位假裝是病人，另一位則在我們詢問「病人」問題時，負責當主持人。我們的「病人」在被問到有關症狀的一個問題時，岔開了話題：「我真擔心我的女婿，他三個月前被裁員，到現在一直找不到工作。所以我得照顧他們的小孩，手頭實在很緊……」

幾分鐘之後，主持人轉向我們。「沒有人想要阻止她繼續說下去嗎？」她說。「在病房裡，大家都有時間的壓力。」所以現在最重要的是取得臨床病史。

有一天晚上當大家坐在一起聊天時，卡洛斯對我們醫病經驗的轉換十分遺憾。「上個星期我看的這個病人，如果是在病醫課（一）的時候一定很棒。他的故事真的很有趣。可是現在，我覺得他說那些事簡直是妨礙我獲得病史和檢查身體。」他說。

因為我一直急著很想進入身體檢查的部分，沒想到竟然錯失了一年級所享有的自由，那種探索各種引人入勝議題的自由。我甚至很厭惡那種必須找出「分毫不差」、以診斷為導向的病史的壓力。雖然我知道自己還是有能力聽取病人充滿人性化的經驗，但卻必須學習將其引導至醫療診斷的方向。那一年當我披上白袍再度踏進醫院，我覺得自己又向臨床邁進了一步。

第9章

White Coat

命名

這個四歲小男孩話語中充滿暴力。資料上面滿滿的都是小男孩的母親記錄下來的語言。「可以殺媽咪嗎？可以戳破媽咪的眼珠嗎？可以吃掉媽咪嗎？可以壓碎媽咪嗎？」

等我將來成為醫師之後，就要為那些有各種問題的人做診斷了。在診斷過程中，我會用一個名詞、一些字眼來解釋給那些人聽，他們的身體到底出了什麼狀況。我會給他們一個疾病的名稱。透過這樣的名稱，我就可以把他們與其他病友連結起來。有了命名的能力，我就擁有認證與歸類的權力，病人也不再獨自受苦；透過這個名稱，他們知道還有其他人跟他們承受同樣的苦。

在某次精神病學課堂上，莎莉來和班上的同學談話。她有失眠、突發的恐慌，以及強烈恐懼感等問題，苦不堪言。她的身材瘦小，緊繃的身軀透露出身體裡面有一股被壓抑的力量。她說話的時候頸肌肉會突出來，使得脖子下方凹陷的部分顯得更深陷。兩年來，莎莉的症狀愈趨嚴重，讓她不得不辭去工作，靠殘障補助過日子。她的痛苦持續了將近四十年，之後因為一場惡夢，引發了兒時遭受性侵害的記憶，最後終於被診斷出來是創傷後壓力症。被診斷出來，對她而言是莫大的解脫。

「這些年來，我一直以為自己瘋了。全家人以前都叫我瘋子。有一次，我弟弟打電話給我母親，問她：『我那個瘋姊姊最近怎麼樣啊？』可是現在突然間，我不再是瘋子了。這個病有名字了，有明確的病因了。我終於了解為什麼之前我會有那種感覺。」她說。

在莎莉來過之後的幾個星期，芭芭拉出現在我們的精神病學課堂上。她談的也是獲得診斷之後的如釋重負。芭芭拉大概六十五歲左右，第一次看精神科醫師時才十歲，而在過去的五十年裡，一直都在醫院進進出出。剛開始的時候，醫師診斷不出病因。她在二十歲的時候被貼上思覺失調症的標籤。後來發現似乎不太像，所以醫師就更改診斷為創傷後壓力症。直到五年前，她才被診斷出是邊緣型人格障礙症。

芭芭拉是個非常出色的女性。有寫作天分，也是個數學家，雖然有精神方面的困擾，但發表過無數的文章。儘管有這麼多成就，但多年來，她還是不斷想為自己的疾病正名。

芭芭拉的一頭灰髮，髮型很普通，有些層次。當她輕聲細語時，深棕色的眼睛一直盯著黃色地毯看。她穿著粉紅色運動長褲、白色長袖運動衫，上面有一對淺色的大兔子，脖子上則掛著金屬珠鍊，吊著幾支鑰匙。

「之前因為沒有確切的診斷，所以我甚至稱不上是個精神病人。我不知道自己到底是什麼病。」芭芭拉跟我們說。後來診斷出來，她終於鬆了一口氣。她指著掛在脖子上的鑰匙。「大部分的精神病人都會像這樣掛著鑰匙。現在我也這樣戴著，表示我也是個精神病人。」她說。

如果無法用語言來描述痛苦的經驗與身體症狀，會是非常恐怖的。我們精神病學的課，有一堂是在小兒精神病房上的。護士打開鎖讓我們這群人進去。我們看到牆上裝飾著許多生動活潑的海報與標誌，地上則到處都是玩具。有兩個小孩在遊戲間的黃色迷你桌子上著色。有個七歲左右的小男孩，拿著一把黃色的劍，在他的房間門外不斷敲打牆壁。有個女士彎下腰來，勸他停止這種破壞行為，並建議他最好休息一下。我們從休息室門上的小窗戶瞄了一下，看到一個三歲的小男孩躺在地板上睡著了。這個小房間的地板上鋪著一格格的紫色墊子，就像我小學時候上體育課的教室一樣。

「嗨，瑞努！」瑞努轉過身去，看到一個穿著T恤和藍色運動褲的削瘦黑人男孩。一個更小的黑人男孩站在他的身後。「嗨，瑞努！」他又說了一遍。

「你們這些小傢伙在這兒做什麼？」她驚訝問道。她留下來和這兩個男孩說話，我們其他人則繼續浩浩蕩蕩參觀其他設施。當她後來趕上我們時，她說：「我認識那些孩子。他們常常在我住的那條街打籃球。我每天都會看到他們，真不敢相信他們會在這裡。」

參觀完後，我們全部到會議室集合。有一位兒童精神病醫師來和我們談兒童的問題。他描述了一個四歲小男孩的案例，他的語言學習進度嚴重落後。等他終於開口說話，話語中卻充滿暴力。那位精神科醫師讓我們傳閱四頁的資料，滿滿的都是小男孩的母親記錄下來的話。「可以殺媽咪嗎？可以戳破媽咪的眼珠嗎？可以吃掉媽咪嗎？可以壓碎媽咪嗎？」

小孩和母親經過幾次治療之後，小男孩畫了一張圖，畫的是和一個醫師在一起的情況。那位精神科醫師傳給我們看一張用圈圈和直線畫成的人。

精神科醫師最後才從母親那裡得知，小男孩一生下來就沒有肛門開口。在正常的胎兒發展過程中，肛門的位置起初只是一層組織薄膜，後來才消失，形成一條有開口的管道。可是這個男孩的薄膜沒有消失，造成他生下來時肛門閉鎖。因此，小男孩每個月都要經歷極其痛苦的肛門擴張術，為的就是要製造出一個適當的開口。這樣的經驗讓小男孩受到很大傷害，因為沒有人告訴他為什麼需要這麼做，他也無法用言語來表達自己的恐懼與需求。

雖然疾病有個名稱、得到定位，可以讓人鬆口氣，但有了診斷結果也可能是憂喜參半的。芭芭拉必須與邊緣型人格障礙症所帶來的社會汙名搏鬥。這種性格異常的症狀包括情緒不穩、隨意發脾氣、經常企圖自殺，以及人際關係不穩定。我們的指導老師事先警告我們，除非她自己特地提到診斷結果，否則千萬不要問她。

「我覺得當醫護人員發現我是邊緣性人格障礙病人時，他們就對我很差，甚至忽視我。我不喜歡把診斷結果寫在病歷上，讓大家都可以看到。」她說道。

因為二年級的病醫課比較強調臨床，所以在問病史與做身體檢查時，我愈來愈以做出診斷為導向。在老師指導之下，我和同學合作，將一個個案例找出正確的診斷。雖然在輔導課與病醫課的指導老師都強調，找出正確診斷的過程很重要，但同學和我都心知肚明，到頭來只有那個名稱才是關鍵。在醫院裡，我們必須診斷正確，才能提出恰當的治療方式治癒病人。對我們而言，當個好醫師指的就是這個：做出困難的診斷，然後把病人治好。但是當我聽完這些病人的經歷之後，我發現在我費盡心力去做出正確診斷的過程中，早已把病名的威力拋諸腦後了。

White Coat

第10章

價值衝突

她抱怨聯邦調查局的幹員計畫要殺害她；並描述「醫生老兄」如何「歡欣鼓舞」為她進行子宮切除術。訪談結束時，她說：「嗯，至少我不是個妄想狂！」大家爆笑如雷。

她腳踝交疊，坐得很挺，緊緊抓住膝上的白色塑膠手提包。臉上的妝看來很細緻，灰白的頭髮梳了個髻。我們全班集合在平常上課的大講堂，要考精神病學的期末考。在這間黑漆漆的教室裡，這位女士放大的錄影影像是大家目光的焦點。

我們看到錄影帶裡精神科醫師正向病人解釋，他們的對話以後會重播給哈佛醫學院學生看。我們看到她同意接受錄影。然後，我們看著她抱怨聯邦調查局的幹員計畫要殺害她；娓娓訴說他兒子的陰莖與睪丸如何被摘除並換上塑膠做的；並描述「醫生老兄」如何

「歡欣鼓舞」為她進行子宮切除術。訪談結束時，她說：「嗯，至少我不是個妄想狂！」大家爆笑如雷。

當我在「核心I診斷」（Axis I Diagnosis）下方寫下「妄想型思覺失調症」時，心裡覺得很不舒服。因為我也跟大家一樣嘲笑了這位女士的某些妄想情節。錄影帶提供的安全距離，讓我們沒有顧忌地大笑，並打破了考試的緊張氣氛。我觀察她的舉止行為，雖是出自醫療上的興趣，但何嘗不帶有一點窺淫癖的心態。當我在寫精神狀態評量的時候，我懷疑這位完全脫離現實的女士，要如何能夠了解這場訪談的作用。她怎麼會知道我們會怎麼看她？我又如何能將她答應接受訪談的意願，視為「知情之後的同意」？看起來我們是有盡力維護她的自主權，但我懷疑，我們實際上是否已經侵犯了她身為病人該有的權利，以及她做為一個人應得的尊重？我不知道我們為了滿足自己的需求而犧牲她的自尊，是否破壞了所謂的醫病關係。

醫學院念了一年半的這個關頭，我遇到了個人的價值觀及目標與病人的信念相衝突的狀況。我想要了解，如何才能維護病人的價值觀並保護他們的自主權。隨著過去十年來，醫療關係愈來愈以病人為導向之後，我們所面臨的挑戰也愈來愈明顯。為了保護病人的價值觀，我願意做出多大程度的妥協？做出妥協對我來說有多困難？

大學時代是我的自我探索與個人成長的階段。我知道了自己的界限在哪裡，設定了自我規範，也發展出自己的一套價值觀。進入醫學院後，我那套價值觀不夠用了，我得學會讓自己的價值觀與病人的信念互相吻合，並且讓他們的目標實現，同時又不需要犧牲自己的。念大學時，我很努力想找到自我；現在，我想知道，在別人之所以成為別人的環境裡，我會變成什麼樣。

我的同學強納森發現，要面對同性戀與愛滋病的問題特別困難。強納森是個專心一意的學生，他把軍隊的工作倫理標準應用在念醫學院上。帶有一點南方口音的他，雖然說話慢條斯理，但他這個人有點緊張。他是在一個信仰虔誠的保守家庭裡長大的孩子，中學畢業後接受過軍事訓練。在成長的小鎮裡，他從來沒有看過有人公開承認自己是同性戀。他所信仰的宗教無法容忍同性戀的生活形態，而他也把這種原則融入他的價值觀裡。進醫學院之前，他可以避免接觸同性戀的議題，但當一個愛滋病人到我們的病醫課來和全班同學談話時，他被迫非面對不可，而且得拿定主意，在醫療關係中，他要如何與這樣的人相處。

在十一月的某個午後，藍迪到我們的講堂來，為大家講述身為一個愛滋病同性戀者的經驗。藍迪才三十出頭，年輕又有活力。他的身材高瘦，T恤外面套了件法蘭絨的格子襯衫，穿著黑長褲。他的臉因為長了許多肉瘤而變形，這是病毒性皮膚感染的結果，稱之為傳染性軟疣。除了皮膚感染之外，他到目前為止都還很健康，可是藍迪的伴侶已經是愛滋病末期。藍迪無視於伴侶的病情日益惡化，仍然不放棄一絲希望。在討論中，藍迪感嘆他們的性生活愈來愈少，但他也談到他們如何在面對這個疾病時，設法保有性生活與親密的接觸。

全班一起上完課之後，我們回到自己的小組去討論藍迪的個案。強納森很驚訝藍迪竟然如此直率。「他說的比我想知道的還多。」他後來告訴我們。他根本就不想聽有關他們性生活的內容，但也知道這些細節對於一個醫師是非常重要的，他必須要了解愛滋病對病人的生活有何種衝擊，以及如何教育他們採取預防措施。醫學並未允許我們把病人放在我們的道德標準下檢視。我們必須學會把自己的成見擱置一旁。

藍迪提出了許多有關照顧同性戀愛滋病病人的相關議題，這是強納森從未接觸過的，不過其實從上醫學院以來，他已經見識過各種不同的生活方式。他承認必須要與自己的衝突妥協，才能夠建立良好的醫病關係。「以前我沒有接觸的管道，也沒有一個基礎的思想架構，可以讓我在上面建立對這些問題的看法。念醫學院之後的接觸非常重要。我以後一定會把這次的經驗引以為鑑。」他說道。

一年級時，由於對醫學倫理議題的興趣，我申請觀察本地醫院舉辦的臨床倫理學委員會的月會獲准。委員會的成員有律師、行政人員、醫師與護士。委員會中的幾位成員，除了每天會應醫師與病人家屬的需求，協助做出決定，也會主動就各種廣泛的議題進行小組討論，以研討出醫院的一般政策。有一個病人的問題讓委員會困擾了好幾個月。這位病人要求在就醫期間不准有天主教徒觸碰到他。他是在到醫院要進行預約的門診手術時提出要求的。院方不知如何才好，因為為了公平的工作權，行政部門是不可以探問醫師與職員的宗教信仰的，可是又要尊重他的信仰，只好安排姓氏看起來像是猶太人的醫護人員進手術室。而讓整個情況更複雜的是，手術結束之後，負責照顧該名病人的醫師發現，他是個妄想型思覺失調症病人。醫護人員非常生氣醫院竟然如此重視他的要求。

雖然這個思覺失調症病人的個案，似乎可以很容易以侵犯醫師的權利與價值觀為由而拒絕受理，但在某些情況下，病人的確可以合理要求選擇醫護人員的性別或種族。像是如果病人曾被強暴或毆打過，能拒絕他的選擇嗎？要不然，也有可能病人是性別主義者或種族主義者。誰可以決定病人提出的要求是否合理，而決定的標準又是什麼呢？醫病關係非常敏感，而醫師是可能會侵犯到病人的——當病人有身體或精神上的重大狀況時，生活中最私密、甚至嚇人的部分都會遭到窺探。既然醫病關係對醫療人員來說多屬例行公事，那是否寧可多尊重一點病人的需求呢？對於醫療照顧上遇到的價值觀的衝突，委員會一直想要找到一致的看法，這個案例讓委員會訂出了規範。

基於這個思覺失調症案例所訂出的政策中，醫師的憤怒被列入優先考量。醫師覺得有必要免於受到歧視，於是委員會對病人以性別、族裔或宗教信仰來選擇醫師的要求做了一些限制。我對於這樣的態度不敢苟同，我擔心因為受到這樁極端特例的影響，委員會無法以超然的立場來考慮病人的需求。醫病關係怎樣才能公平，病人不像醫師那麼清楚，因此我覺得我們更應該保護他們的感受。

醫病關係總是難以達到平衡，而讓情況變得更複雜的是，我在病醫課中遇到的許多病人正身處危機當中。面對疾病時，他們會重新評估自己適應新狀況的原則。因此，當我試圖在醫病關係中保有我自己設定的準則時，病人卻正處於變動之中，於是就形成了一種動態、不穩定的平衡狀態。

我回想到我的病人約翰與他的妻子蘇珊，他們是我在一年級春天的病醫課（一）中認識的。雖然他們兩個都是耶和華見證人（Jehovah's Witnesses）的信徒，但約翰因為心臟受到病毒破壞，剛接受了心臟移植手術。器官移植在他們的信仰體系當中是不被允許的。雖然蘇珊尊重他接受心臟移植的決定，但她本身一直很不願意承受器官移植後的風險。

「沒辦法，」約翰說道。「在那個時刻，我只想到要活下去。」

在衝突的價值觀之間必須達成妥協，是一項新的挑戰，也是我才剛剛開始認知的。雖然我只是從旁觀察這些狀況，但我已經能夠想像，當我往後成為實際的醫療照顧者時，可能會出現的諸多衝突。我還沒有想到我該如何解決，或者，是否真有解決的可能我都不知道呢。

第11章

White Coat

骨盆腔

生殖器檢查教學排在晚上。我們練習的對象是受過專門訓練，用來教我們必要技巧的專業病人——兩小時檢查女性，兩小時檢查男性。當二月十四日一天天接近時，我整個人充滿焦慮。

我第一次進行骨盆腔檢查是在情人節的時候。第一次攝護腺檢查也是。還有第一次睪丸檢查也是。

生殖器檢查教學排在晚上。讓我們練習的對象，是受過專門訓練，用來教我們必要技巧的專業病人——兩小時檢查女性，另外兩個小時檢查男性。當二月十四日一天天接近時，我整個人充滿焦慮。我自己在接受身體檢查時就最討厭這一項：我不知道在我以醫師的角色自居時，到底會如何反應。

我已經花了一年半的時間在病醫課的臨床技巧課程中，學習如何詢問病人的性生活以及他們擔憂的問題，也愈來愈能夠自在面對那些問題與汲取的訊息。我非常努力想要讓病人，還有我自己，能夠很自然討論禁忌的話題，但現在，我得跨越身體的界線了。一切都已不再只是紙上談兵；我得觀察、檢查、進行觸診。我的同學也都面臨同樣的掙扎。有生以來第一次，我們得從自己對性的聯想、性的文化價值觀以及對生殖器的個人看法中抽離出來，把它們轉換成純粹的臨床經驗。

在看了一卷非常臨床（非常寫實）的骨盆腔檢查錄影帶，並且在塑膠男女假人身上練習檢查，做為課前準備之後，我的同學史考特說：「性這檔事以後對我們來說還會是一樣的嗎？」我們努力想要做到臨床上的客觀，可是有時候還是分不清楚界線。

由於是小班教學，我們的第一次檢查是輪番上陣的；等輪到我時，他們的夜間課程已經上了好幾個月。我們排在比較後面的人，會跟那些已經上完課的同學打聽狀況。瑪夏再三向我保證其實沒那麼糟。「你的全副心思都放在尋找生殖結構的各部分，你會完全忽略眼睛看到的東西。」她說道。由於每個學生都用雙手觸診來找卵巢，「病人」腹部都淤青了。在專心進行身體檢查的過程中，有些同學根本對眼前的人視而不見。

安蒂亞對於第一次的骨盆腔檢查興奮無比。隔天早上上小組課時還是很激動：「我想當陰道醫師。我非常確定我以後一定要當個陰道醫師！」

我對即將來臨的檢查感到極為惶恐，可是史考特說他並不特別在意這個課程。這些病人都是受過訓練的，他們很清楚檢查是怎麼回事，被檢查時很自在，也完全知道我們缺乏經驗。「第一次的檢查我不擔心，」他說道。「我擔心的是第二次。」他害怕的是第一次檢查真正的病人。

面對真正的病人時，他們對檢查有何看法、對生殖器的毛病有何問題，我們就得硬碰硬解決了，更別提我們自己發現的問題。臨床經驗不足所帶來的不安全感，讓這場奮戰變得更複雜。

病人理所當然會擔心，身為醫師的我們，在檢查他們的生殖器時能否抽離念頭，不致想到跟性相關的事。尤其是女性愈來愈意識到，在做骨盆腔與乳房檢查時可能會有被騷擾的風險，她們通常都會要求由女性來做檢查。而在我們的課堂上，授課的醫師也建議我們一定要在病人有人陪伴的情況下進行檢查。我們這位老師是女性，但是她說她也不會單獨檢查病人，除非是已經建立長期關係的老病人。

然而病人想要保護隱私的意識還是日益高漲，讓我那些想要學習女性身體檢查以獲得臨床經驗的男同學備感挫折。在哈佛某個網站上，有人在提到婦產科臨床實習課程內容時警告大家：「許多參與哈佛社區醫療計畫（Harvard Community Health Plan）的病人強烈要求由女醫師看診，拒絕男同學做檢查。」

一位四年級醫學生則抱怨：「如果你是個男的，根本就甭想學。沒有任何病人會讓我們看。如果你事先詢問，她們一定都說不。在整個婦產科的實習過程中，我沒有做過半次婦科檢查，也只看過一次生產過程。所以如果你真想學，那就得積極爭取。」另一位男同學有不同看法，但他強調了解病人的重要，可能的話，最好是在檢查之前就先去了解。

情緒與臨床、文化與醫學之間的界線，不只對我們而言很難劃定，即使對我們的病人來說，他們也努力想要區別清楚。做身體檢查時，我們與病人的關係進入了極私密領域，他們有時候會模糊了專業關係與私人關係的界線。有些病人會跟我們調情。

我有一個同學為一名三十五歲的男性病人進行精神狀態檢查。這個病人很明顯心智正常，所以在做一些斷定記憶、理解與判斷能力的簡單測驗時覺得很無聊。當我的同學指著自己的鞋子要他指認時，他說：「腳很漂亮、腳踝很漂亮、膝蓋很漂亮、大腿很漂亮。還要我繼續往上嗎？」她被打敗了。

「當時我只是一笑置之。我不知道還能怎麼辦。我多少認為那是我的錯，例如也許我的語氣不夠正式，也有可能我的態度太隨便或有點開玩笑。」她說道。

當瑞努用眼底鏡傾身察看一位年紀稍大的男病人眼睛後面的視網膜時，他不停去摸瑞努的頭髮並幫她往後撥。為了做出正確的檢查，檢查人員必須很貼近病人。「你可以再靠近一點，我真的不介意。」他告訴瑞努。

「最糟糕的是，他很清楚我知道他是在跟我調情。他來自不同的文化，也許他的文化可以接受這種狀況，但是那種感覺很不舒服。我不知道該怎麼辦。」她說。

我因為身材嬌小又年輕，我的男性病人通常認為我很可愛。有些年紀大的男性把我當成是他們的孫女。有一個病人在我離開時，還在我的臉頰上輕吻了一下，好像我們很熟一樣，讓我嚇了一跳。但也有些人會說些明顯帶有性意味的話。在與病人互動時，我比較喜歡不要那麼正式，但那種調戲的態度就會讓我覺得很不舒服。我還沒有找到什麼方法可以防止這種不愉快的氣氛潛入我的醫病經驗裡。我甚至也接受了，因為這些男病人通常比較配合，不會抱怨我要他們接受兩個小時的病史詢問以及身體檢查。

要讓臨床關係與個人關係壁壘分明是要經過一番奮鬥的，奮鬥的戰場也延伸到教室裡面了。我們在學著檢查身體的不同部位時，都會在彼此身上練習。雖然我們沒有互相練習生殖器官的檢查，但某些其他的檢查也同樣敏感。當我們和一個個同學進入這種假扮的醫病關係時，就會搞不清楚究竟要把對方當成同伴、同學還是病人。哪一層關係都套不上。

卡洛斯的病醫課小組在學習做鼠蹊部的鼠蹊淋巴結觸診時，我問他那堂課怎麼樣。「發人深省。」（譯按：此為雙關語，revealing亦指赤裸裸的）他說道。

卡洛斯充當他們小組的病人。身為病人的他穿著短褲，坐在男女同學面前，讓指導員進行示範，也讓同學在他身上練習。和他同組所有的男女同學都要觸摸他短褲底下的淋巴結。羅伊穿了雙層內褲——一條三角內褲和一條寬鬆的短褲——把那種情況下會發生的侵擾與尷尬減到最低。

我為第一次骨盆腔內診大張旗鼓準備了一番，結果也沒什麼大不了的。我想我之所以害怕的一個理由是，我雖然身為一個女人，但卻沒有真的看過自己的生殖器。這點我們是和男人不一樣的。這是個陌生的區域。而且因為自己先前被人檢查時覺得很丟臉，所以我害怕會把那種丟臉的感覺加諸別人身上。

莉莎是我們的職業病人，完全不把檢查當一回事。這些「病人」受過訓練，把自己當成模特兒來教我們生殖器的檢查。因為我早到了一點，所以她進來時，我們在檢查室外面碰上。莉莎大概只大我五、六歲。她是個豐腴的女人，燙過的灰褐色頭髮披在肩上，有雙淡藍色的眼眸。當我們等著行政人員安排晚上的課程時，我覺得有必要說點什麼。「謝謝你為我們做這些事。我們真的很感謝你能來教導我們，」我這麼告訴她。

「喔，嗯，是啊，我很樂意來，而且錢賺得太輕鬆了。」她說道。幾年前，莉莎覺得自己對教學工作已經失去熱情，她想要轉換跑道，偶然間看到了一則徵詢志願者的廣告，工作內容是為醫學生扮演病人。「那時候看起來是個不錯的機會。而且這麼多女性死於乳癌，所以我想，讓你們這些學生知道應該如何進行正確的身體檢查很重要。我想我大概還會再做個幾年才換工作吧。」

輪到史考特和我檢查莉莎了。我們進到房間後，看到她穿著醫院的無領後開罩衫坐在檢查台上。莉莎接受的訓練是，一方面為我們示範如何進行適當的檢查，一方面又要扮演病人。她非常清楚每一部分的檢查該是什麼樣的感覺，所以她會協助我們修正某些動作，進而改善我們的技術。首先，她仔細描述，為了正確進行乳房的肉眼檢查，女性應該做哪些必要的動作。然後，她把罩衫褪下一些，露出下垂的一對乳房。我們看著她彎曲手臂，然後上舉，雙手緊扣在頭後面。我們看著她的乳房，隨著後面胸腔壁肌肉的拉緊與放鬆而改變形狀。接著她就平躺下來，讓我們練習乳房檢查。史考特先動手。「不對，你要再壓得用力一點。那裡可能還是會有一個你摸不到的腫塊。」

當他的手指小心翼翼壓過她的乳房時，他發現乳房底部有厚厚的纖維狀疤痕組織。「那是減胸手術的疤痕。完全正常。但是你得摸一摸，這樣才知道那是什麼感覺。」當他把她的乳房推高以便摸清楚疤痕組織時，我注意到那道三英寸寬微紅的井字疤痕。

然後就輪到我了。我的手指小心以打圓的方式滑過整個乳房的表面。「很好，力道剛剛好。」我在乳房的底部找到了纖維狀突出的傷疤，而且用手指摸了一遍。

現在，我最害怕的部分上場了。莉莎把罩衫掀上來蓋住肩頭，然後在膝蓋處蓋上了一大片紙，而我則幫史考特調整燈光。她拿出一面有藍色塑膠把手的鏡子，我則用溫水沖洗鴨嘴鏡，這是一種灰色的金屬工具，是用來撐開陰道，露出子宮頸的（也就是子宮的開口）。她為史考特示範如何觸摸她的陰脣，以及恥骨上面那團柔軟隆起的陰阜。她也告訴他如何撥開大陰脣，以顯露出裡面皺皺的粉紅色小陰脣。

當史考特把鴨嘴鏡塞入陰道時，莉莎拿著藍色塑膠鏡子，檢查他所觀察的部位。「好，現在鴨嘴鏡已經進去了，你要把它翻轉九十度，然後朝陰道底部的方向推。有一點很重要，鴨嘴鏡要持續朝底部施力。你可不會希望鴨嘴鏡彈起來，打到我的陰蒂。那對女性來說是很痛的。」

史考特繼續推進鴨嘴鏡，額頭上掛滿汗珠。

「喔……你還要多用點力。快打到陰蒂了，」莉沙提出警告。

輪到我時，我努力遵循先前她給史考特的指示。我把鴨嘴鏡塞進去，然後旋轉九十度。

「小心陰蒂。再用點力。」

我把鴨嘴鏡推到陰道的底部，然後打開擴張器的兩夾。我看到粉紅色的組織壁，上面有一絲絲乳狀白色黏液。這看起來一點也不像子宮頸。

莉莎用她的鏡子監看整個狀況。「你要不要把兩夾收起來，朝底部施點力，然後再把頂端推進去一點？」

我把鴨嘴鏡再往裡推，又打開雙夾。還是同樣的粉紅色內壁。在燈光照射下，我可以感覺到臉熱熱的。我又試了一次，這一次很高興能夠看到粉紅色凸起的圈狀子宮頸，中間有一個紅點，直指通往子宮的通道。

用雙手檢查對我來說比較困難。我戴上手套、抹了潤滑油，把右手手指放進她的陰道，伸進去觸摸剛剛看到的子宮頸。我的左手往她柔軟的肚子上壓下去，想要壓迫子宮，並把子宮頸推到我手指可以摸到的地方。我已經雙手並用，但子宮頸還是不見蹤影。

「手指頭再往裡面一點，」莉莎說道。

我向她靠近，一方面用身體的力量迫使我的手指再深入她的陰道幾公分，可是就是無法在她又大又軟的肚子上找到子宮的位置。

「我的子宮不會自己跑到上面去。你得往下面一點。在這兒。」她拉著我的手往下挪。終於，我得到了回報，感覺好像是子宮頸的東西輕輕滑過我的手指。終於可以鬆一口氣了，我的手指從她的陰道撤退，還是有點不太清楚自己有什麼感覺，但卻相當確定自己無法在另一個病人身上重複同樣的檢查。

雖然我曾經擔心和莉莎一起在這房間裡面會有什麼感覺，但她處之泰然，因此讓我覺得很安心。等再次確定她對這樣的檢查很自在之後，我就放心了，並且把注意力集中於找尋與檢查構造上。看著史考特試著進行骨盆腔檢查，知道快要輪到自己時，這是最難熬的時候。一旦自己上陣，我的心思就完全被占據，根本忘了之前的壓抑。離開檢查室之後，我心想雖然檢查第一個病人時，我的技巧也許還不夠純熟，但我有自信往後一定可以把骨盆腔視為身體檢查例行的一部分。

怪的是，我反而比較不怕檢查男性生殖器，雖然我也搞不清楚為什麼。也許是因為我曾經非常焦慮地為女體檢查做過準備，而輪到男體檢查時，我已經無法更緊張了。也或許是我和莉莎相處的經驗實在很輕鬆，所以我不再擔心男體檢查的學習。

我知道我們病人的名字。米勒先生在幾個星期前曾經教過我的室友和她的搭檔進行生殖器官檢查。他身材高瘦，約莫六十四、五歲。幾年前他和他的太太接受訓練開始扮演病人時，他的太太才被診斷出罹患乳癌，而她之前看家庭醫師時並未發現腫瘤。「我們真的希望你們好好學，這樣才不會漏掉任何一個腫瘤。」他太太的身體狀況很差，最近停止了扮演病人的工作。

當史考特和我進入檢查室時，米勒先生穿著一件藍色細條紋襯衫和藍色斜紋布長褲。我們上的是那天晚上的第二堂課；他已經指導過我們班兩位同學。一開始，他先測驗我們有關睪丸癌的統計數字，然後確認一下我們是不是知道到底要檢查哪個部位。接著我們就談起如何措詞的問題。

「千萬不要叫一個男人『腿張開！』聽起來太不禮貌了，」他說道。「你應該說：『請把兩腿分開一點。』如果出現勃起的現象，可以先停一下，等一下再繼續。」我們也討論如何教男士自己做檢查。

簡短的談話之後，我們先退出檢查室讓米勒先生換衣服。當我們再回到檢查室時，他穿著一件白色T恤和藍色格子條紋的短褲，腳上則穿著一雙黑襪子。我們在他身上練習檢查，也一直演練要如何教他學會自我檢查。這次檢查不像檢查女性感覺那麼休戚與共，而且只花了半小時就結束了。

我觸碰他的陰莖，並練習把包皮往後翻。「千萬、千萬不要忘記把包皮蓋回去。那是非常敏感的部位，如果沒有蓋回去，病人就會很痛，」米勒先生提醒我。我把包皮放開，然後又練習用拇指和食指將它往後翻。之後，我嘗試了第一次的攝護腺檢查。曾經有人告訴過我，攝護腺摸起來就像鼻尖一樣。在米勒的指示之後，我把手指伸入他的直腸，指尖下的攝護腺光滑堅實。我摸過攝護腺平滑的根部，但不管我再怎麼努力，都摸不到頂端。「你得整個人壓到我身上。」我又加了把勁，但還是和他的攝護腺頂端離得老遠。終於，我可以把手抽出來了。第一次生殖器官檢查結束，我總算鬆了口氣。

White Coat 第12章

感情

如果把第二次婚姻失敗也算進去，醫生的離婚率據說超過百分之百。《新英格蘭醫學雜誌》提供了確切的數字：精神科醫師離婚率最高，占五〇％，小兒科最低，大概二〇％出頭。

我以前總是認為結婚和戀愛一樣簡單，而最大的挑戰就是要找到完美的男人。我和我的生活伴侶，肯定能夠衝破難關、跨越障礙，共創美好人生。然後，我就進了醫學院。

當我看到學長姊以及臨床指導員傾全力想要兼顧人際關係、家庭與醫療工作時，我突然驚覺挑戰就橫在眼前。雖然我還無法全盤了解所有的障礙，但已經略窺一二。長時工作、夜間待命，以及臨床上令人進退維谷的難題，會榨乾我們的精力，只剩下一丁點可以用來呵護愛侶或家庭。若要把重症病人與緊急狀況推到一旁，而把時間奉獻給家庭，恐怕很難。對於需要我們的病人，我們如何開得了口說「不」呢？

上過幾堂病醫課之後，瑪夏問我們的指導員通常幾點回家。「我每天早上五點或五點半到，而晚上通常不到九點是走不開的。有時候我好幾天都沒看到小孩。不過，」他邊說邊從皮夾裡拿出一張兩個學步小兒的照片，「我每天都把照片帶在身上。」

在最近一次「醫療工作與人際關係」的小組討論會中，有對「快樂的雙高壓職業夫妻」（a happy dual-high-intensity-career couple）指出：「這種生活不得安寧，這樣的婚姻也永無寧日。」

那天晚上我們聽了四對夫妻的告白，他們分別處於工作生涯的不同階段，雖然雙雙從醫壓力不小，但都盡量設法維繫彼此的關係。他們都坦白說出工作及家庭上所面臨的挑戰。他們都為了托兒的問題搞得人仰馬翻；他們為了該以誰的工作來決定住哪兒、何時或是否要生小孩而爭執不休；他們想盡辦法抽出時間在一起；他們打的是一場長期的、讓人精疲力竭的戰爭。然而，他們都算是成功的案例。如果把第二次婚姻失敗也算進去的話，醫師的離婚率據說是超過百分之百。《新英格蘭醫學雜誌》（*New England Journal of Medicine*）有一篇文章提供了更確切的數字：精神科醫師離婚率最高，占五〇％，而小兒科最低，大概只有二〇％出頭。討論會上我們看到了成功的例子，其實無法維繫下去的案例是更多的。

討論會上有對結婚三十五年的夫妻，當時是哈佛醫學院的同學，他們的過去更是困難重重。妻子描述他們早年的生活是「莫名其妙的不快樂」，直到他們各自學會如何在專業抱負、醫療責任、家庭經營與夫妻關係之間找到平衡點為止。她決定花幾年的時間在家裡帶孩子；而她先生則認為這個決定有礙她醫療生涯的發展。

卡洛斯和我一起參加了這個討論會。到目前為止，我們已經約會將近五個月，我是完全墜入愛河了。就在聖誕節前，我們到紐約去玩了一個週末。白天我們欣賞各處聖誕節的布置、到中央公園散步、參觀博物館；到了晚上，就悠哉游哉享受晚餐。期間並沒有任何事情讓我突然覺得「就是他了」，不過，我認為那個週末鞏固了我們的關係，也加強了我們對彼此的承諾。然而，我們還是一想到未來就驚慌不已。就算我們彼此深愛，但誰也不敢說我倆能否承受雙雙從醫，甚至只是接受醫學訓練，所帶來的壓力。

在討論會聽了那幾對夫妻的談話之後，我們不知道到底該覺得勇氣百倍，還是洩氣不已。每一對夫妻都想竭力保有工作並維護雙方的關係，但職場的壓力卻對婚姻帶來強烈衝擊。雖然大部分夫妻最後都找到了可接受的平衡點，不過看起來，他們只是勉強維繫住關係而已。

「我一直希望有人會說『別擔心，沒有你想像中的那麼難』。可是沒人這麼說。」卡洛斯後來說。

在上心臟病學期間，我們的指導教授為啟發醫學生對心臟病學的興趣，辦了一場餐會。我們剛好有機會可以請教他們有關生活形態的問題，包括一位心臟胸腔外科醫師、一位心臟病理醫師，以及兩位心臟科醫師。「你們什麼都可以問。」他們說。

話題很自然就轉到了工作的安排以及家庭生活。他們每星期工作八十個小時，從早上五點到晚上九點。難得有幾個下午可以提早離開醫院時，他們又衝進了實驗室。我們問他們是否結了婚。心臟胸腔外科醫師目前單身。病理醫師已婚——事實上是再婚。「嗯，我應該告訴你們，我是在當住院醫師的時候離婚的。但問題不單只是出在這裡，」他很快補充一句：「我們的感情出現裂痕也是原因。」

由於有單親爸爸的問題，所以他選擇走心臟病理，這是心臟科領域中唯一能彈性安排工作時間的。另外兩位心臟科醫師都已婚，但他們選擇不生小孩，因為他們的工作要求非常嚴苛。「這對小孩子來說是不公平的。」其中一位說。

貸款償還計畫也不是為有家累的人設計的。在最近一次貸款諮詢會當中，財務顧問分發了一張試算表，標題是「我的薪水能夠支付哪些開銷？」表中把預算分成幾個類別，包括哪些是必須支付的，以及哪些是我們願意支付的，剩下的就是可以隨意使用的。關於配偶的貸款也有說明。汽車貸款、旅遊基金、甚至是寵物寄養都在預算之列，另外還提撥一筆錢做為退休之用，但生養小孩的費用就沒了。你可以養隻貓，但甭想生個小孩。

我有好些同學，計畫在二年級結束後的暑假舉行婚禮。根據同學在比較無聊的課堂上所製作的非官方統計圖表顯示，升上三年級前，我們班大概會有三〇%的人結婚或訂婚。凱特是要在那個暑假結婚的人之一，她告訴我：「從統計數字來看，我們不可能全都白頭偕老。但所有這些夫妻中，我認為誰可以辦得到呢？愛莉莎和安迪？凱文和安？還是我呢？我得相信我們辦得到。」

我向來都認為，要同時兼顧醫學、婚姻與家庭是很困難的，但卻從來沒想到有這麼艱鉅。這一年，課程安排比較有彈性，上課時間也比較固定，讓我和卡洛斯比較有餘裕可以培養關係。但我還是害怕等在眼前的一切。

White Coat

第13章

公演

我們不知道等我們終於可以開始行醫時，醫界會是怎樣的一個景況。我們有許多人，包括我自己，在念完四年之後，至少會負債十萬美元。我的銀行也拒絕給我透支額度。

一個星期六的晚上。當最後灰褐色的布幕拉上時，我們一百五十個人迅速退到舞台後方和兩側，以免有人會被隔到布幕前面。大夥兒解脫後的歡呼聲，淹沒了鄉村合唱團所唱的「YMCA」這首歌結尾的高音，也蓋住了觀眾的喝采聲。我們達成了使命。

那是二年級公演的最後一夜。每年都由二年級醫學生來編寫製作一齣音樂劇。歷年來都很搞笑，教授、同學還有我們自己都在被嘲諷之列。我們這一屆的公演是一齣四小時的史詩作品。當一百五十個強制性完美主義論者聚在一起時，其結果就是投入無限的時間與精力。這場表演是充滿創造力的過程的結晶。籌畫開始於七個月前，隨後展開馬拉松式的排練，它耗盡我們每分每秒的閒暇，也主宰了週週日日的對話。

除了實踐傳承的義務之外，公演也讓我們有機會以一個班級的身分，傳達出過去兩年來我們奮戰的痕跡，也呈現我們身在哈佛的種種經驗。這是全班最後聚在一起的機會，之後我們就要閉關準備在春天舉行的醫師執照第一部分考試，然後進入醫院到各科去實習。在揮別課堂學習，走入臨床世界之際，公演像是為過去兩年劃下共同的休止符。

這齣音樂劇的主軸是憂心我們往後會負債累累，以及關切美國未來的醫療照護體系。因為有關醫療照顧改革的政治環境不停改變，所以我們不知道等我們終於可以開始行醫時，醫界會變成何等景況。我們有許多人，包括我自己，在念完四年之後，都至少會負債十萬美元。我的銀行拒絕給我透支額度，因為我的負債收入比太高了。我們都極度擔心，隨著醫師的薪水不斷下降，恐怕往後無法清償高築的債台。

但比起我們個人的財務問題，更令人擔心的是醫療本身在經濟面的改革。眼看著健康維護組織（HMOs, Health Maintenance Organizations）的影響力愈來愈大，我們憂心醫師必須把主導權拱手讓給那些想要提高醫療財政效率的政客與生意人。我們懷疑自己是否能夠適應往後執業時所有的改變。

因為有這一層掛慮，編劇的情節很自然反映出我們的隱憂。戲一開始，演的就是哈佛深陷於管理式醫療照護制度（managed care）的泥濘中，財政困頓，學校不再提供醫學生助學貸款。在戲裡，福斯公司的電視影集「飛躍比佛利」裡的多莉．史貝林（Tori Spelling）申請了哈佛醫學院。她的電視大亨父親亞隆．史貝林（Aaron Spelling）願意出資購買醫學院，並且把它變成電視網，以交換他女兒的入學。醫學教育學院院長費德曼（Daniel Federman）同意出售。當費德曼出了一次幾乎致命的意外之後，導演決定要殺了他以提升收視率。在最後一分鐘，多莉找出了費德曼院長的遺傳性疾病，並且治好了他。但是因為收視率一蹶不振，所以亞隆從哈佛撤資，讓哈佛醫學院再度陷入財政拮据的窘境。戲到尾聲，出現了戲劇性的轉折，一位腎臟生理學的教授籌到了足夠的經費，讓哈佛醫學院還能夠再辦二十五年。

開場的第一幕，在那首改寫的「寶瓶」〔Aquarius，音樂劇「頭髮」（Hair）中的一首歌〕歌聲中，預示了負債時代的來臨。但比貧窮本身更令人驚駭的，是企業與政府掌控了醫療財務之後，得以呼風喚雨的權力：

當鈕特入主眾議院
健康維護組織方興未艾
企管碩士操控醫療照護
社會福利瞬間告終
這是極貧年代的開始

你難道看不見？
貧窮

〔譯按：鈕特．金瑞契（Newt Gingrich）於一九九五年擔任美國眾議院議長，在四年任期內，他迫使白宮全面修改了美國的社會福利政策，並提前使美國達到預算平衡，甚至出現盈餘。〕

此外，在戲裡面，醫界隨著財務的波動起舞，改變快速到難以逆料的地步。在現實生活裡，費德曼院長是個值得尊敬的內分泌學家，在我們班以其註冊商標——泡泡紗西裝與領結而出名。雖然他並沒有直接給我們上課，但在醫學院院長丹尼爾．托斯特森（Danial Tosteson）制訂新途徑教育制度時襄助甚多。但在戲裡面，當費德曼院長屈服於亞隆．史貝林的財政影響力時，他的所作所為是犧牲科學換取榮華富貴，捨棄學術以揚名立萬。同樣，我們擔心健康維護組織會犧牲良好的醫療品質以換取更多的金錢。在一個財務受制的氛圍裡，醫療行為動不動就受到干預，我們懷疑自己如何能發揮作用。經濟改革的驅動力已經在我們班上顯現其效力。當我們學習了記錄病史與進行徹底身體檢查的重要性之後，大家實在無法理解，在健康維護組織規定的十至十五分鐘看診時間內，要如何達成上述兩項目標。每當臨床醫師教我們一項新的技術或討論一項科技的進展時，一定會有人問那要花多少錢，或是保險給不給付。

在戲裡，當亞隆撤回他的財務支援時，哈佛醫學院以及費德曼院長再度失去了盟友。但後來哈佛醫學院的賽福特（Julian Seifter）教授籌到了足夠的經費得以拯救醫學、恢復其完整功能，於是費德曼院長又改弦易轍，轉而支持新的資金來源。醫學生比利在戲裡最後一段台詞裡，掙扎著想要趕上醫學變化莫測的面貌。「但我現在該怎麼辦呢？」他問道。「我已經把所有時間都浪費在學著當一個電視醫師，現在又怎麼可能要我重新來過，學習真正的醫學呢？照這個速度，我永遠當不成『急診室的春天』的主角了。」我們很怕像比利一樣，身陷醫學與政治交雜的環境中而不自知，那是我們沒有預先準備好要面對的。

認同與轉換的問題，是戲中比較不明顯的另一主題。費德曼院長與亞隆，在多莉以及其他一年級醫學生的新生訓練典禮中，宣布醫學院與好萊塢合併的消息。因為哈佛醫學院現在既是學校也是電視網，所以學生得承擔雙重角色。在亞隆的歡迎詞中，他說道：「身為DOXX電視網的一員，各位將踏上前所未有的旅程，進入實況轉播的醫學世界裡。你們成為醫師的同時，也將成為演員；一旦成為各科專家，你將一躍而成超級巨星；當有朝一日摘下諾貝爾桂冠之時，也將榮獲奧斯卡獎。」當醫師好像就只有個門面，正如化妝舞會的面具。我們不喜歡新的角色，感覺很假、很造作。

這個主題持續進行，直到碧佛莉．吳博士（Beverly Wu）引導同學進入醫病關係探討（在真實生活中，吳博士正是一年級病醫課的負責人）。「白袍象徵著醫病關係的聖潔，白袍覆罩的是對我們專業的尊重。」但白袍真正特別的地方是「你可以把**真面目**——也就是那淘氣的一面，隱藏在白袍之下。」她說。

白袍掩飾了我們對於自身角色的不安。它一方面點出了我們從醫的身分，一方面也幫助我們偽裝自己。我們是冒牌貨。「外套」（Coat）這首歌的副歌，伴著瑪丹娜的「時尚」（Vogue）強調了這點：「穿起白袍／讓病人認為你是醫師（認為你是醫師）／嘿嘿嘿／穿上，白袍／千萬別漏了底／你知道你辦得到。」

在另一幕裡，哈佛醫學院／DOXX電視網的學生，包括瘋四與大頭蛋（**Beavis and Butt-head**，譯按：卡通動畫的兩個主角，堪稱最蠢的青少年之代表）都被教導要掌控醫病關係所暗含的權力。「你是神，去你的。**你是上帝！**你想扮演上帝嗎？」學生們虛張聲勢：「是啊，怎樣，我差不多就是上帝了，」呆頭說道。雖然這是醫病權力差異的誇大描繪，但這種不舒服的感覺，卻不斷在我們與病人接觸的經驗中出現。

從許多角度來說，這齣戲呈現了臨床前課堂學習與醫院臨床經驗之間意識型態的界線。在我們結束這半年的醫學院生涯之前，另外還有許多其他的障礙有待跨越，例如醫師執照考試，但這一次共同的經驗，卻消除了過去兩年來所積聚的誤會與疑惑，也讓我們可以繼續勇往直前，承擔未來兩年的任務。從邏輯上來說，公演的結束代表了閒散日子已經告終，因為我們必須傾全力開始準備醫師執照考試，時間剩下不到幾個月了。雖然街道上還是一片下雪後的泥濘，絲毫不見春天的蹤影，但我們都已聞到考試快速逼近的氣息。

第14章

White Coat

國家醫師執照考試

有個三年級的學生大力主張精確排出每本總複習的每個章節該花多少時間。例如組織學第三章只需要分配二十九分鐘就夠了，而心臟血管病理學則要三小時又五十八分鐘。

我們的指導教授說這場考試是小意思。他們說我們一定會考過，而且考得好不好甚至根本不重要。三年級的學長姊則告訴我們，要好好利用這次考試的機會，把前兩年七零八落不扎實的部分好好兜攏。但是，醫師執照考試的第一部分為期兩天，涵括所有基礎科學概念，即使是最勇敢的二年級生，心中仍舊不免充滿恐懼。

這場考試是從教室過渡到病房的分水嶺。它強迫我們複習在過去不到兩年的時間裡已經忘掉的所有知識的枝枝節節；也強迫我們證明自己熟知醫學的基本原理，並顯示我們已經準備好接受下一階段的教育。

雖然考試的目標看起來很崇高，但只有競爭最激烈的住院醫師科別才需要最漂亮的考試成績。對我們大多數人來說，只要通過就好。第一年，當我和羅伊坐在圖書館裡準備某一科非過即當的期末考時，我曾經很納悶為什麼要這麼用功。「我要過得有尊嚴。」羅伊當時是這麼告訴我的。但在準備這次考試時，他改變了他的哲學。「現在，低空飛過就是尊嚴。」他說道。

儘管如此，但有時候低空飛過似乎還是不夠。我和許多同學賦予這次考試額外的意義。在一個讓我們常常懷疑自己角色與能力的醫學世界裡，這次的考試會證明我們的確是其中的一份子；證明在要求不多的小班教學制裡，我們的所學不算少；它也將證明我們未來會是個好醫師。雖然我明明知道沒有任何一次考試可以斷定這麼多事情，但我還是怕自己會把這次考試當作個人醫學能力的唯一評斷標準。

三年級的學長姊力勸我們不需要太擔心這個考試，但連他們自己也都火力全開，日以繼夜在圖書館裡準備自己的考試。有一位在醫師執照考試準備說明會中分享經驗的三年級學生，特別教我們不要把這場考試看得太嚴重。但我記得一年前，正是這位仁兄要參加考試前的幾個禮拜，我曾經和他談過話。當時他非常自豪告訴我，他是如何把所有的書和咖啡機搬到醫學教學大樓的一間會議室裡，以增進讀書效率。

考試舉行前的幾個月，醫學院辦了場模擬考。考完之後，我很擔心自己沒考過。我知道這次如果沒過，我就會對能否通過正式考試惶惶不安，因為我早就開始為六月的考試做準備了。整個星期我都在擔心；沒過怎麼辦？成績太差怎麼辦？然後就收到成績單。我通過了。成績不很理想，我考得不算好。卡洛斯在看了我們的成績之後對我說：「有時候，我覺得好像被自己的完美主義套牢了。」

同學和我一方面有條不紊設計念書進度表，一方面也設法把焦慮減至最低。我們都大費周章設想自己該花多少小時念書、該如何分配時間給各科，以及哪科先念、哪科後念。在「考試剋星會議」（Boardsbuster meeting）中，有個三年級的學生大力主張在空白的表格上精確排出每一本「總複習」（review book）的每個章節該花多少時間。例如組織學第三章只需要分配二十九分鐘就夠了，而心臟血管病理學則要三小時又五十八分鐘。每分配好一個時段，他就在格子裡打個勾。

「起先所有朋友都嘲笑我做這個時間表，」他說。「但到了最後他們每個人都想拷貝一份。」

雖然經過縝密的思考與無數次的討論才研究出這些精確的讀書時間表，但只有極少數的人真的勉力遵守。卡洛斯是我唯一知道恪守計畫的人。最後，我的進度嚴重落後，所以我壓根兒就不再奢望要趕上。

要把分分秒秒空閒的時間都投注在讀書上的壓力，有時還是鋪天蓋地、無法抵擋。某個星期六的早晨，羅伊的室友不小心把自己鎖在浴室裡。一個小時後，鎖匠終於撬開浴室的門，羅伊卻發現他的室友穿戴整齊坐在浴缸裡，看著《讓神經解剖學超簡單》（*Neuroanatomy Made Ridiculously Simple*）；那是唯一薄到可以塞進門縫底下的總複習。

當考期愈來愈近時，另一個同學也變得更加分秒必爭，幾乎把所有的時間都花在念書上。她是無處不讀：車子裡、做飯時，連遛狗也不放過。最後，她甚至發現如果把筆記紙卡放進夾鍊袋裡，那就連洗澡也可以帶進去看了。

準備考試給我們的生活帶來莫大的壓力，不管我們是死拚活拚想要得到高分，還是只要過了就心滿意足。有個三年級學生和他的女朋友在「考試剋星會議」裡說，他們在考試前幾個星期搬離了哈佛醫學院校區，因為他們希望能夠遠離同學製造出來的緊張氣氛。但即使如此，他和女友還是得面對壓力。「那是雙方關係的一大考驗，」他說。「甚至比出軌還嚴重。」

準備考試的壓力實在太大了，雖然我聽到了前輩的忠告，但事實上，焦慮讓我幾乎是左耳進右耳出。我時而自信滿滿，時而驚慌失措。卡洛斯先是全速配合我的團團轉，最後，他的冷靜與沉著終於讓我穩定了下來。

White Coat

第15章

恐怖、恐怖

從膿瘡取出的黃褐色膿汁有半個可樂罐之多，我們的外科醫生顯得相當興奮。「你們知道嗎？同學，」他說，「再也沒有什麼比膿汁更令人滿足了。我愛膿汁！」

四月，我生平第一次目睹手術過程。我事先做了心理準備。因為安排病醫課的人警告過，我們可能會昏倒。「第一次大家都會昏倒，」她說。「真正嚇人的部分是切開皮膚的那一剎那。一旦過了那一關，其他的就是小意思了。」這位現場聯絡人是個活力充沛的中年女性，她不但說話快，動作更快。雖然她說的是「大家」都會昏倒，但我覺得她一定沒昏倒過。

當波士頓灰濛濛的雪景中冒出了奼紫嫣紅的番紅花，路面的積雪也逐漸融化，露出一片濕漉漉的綠草時，我們的病醫課指導員為我們準備了一場升三年級的迷你說明會。除了固定的身體檢查例行工作、向指導教授報告結果，並且寫成正式記錄之外，我和同學每個星期要花一個早上在不同的專業分科裡跟著住院醫師學習。二年級時輪流到外科、小兒科、心臟科、神經科以及急診部的實習，引領我們初步認識三年級到醫院工作時將面臨的世界。

我巴不得會昏倒。升上三年級後的第一輪實習是在外科，從七月一日開始。在我進到病房，面對更大的壓力之前，我很高興有機會可以先感受一下恐怖場面。雖然身為二年級的我，現在昏倒也是有點丟臉，但至少我不會被打分數。我希望兩個月後進到病房之前，自己能夠先「減敏」，到時候就不會見血就倒了。

結果當天我有點失望，因為那天的外科指導教授安排我和另一個同學觀看的是骨盆腔膿瘡排除術，根本沒動刀。那位外科醫師雖然有點彎腰駝背，但卻身強力壯，我們整個早上都跟在他身邊轉。他身穿手術衣，腳蹬運動鞋，頭上還戴了一頂藍色手術帽，口裡一直嚼著口香糖，說話時還會噴得我們滿臉口水。雖然從膿瘡取出的黃褐色膿汁有半個可樂罐之多，但卻沒有開膛剖腹的戲劇性畫面。然而，我們的外科醫生卻顯得相當興奮。

「你們知道嗎？同學，」他對我們說道，「再也沒有什麼比膿汁更令人滿足了。我愛膿汁！接下來幾天她會很不舒服，但過了之後就萬事OK啦！」

流血的傷口總是教我害怕。一想到要使脫臼的關節復位、縫合血淋淋的傷口，或包紮生壞疽的腳趾頭，我就打哆嗦。「急診室的春天」在電視黃金時段裡，搬演著一個接著一個可怕的外傷病例。我父母還有非醫學界的朋友每星期四看完之後都會告訴我：「你做的事，我永遠都做不來。」我也不很確定自己辦得到。我想這就是醫學恐怖的地方。

但是經過那一次的外科經驗後，我發現要變得不那麼敏感，並不如預期那麼困難。在第一次看到外傷處理或手術場面時，幾乎每個人都會昏倒，但經過一段時間後，恐怖畫面司空見慣，就變得再普通也不過了。

「過了一段時間後，手術本身就會變得很無聊。都是因為對病人有興趣，才覺得這份工作有趣。」另一位帶了我們幾個小時的外科醫師說道。

接著剛才那個讓人失望的骨盆腔膿瘡排除術後，我們的外科醫師帶我們去看乳房完全切除後的重建手術。這個手術和娜塔莉（就是先前那位患有乳癌的病人）所接受的一模一樣。手術中，醫師會從病人腹部取出腹直肌做為新乳房的組織之用。當我們進到手術室時，那位女士的臉被一塊鐵青色的布遮住。她的腹肌已經取出，深深的長方形傷口用紗布塞住，從切口可以看到黃色脂肪層、筋膜與粉紅色的肌肉。三位外科醫師小心翼翼切開原本右乳部位的上層皮膚，露出不平的組織，上面布滿細細的血流。

當為這位女士動手術的醫師聽到我們是醫學生時，便為我們簡短解說手術過程。「這個手術真的很棒。你們可以看到這個組織有多健康，」他說道，拿著解剖刀在打開的胸腔壁上刮了一下，擠出幾滴血液，讓我們看一看血源供應有多充足。「但正如你們所看到的，這是個相當複雜的手術，並不是每個病人都適合。你們知道嗎，這需要的是承諾。承諾啊！我在篩檢病人時就是用這兩個字——承諾。它還有個額外的好處，就是可以把你的肚子縫得小一點。所以對那些可以承受這項手術的女性而言，這是個很棒的做法。」

麻醉師打斷醫師的話，提醒他病人的血壓已經降得很低。「現在給她輸第一次血，」外科醫師說。「反正到了現在，她應該已經流掉大部分會流掉的血了。謝謝你提醒我。」

看到此刻，我發現自己已經可以面對手術，不再害怕。要習慣那些血，似乎沒有我原先想像的那麼困難。但病人受苦的情景卻牽動了我的肺腑，久久不能釋懷。

每個星期一早上的病醫課，我們那一組四十個學生，在醫院最老舊的那區的一角，找到一張貼在木門上、依診斷結果排列的病人名單。每個星期，我會從名單中挑選一個病人，然後在「學生欄」空白的地方簽名把病人「訂」下來。我們會各自去找我們的病人，進行檢查，並且把他們的病史和身體檢查結果記錄下來。下午的時候，我們會再做分組討論，並檢視我們的病人。

某個星期一，我必須在兩個病人之間做選擇，我注意到在房間裡的是一位小腸阻塞的病人，前一個星期我就已經訪談過，所以我選了隔壁病房罹患胰臟癌的那位。依舊沉浸在週末美好時光的我，踏進病房時以為會看到一個老病交襲的男病人，但映入眼簾的是個年輕、金髮的五十歲女性，蜜雪兒太太。她在一月的時候被診斷出胰臟癌，已經無法開刀，預後非常不樂觀。

我在記錄病史的時候，得知蜜雪兒太太有兩個孩子。她在康乃迪克州的一家商店工作。除了從肚臍到胸骨有一道很大的傷口外，她的身體檢查完全正常。她希望星期三能夠回家，於是我問她回家後是否有特別的計畫。她看著我，忽然哭了起來。「我只能回家等著，看看我還有多少時間。」

我一邊聽著蜜雪兒太太說話，一邊想起大衛、丹與史帝夫、莎拉、崔西、娜塔莉。這種痛，才真是痛。那天早上我第一次觀看手術時沒昏倒。但不知怎麼，昏不昏倒似乎一點都不重要了。

White Coat 第16章

創傷

這人的雙腳還是兀自伸在那兒，置身事外，在一片混亂的診間裡看起來靜得可怕；我眼看著那對微黑的腳底漸漸變成較深的鐵青色，死亡的魔爪穩穩扣緊了這雙腳。

大家在二號外傷診間集合。醫護人員在藍色手術衣外面穿上白色罩袍，然後在腰部打結綁緊；臉上戴著像是銲工用的防護罩。他們有的檢查呼吸器，有的準備去顫器。全員整裝待命。

我在病醫課輪流實習時，來到了急診室。一般課程都排在早上，但這門課特地排在晚上，好看看急診室一天最忙的時段。

我以期盼的心情望著急診室的雙扇大門，不知道進來的會是何種狀況的病人。「外傷性心跳停止。」呼叫器傳來訊息。「那意思是說，有人在受到外傷之後，心臟停止跳動，」帶我那堂課的醫師解釋。「很有可能我們得打開胸腔修補損傷，好讓他的心臟恢復正常運作。」

當大門終於打開時，兩位隨車的緊急救護人員（EMT, emergency medical technician）推了一張推床進來，上面躺著一名肥胖的男性。被他高高鼓起的肚子擋住視線，我都看不見他的頭了。我原以為既然是「外傷」，病人必定滿身是血，可是事實上不是那回事。

「姓名不詳，大約五十多歲，男性，心跳停止。倒下將近十五分鐘。他開離了車道，頭部重創。」ＥＭＴ人員說。心跳停止，是指這個人失去自發性的心跳。他失去知覺已經十五分鐘。

「知道他是誰嗎？」有人問。

「我們找過車子，但沒有可供辨識身分的資料。我們正在想辦法。」ＥＭＴ人員回答。

推床被拉進外傷診間，一旁待命的醫療人員立刻一擁而上。我只看到他伸出床尾的腳，這部分不屬於急救範圍。推床上方的牆上有一個數位時鐘，計數著時間。

傷者本來用救護車的監視系統監測心跳，現在轉用醫院的心電圖。「好，我已經把他連上我們的監視器了，」某人說道。所有人的頭同時都轉向診間右手邊的角落，因為那裡顯示出傷者的心跳速率。

有人剪開他的棕色長褲，以及底下的白色細條內褲。我不記得有人把他的襯衫脫掉，不過它也不見了。在一陣手忙腳亂之中，他那雙破舊的紐巴倫運動鞋似乎也自動脫落掉到地上。鞋子剛下地，馬上就有個穿藍色手術衣的人從旁邊衝出來撿起收走。頓時，這名男子變得一絲不掛。他的腳趾甲想必很久沒剪了，突出腳趾頭一截。他那蒼白又帶點青腫的大腿靜靜躺著、毫無生氣，和他身邊的忙亂形成強烈對比。有人規律擠壓著一個黑袋子，把空氣灌入他的嘴巴，進入胸腔，而那鼓鼓的肚子則隨著空氣的進出，一高一低起伏著。

在亂中有序的外傷診間裡，醫療人員奮力搶救已經停止的心跳。

「給他高劑量的腎上腺素。」

「再加三毫克atropine。」我認識的兩個三年級醫學生輪流按壓病人胸部，一個手累了就換另一個上場。

突然間，每個人都停了下來。心肺復甦術（CPR）停了。呼吸器停了。每個人都往後退開。

「有脈搏嗎？」

有人檢查了一下。「沒有。」

「CPR開始！」大家又七手八腳開始動作。有兩個人設法在他的腹股溝股動脈扎針想給他打點滴。另外有人用剪刀在他的右腳上剪出一個開口尋找靜脈。

「手臂上實在很難打點滴。因為他的血液循環已經停止，所以靜脈也陷下去了。我們正在試其他任何可行的辦法。」醫師說道。

「出現心室震顫！準備電擊。」我聽到有人這麼說。他的心跳恢復了一點，但是跳動不規律，如果不趕緊處理可能會致死。去顫器的兩個電擊板出場。利用去顫器進行電擊，是恢復正常心跳速率的唯一機會。每個人都退後一步。剪刀還懸在那兒，靠剛剪開的皮膚開口卡住。

「都準備好了嗎？」拿著電擊板的人大喊。

「兩百焦耳。讓開！」推床上的傷者猛然抽動了一下，然後又恢復了死寂。就像「急診室的春天」裡的片段。所有的人都把頭轉向心電圖監視器。

「很好，比較穩定了。又可以再繼續。CPR開始！」某人說道。病人心臟還未恢復規律的跳動，但是已經脫離心室纖維性震顫的狀態。外傷小組加倍努力想拯救眼前這個人。

有位女士回到外傷區。「我們找到了他的名字，但無法循線找出任何家人。」她說。

「什麼？家屬已經在等候室？」某人大叫。

「不是，他好像沒有家人，」她說。

這人的雙腳還是兀自伸在那兒，置身事外，在一片混亂的診間裡看起來靜得可怕；對於大家的努力，它們毫不領情。我眼看著那對微黑的腳底漸漸變成深暗的鐵青色，就像日落時海洋顏色的變化，起初不易察覺，忽然就變得非常明顯。我看著死亡的魔爪穩穩扣緊了這雙腳。

雖然用上了心肺復甦術、atropine、腎上腺素、去顫器，但躺在推床上的男子，脈搏還是不復跳動。

「好吧，」終於有人說話。「我們宣告吧。七點五十八分死亡。」

大家扯掉白色罩袍，然後隨手把乳膠手套扔進垃圾桶裡，一邊收拾四散的管子、電線。男子的屍體就這麼停放在診間中央，光著身子，再也得不到關注的目光。腹股溝和為了打點滴而扎針的腳上還看得到血跡和碘酒。我離開現場，到急診室別處去觀看其他個案。

那天稍晚的時候，我們需要用到超音波機來檢查病人。我跟著醫師回到二號外傷診間去找。

那個因為外傷而心跳停止的男子還躺在診間中央的推床上，身上已經蓋了塊白布，白布罩住推床，還拖到地板上。我很訝異，獨自待在診間的他竟然縮小了。先前如小丘般的肚子似乎癟掉了。之前，他的長手長腳都伸出外傷診間的範圍；然而現在，在空蕩蕩的房間裡，他的軀體卻顯得那麼小。之前看起來不怎麼協調的雙腳也跟身體其他部分很相稱了。指導教授注意到我在盯著屍體看。

「好啦！」他說，然後轉過頭去。我們很快就找到超音波機，然後把它推出外傷診間。

White Coat 第17章

喪失語言

我為這些中風的病人和他們的家屬感到心痛。脆弱的腦部血流稍微不順，就會造成無可彌補的損傷。雖然這些人的軀體仍舊與我們同在，但就某種意義而言，他們是永遠消失了。

桑多先生坐他的輪椅，靠在窗邊。灰色鬍鬚長滿他凹陷的臉頰，透明的塑膠面罩則蓋住了他的口鼻，面罩的一端接著一條長長的塑膠管子，連到一台小型的機器上。蒸汽嘶嘶噴著，不斷從面罩後方的空隙逸散出來縈繞著他的臉龐。當我走近他時，他那雙明亮的藍眼睛一直看著我。

「那只是個噴霧器，」護士告訴我。「你可以在他接受治療的時候和他說話。可能還要再一下子。」然後護士就離開了。

「嗨，桑多先生，」我說。「他們有告訴你我會來嗎？我想和你談談你住院的原因，然後順便做一下身體檢查。這樣可以嗎？」面罩後傳來低沉的聲音，桑多先生聳了聳肩。因為噴霧器發出的聲音，所以我聽不太清楚他說了什麼。「你介不介意我在這裡等你的治療告一段落？」戴著面罩的他又說了幾句話，然後搖搖頭表示不介意。

當我坐在他的床上等著噴霧器完成任務時，實在覺得很尷尬。噴霧器的水氣帶著藥物打通氣管，深入桑多先生的肺臟。他是住在復健醫院（rehabilatation hospital）的病人，那種醫院照顧的是已經不需要密集醫療服務的病人，但是他們的身體還沒有完全康復到可以返家休養。我聽著隔壁床的病人滔滔不絕向我的同學講述著他的病痛與病史，陣陣笑聲不時透過中間的簾幕傳了過來。我回頭看著我的病人；他專心看著電視。我注意到他的右手緊緊握著拳頭，右手臂則僵硬放在膝蓋上面的枕頭上。我明白了。

「桑多先生，你是不是中風過？」

他轉過來看著我，一邊點點頭表示同意，藍眼睛也亮了起來。

「你是不是不能說話？」他又點點頭。

他的左大腦中風，兩個語言中樞至少有一個受到損傷。桑多先生有失語症。在正常的情況下，大腦有兩種不同的語言功能。有一個語言中樞傳遞神經訊號到嘴脣與舌頭，負責控制說話；另一個中樞控制語言的認知，讓我們能夠了解並創造語言。桑多先生明顯喪失說話的能力，但我不確定他了解語言的能力是不是也受到影響。

「中風前，你可以說話嗎？」他點點頭。他的眼睛因為這樣的溝通與了解而閃閃發亮。

「你多大年紀？」我問道。「六十？」

他搖搖頭。

「更大？」

他點點頭。

「七十？」

他搖搖頭，然後用那隻健康的手把蒸汽面罩拿下來放在床上。他掙扎著想要告訴我年紀，嘴巴發出粗嘎的喉音。我聽不懂。他又把音節一個一個放慢，希望能說出字來，表達他心裡想的。然而那些斷斷續續的音還是成不了字。最後他用左手在空氣中畫出年齡。他六十六歲。

另一個護士走進病房。「我想你該刮鬍子了！」她說。「我現在就幫你安排時間，你馬上就會看起來很清爽。」

他歪斜著嘴笑著，然後聳聳肩膀。他指著大門想要說話，但舌頭卻不聽使喚。然後很清楚地指一指我。

「你有客人，」護士接口道。「別擔心，我等一下再來。」他又抽動歪歪的嘴笑了，訊息傳遞成功。

桑多先生被自己的心智孤立起來。他可以了解別人說的話，也可以構思自己的想法，但他的大腦讓他無法與別人分享他的思想、希望、恐懼與需求。他的語言侷限於我們所提供給他的字詞。

他還算是幸運的。

神經科住院醫師帶我們去見強森先生，讓我們看看他特殊的語言障礙。他和桑多先生一樣，都是大腦左半邊中風，進而影響到語言中樞。

強森先生看起來大概七十四、五歲。他平躺在病床上，怔怔盯著天花板看。被子蓋到胸口，手放在上面。手上戴著結婚戒指。

「嗨，強森先生。」神經科醫師說。

「嗨。」強森先生回答。

「今天好不好啊？」

「很好。」強森先生回答。

「好的，強森先生。現在我想問你幾個問題。你知道你在哪裡嗎？」強森先生一臉茫然看著他。

「你在哪裡？這是什麼地方？」神經科醫師又問了一次。

強森先生不發一語。

「我是醫師嗎？」

強森先生點點頭。

「好，很好。那現在，強森先生，你可以用手指一指那扇門嗎？」

他舉起左手，作勢指向天花板。

「不是，是**門**。你可以指**門**給我們看嗎？」

我們很期待地望著他。他的手又指向天花板。

「好，沒關係。我們來試試別的。」這位神經科醫師把白袍下面的領帶拉出，從口袋裡拿出一隻反射鎚，然後又從另一個口袋拿出一枝筆。「強森先生，哪一個是寫字用的？你可以指出寫字的工具嗎？」

強森先生看著我們。

「寫字工具，強森先生。你用哪一個來寫字？」

強森先生指指領帶。

「不對。**寫字**要用哪一個？」

這一次他指著小鎚子。

「嗯，我想我們就到此結束。」神經科醫師說道。同學和我尾隨住院醫師走出病房。

年方四十九的詹姆士先生，是接受中風治療最年輕的病人。一個月前，他和太太及孩子去滑雪度假。醫師們懷疑，在斜坡上摔的那一跤重創了他的頸部，造成頸動脈內壁撕裂，血液改道，左腦血液的供應因而出了問題。當我們走進詹姆士先生的房裡時，他躺在床上看電視。他把電視關掉，好讓我們可以進行訪視。

「你好啊，詹姆士先生，」神經科醫師說。「今天怎麼樣啊？」

「嗯，事實上，我覺得還挺不錯的。今天過得很好。」

神經科醫師向他介紹我們是醫學生，並且說明我們正在學習中風後的症狀。

「我希望能夠幫得上忙。」他回應道。

「好的。詹姆士先生，我希望你能夠跟著我講一次：『不要問如果、還有，或但是。』」（no ifs, ands, or buts about it.，注：這是美國神經科醫師檢查病人語言常用的句子，一則有點像繞口令，可觀察病人複誦時，發音是否正確，二則這是一句常用的話語〔意思是少囉唆〕，可以問病人是否了解其意。）

「不要問如果、還有，或但是，」詹姆士先生重複一遍。

「你知道自己身在何處嗎？」神經科醫師問道。

詹姆士先生毫不遲疑回答：「醫院。」

「詹姆士先生，你可以告訴我們你怎麼了嗎？你為什麼到這裡來？」

詹姆士先生開始急切訴說。「嗯，夜晚曲棍球賽在晚上前一晚。冰球我的頭那個夜晚那一天。」他說道。我很努力想弄懂他要表達的是什麼。他說得很流利，視線的接觸以及手勢也很恰當。他看起來非常自然，所以我過了一會兒才了解到，他的故事只是一些隨機湊在一起的字詞串起來的，而且，有時候甚至稱不上是真正的字詞。

「詹姆士先生，你有沒有注意到你說話有什麼不一樣嗎？」神經科醫師問道。「因為我們很難了解你想要告訴我們的話。你用的某些字我們不太能懂。你有沒有注意到有什麼錯誤呢？」

詹姆士看著我們，一臉驚訝。「沒有啊。」他搖搖頭。

我們離開病房之後，我請教神經科醫師，詹姆士先生是否知道自己有語言障礙。「當然不知道。他說聽起來沒什麼不對啊。」

「但我是指整體來說。也許他沒聽到，但他知道自己說的話很難理解嗎？」

「喔，」他說道，「我也不清楚。」

這些人有語言障礙。他們被身體囚禁，也被心智阻撓。情況好的，還能在我們提供的有限字彙和想法的範圍內表達自我。這和我面對不會說英語的病人時，感覺很不一樣；雖然雙方語言不通，但他們還是有語言；他們可以溝通，只是沒辦法與我溝通而已。我為這些中風的病人和他們的家屬感到心痛。短短的一瞬間，可能連預警也沒有，脆弱的腦部血流稍微一個不順暢，就會造成無可彌補的損傷。每個腦子受損的程度只有一點點差異，但卻呈現出各自獨有的缺陷。雖然這些人的軀體仍舊與我們同在，但就某種意義而言，他們是永遠消失了。

White Coat

第18章

上路

三年級罩上了一層神祕的色彩。同學和我都聽說過有關這一年的恐怖故事。據說這是最難念的一年，也是整個醫師養成訓練中第二苦命的階段，僅次於第一年住院醫師實習。

二年級快要結束的現在，我突然察覺到自己有了醫療人員的心態。以前，我有意識強迫自己想法要像個醫師，但現在我似乎把每個人都看成病人了。在買日用品排隊等結帳時，我不再像以前一樣邊等邊看雜誌，我會研究排在我前面那個女士的顫抖。有個流浪漢不斷揮出右手臂，在空氣中瘋狂比畫著弧形，我診斷他有運動失調半身跳躍。我在地鐵看過一個額頭中央有一撮金髮的男子，我猜測他可能有瓦登伯格氏症候群，那是一種可能會造成聽障的先天異常，特徵就是這種頭髮變色的情形。所有我在學校學的疾病，突然好像都在身邊的人身上顯現了，而過去我總認為這些人很健康。我沒有注意到這個現象是從什麼時候開始的，而且我也不確定自己是否喜歡這樣的習慣。我覺得自己好像侵犯到別人的隱私，因為他們並沒打算要向我透露他們的病情。但現在的我是透過醫學之眼來觀察，不再像外行人一樣，過眼就忘。

到了第二年結束時，我也開始注意到我在訪談病人時有這種改變。潔妮是個六十八歲的阿嬤。她的灰色捲髮梳得整整齊齊的，在整個訪談過程中她都談笑風生。潔妮的症狀是呼吸困難。走路的時候，她會覺得頭暈，而且上氣不接下氣；休息的時候，又覺得胸口悶得難受。她已經無法爬樓梯上二樓的房間。幾年前，她才剛換過心臟瓣膜。有了病史做基礎，我問她小時候是否有過風濕性心臟病。

「你知道嗎？」她說，「每個人都問我這個問題！」

終於，在經過兩年踉踉蹌蹌探索病史，以及要求病人一個字母一個字母拼出自己的病名後，我知道自己總算上道了。畢竟，其他人也都問過她相同的問題。

當我在準備醫師執照考試，奮力把每一條可能的臨床細節都塞進腦袋裡時，過去幾年所累積的知識終於開始有那麼點意義。當病人愈來愈常抱怨我用一些之前被問過的相同問題來煩他們時，我覺得既有成就感又很安慰。檢查病人身體時，雖然有時還是會疏漏重點，但已經變得比較像例行公事，也不再那麼教人神經緊繃了。我開始思忖著，也許有一天我會成為一名好醫師。

同學們的臨床能力也有類似的大幅進步。三月底的時候，安蒂亞跟了一組實習醫師與住院醫師，他們檢查的對象是一名接受抗生素Bactrim治療的愛滋病人，這種抗生素可以防止免疫力嚴重受損的人罹患卡氏肺囊蟲肺炎。

該名病人因為不明原因發燒而住院，而且還有輕微的出疹現象。住院醫師和實習醫師列出了一長串可能的病因。他們忙著開了一堆檢驗單，查完這個又查那個，想要縮小可能的範圍。就在他們完成檢查之後，安蒂亞問病人是何時開始出現各種症狀的。他告訴安蒂亞，大概是開始服用Bactrim一個星期之後。聽到此說，安蒂亞把一位住院醫師拉到一旁，問他病人有沒有可能是對Bactrim產生過敏反應，因為這種藥物常引起許多人過敏。

「你知道嗎？」住院醫師說道，「我沒有想過這一點。不過這個想法很好，完全可以解釋他的症狀。」

那天下午稍晚的時候，那位住院醫師看到安蒂亞在圖書館念書，告訴她化驗結果出來了，他們確定病人是對藥物有反應。她是對的。他們讓病人改用預防肺炎的pentamidine，以免引發過敏。看來成為一個好醫師似乎已經指日可待了。

但是正當我開始對自己的臨床能力感覺比較有信心時，我也深刻體認到還有更多的東西等著我學。一年級結束時，讓我深有所感的是自己多麼無知；二年級結束時，我驚訝的是，已經學了不少，而還待學習的仍然是那麼的多。

我剛上一年級時，就耳聞過恐怖的「挨電」（pimping）。在第三年實習的過程中，指導教授會在其他醫學生、住院醫師以及病人面前，拷問我們對於臨床問題的了解程度。之所以會有此制度，目的是要探探我們懂多少，為我們指出重點，並且測知我們有沒有恰當吸收新資訊。它讓我們有機會可以展現所學，但也可能因為無知露底而丟臉。

上了病醫課（二），我獲得了一次牛刀小試的機會。我的指導教授常常考我病人的症狀、身體檢查的異常狀況，以及各種療法。「發炎有哪五種徵兆？」「小腸腸道阻塞和大腸腸道阻塞的症狀有何差異？」「你會用什麼藥來治療急性痛風？」

有時候我答得出來，但也有好多次啞口無言。排課的老師鼓勵我們不要害怕說「我不知道」。不過我這個人好像沒什麼自尊心，即使教授一副我該知道答案的樣子，當我說「不知道」的時候還是滿坦然的。

那一年，我們其實是得到特別寬容的待遇，沒有人期待我們二年級生什麼都知道。當我和指導教授早上一起去巡房，見到第一個病人時，他（她）通常一開口就會先問：「這個人的病因……等一下，你剛說你是幾年級的？二年級？好吧，那麼ＭＩ（心肌梗塞）最主要的危險因子是血膽固醇過多、抽菸、高血壓、家族病史，還有糖尿病……」

我鬆了一口氣，竊喜至少這個早上自己的無知不會曝光。後來我發現，其實二年級與三年級的差別不過就三個星期而已。三個星期之後，我就要參加醫師執照考試，然後再過個兩個半星期的假期，三年級的實習就會在七月一日隆重登場。也就是說，我有三個星期的時間，去吸收所有不要求二年級生必須知道，但三年級生卻不可不懂的知識。我雖然對於教授暫時的開恩心存感激，但一想到臨床實習時的挨電還是頭皮發麻。

第二年的最後幾個月，三年級的現實悄悄就定位。同學和我在放春假之前，必須要先繳交實習申請表。三年級分成四個學季，有兩季在外科和成人內科輪流實習；第三學季花在產科、婦科和小兒科上；第四季是彈性時間，我們可以選擇一個月的選修實習或放假。我們列出實習的科別與醫院的優先順序名單，但課程安排最後是由電腦決定。各種基本的實習科別在不同醫院同時展開，所以我們有很多的選擇。

這是我頭一遭聽到值班表這回事（就是決定我得花幾個晚上留在醫院待命的時間表）。q3、q4這兩組代號突然間變得具有重大意義；我寧願選每三天值一次夜班（q3），而不要選每四天待命一晚，但每個月額外加兩個夜班。一位四年級學長建議，千萬不要把你想要專攻的領域排在第一個實習，因為你所知有限，無法讓大家印象深刻；但也不應該把它排在最後面，因為住院醫師申請需要附推薦信，排在最後，時間會太急促。選出最佳的實習順序與搭配的實習地點，似乎是項十萬火急的任務。

三年級罩上了一層神祕的色彩。同學和我都聽說過有關這一年的恐怖故事。據說這是醫學院最難念的一年，也是整個醫師養成訓練中第二苦命的階段，僅次於第一年住院醫師。我聽說過這一年壓力會很大，也會累死，但真相究竟如何就不得而知了。我不清楚自己要擔負什麼責任，或別人會對我有什麼期望。因為三年級學生幾乎都埋首在醫院裡，根本難得一見，也沒人傳下什麼祕聞或經驗談，好讓我對即將來臨的生活預窺一二。

行政人員犯了一個錯，竟把各科實習時間表在兩堂課之間發了出去。就要拿到時間表的小道消息，整個早上傳得沸沸揚揚。在早上這兩堂課之間的五分鐘休息時間，有些同學跑出去檢查他們的信件，話就這麼傳開來了。「時間表已經出爐了。」消息一在梯形教室裡蔓延開來，其他的人也都衝出去，想要看看註冊組的電腦究竟是如何安排我們的命運。

第二堂課我一個字也聽不進去，我想其他同學也一樣。大家交頭接耳鬧哄哄的聲音，幾乎要蓋過講課的音量，只見紙張飛來飛去，大家忙著互相交換比對。我很幸運，實習的地點和時段都很符合我的選擇。卡洛斯的時間表也排得很好。我們雖然沒有一科會一起實習，但比較辛苦或比較輕鬆的日子，都配合得很一致。

我的下一年終於現形。得知會先從外科開始實習，以及未來一年將要實習的醫院之後，減輕了部分的焦慮不安，但也讓升上三年級的感覺更加真實而迫切起來——不再是虛無飄渺的「下一年」，而是「下個月」了。我一方面很期盼能夠趕快結束學科的學習以及醫師執照考試，然後在臨床醫療上試試身手，但一方面又很害怕脫離我所熟知的世界。我知道在教室裡我很行，但到底要如何渡過未來的日子，我實在沒有把握。

參加醫師執照考試前兩個星期，我們考了普通課程的最後一次期末考。期末考後到醫師執照考試前那兩週，大家都瘋了似地K書。有些同學每天都念十八個小時。卡洛斯和我一起念，而我們都沒有力氣這樣拚，我們早就計畫穩紮穩打慢慢念，這樣就不需要臨時抱佛腳。而我比卡洛斯更沒耐心，每天我都眼巴巴等著上有氧舞蹈課，這樣就可以名正言順暫時解放一個小時不用念書。

我們在三月報名醫師執照考試時，報名資料袋裡附贈了一份模擬考題。卡洛斯和我把考題留到考試前一個禮拜。我打算利用這份考卷來找出自己的弱點，然後來個考前大衝刺。某個風和日麗的早上，我們在卡洛斯家的陽台進行考試，時間正好是考前一個禮拜。計算成績時，我發現得分剛好跟四個月前學校舉辦的模擬考試成績一模一樣。要死要活茶毒自己四個月之後，原來有念沒念結果都一樣。我傷心得掉淚。我終究還是無法成為一個好醫師。

哭完之後，我才比較能夠從樂觀的一面來看這次考試成績。也許我考得不好，但也不至於過不了。拚了四個月都無法提升我的成績，多念一個星期當然更不會有什麼差別。所以，我並沒有把最後幾天看得很嚴重。

考試本身就是一種折磨。為期兩天的考試，每天都分成兩節，每節三小時。複選題很難，每節考試都有一百八十題，每一題大概只有一分鐘的時間作答。過了一會兒之後，我就不再擔心該選哪個答案了，因為每個看起來都很正確。即使我已經為這次考試做了充分的準備，然而我從來就沒有哪一次考試，在走出考場時如此沮喪。許多同學也有同感，後來大家一起討論試題時，才都發現自己答錯的還真不少。我對自己的表現很失望，但我還是放自己一馬，讓考試就這麼過去了。

醫師執照考試後的那一天，卡洛斯和我離開波士頓飛到希臘度假十天。我們走遍三個島，白天待在沙灘上，晚上就來個浪漫的晚餐。在希臘的時候，我得知自己拿到了寫這本書的合約，卡洛斯和我大大慶祝了一番，從我們的餐廳向外還可以看到明月映照的海灣呢。回到波士頓時，我們都晒成了古銅色，感覺無事一身輕。就算談不上已經準備好再出發，至少也是對未來充滿了好奇。

White Coat

3 臨床實習

White Coat

第19章

外科

我的實習醫師告訴我，如果有人願意提供任何可以動手的機會，無論如何千萬、絕對、萬萬不可以推掉——不管內心有多緊張或自認為準備有多不充分。

我不知道手術房裡這位我的第一個病人是誰。她是位肥胖的黑人女性，躺在等待區第一個小隔間裡的推床上。隔間的簾子拉了起來。我看著她先生在她的額頭上吻別，之後護士就推著她進入手術房。一進去，她就要求我幫她保管一張小卡片，上面印有藝術字體的祈禱文。我不知道該怎麼處理，有位護士幫我解圍，把卡片夾在她的病歷上。幾個護士把她移到狹窄的手術台上，然後用褐色的碘酒擦拭消毒她的腹部，碘酒乾了之後變成金黃色。他們在她身上手術區周圍鋪上綠色的消毒布巾，以確定沒有細菌會汙染手術區。麻醉師帶著藥品過來，然後她就沉沉地進入化學藥物控制下的睡眠狀態。

手術室和我想像的樣子差不多，白色的地板，配上綠色磁磚的牆壁。淡黃色的圓形手術燈，在病人的肚子上投射出溫暖的白色光線。電腦螢幕上顯示出各式各樣彩色的數字和曲線，在病人睡著時擔負監督的任務。呼吸器發出嘶嘶的聲響，規律地帶動她繼續呼吸。房間兩側有金屬製的台子，門的上方掛了一個樣式簡單的時鐘以便計時。

「她的轉移性乳癌已經到了末期，」實習醫師在外科醫師開始動手之前，很快向我說明。「她這次是因為腸道阻塞而住院。腫瘤已經侵襲到她的大腸。」

我看著外科醫師劃開一道切口。當手術刀落在她的腹部時，黝黑的肌膚登時順著刀刃綻開，露出下方柔軟的金黃色脂肪層，周圍立刻湧出一小灘深紅色的鮮血。這層豐潤的脂肪，看來就像一瓣剝去外膜的橘子肉。接下來，外科醫師拿著電熱刀深入，儀器唧唧作響，尖銳的聲音，立刻為肌肉燒灼爆裂的聲音所掩蓋，深紅色的血液則冒著泡泡燒成焦黑的碳粒。外科醫師繼續拿起手術刀勇往直前，切穿金黃色的脂肪，一邊把不斷汩汩流出血液的小血管燒灼止住。最後，手術刀讓藏在層層脂肪下的腸子終於現形。當他們把腹壁拉開，露出已遭侵襲的腸道時，我看到了泡泡糖般粉紅色的腸子，靜靜地蜿蜒在肚子裡，閃閃發亮，和一球球橘色的脂肪繞成一堆。

那層極薄的深褐色肌膚退場後，軟嫩的金黃色脂肪露面：而接著脂肪又讓位給紅通通的腸子以及淡橘色的脂肪，這一切都讓我很震撼。接觸過屍首那種顏色黯淡、單調的器官之後，這些鮮亮的色彩與活生生的組織實在非常教人驚豔。

七月的臨床實習以外科來打頭陣，實在讓我備感威脅，再多的新生訓練也無法讓我第一次進手術房時覺得自己準備就緒。我不知道該站哪裡或該做什麼；我也不知道會發生什麼事情。我幾乎是沒有經過入門階段，就被丟進了醫院這個壓力十足的世界裡。

到目前為止，外科最為人所詬病的就是工作時間特長，而且清晨就得上工，關於外科醫師有多乖戾的恐怖傳言更是不勝枚舉。但是，我是自己要求先到外科實習的。因為我相當確定自己不想當外科醫師，所以如果在適應醫院生活的過程中，我注定會像個呆瓜一樣，那不如從外科開始。而且，如果每天早上四點就得起床，那選擇在暖和一點的月分到外科實習總是好受些。

實習開始的前一個晚上，卡洛斯和我不禁懷疑為何我倆要走上這條學醫之路。卡洛斯也從外科開始實習，但是在不同家醫院。有關那家醫院外科部門如何操人的蜚短流長不時傳到我們耳裡。

「接下來的三個月，你都別想再看到他。他會從地球表面消失。」有位四年級學長警告我。

雖然據傳我實習的醫院比較沒有那麼嚴厲，但到外科實習絕對沒有輕鬆過關這回事。過去八個星期來，卡洛斯和我每天都在一起念書準備醫師執照考試，之後還一起去度假，可是現在卻要長時間待在醫院裡，加上夜班時間不同，我們很擔心會見不了面。

星期一早上八點的時候，我走路到醫院去。那天風和日麗，但我心頭烏雲密布。我不知道接下來會出現什麼狀況。我準備了一個小袋子，裡面裝了牙刷、牙膏和內衣褲，以防那天晚上回不了家。當我走進大廳時，發現有一群同學已經在那兒等著參加說明會了。羅伊應該是和我同一梯實習的，可是還不見蹤影。他通常都會遲到一點。

醫院的大廳很小，有兩排栗子色的椅子面對一大片窗戶，向外可以看到入口處。椅子二張、三張或四張一組，中間用木頭小茶几隔開，比較像是機場的候機室，反而不像候診室。這家醫院很老舊，過去幾年間，東加一棟、西蓋一間陸續擴建，最後形成了錯綜複雜的迷宮。甚至三個月後，我還沒辦法很有把握從某一棟找到通往另一棟的路。

外科實習長達三個月。兩個月照顧住院病人，一個月在門診服務。在照顧住院病人期間，我被分配到外傷小組，除了一般的外科手術任務之外，還要處理所有的意外事故傷患。另外，我還到泌尿科、麻醉科以及急診室去實習。門診病人服務期間比較輕鬆，全部的時間都跟著整形外科醫師、耳鼻喉科醫師進行日常門診。為了取得完整的資歷，我也到一般外科門診，追蹤那些有手術後問題的門診病人。

一般外科醫師除了要看腸道方面疾病，包括阻塞、腫瘤、盲腸炎等，也要照顧有肝膽方面疾病、罹患乳癌、需要進行基本甲狀腺手術或摘除脾臟的病人。

七月一日到醫院時，我完全不知道住院病人的照顧責任是如何分配的。但很快，我在分級系統內找到了我的位置。住院病人主要是依照各專業分科來區分，由不同的醫療小組照顧。每個小組大致上有三到六位住院醫師，負責照顧十五至二十五位病人。每個小組由一位資深住院醫師帶領，隨時掌握所有病人的狀況及其醫療計畫，同時協助比較資淺的組員解決臨床上所遭遇的困難。住院醫師第一年稱為實習醫師，是整個小組角色最吃重的人，要安排病人做各種檢驗、負責一些基本的手術、審核新病人住院，或是批准可以返家的病人出院。醫學生在實習醫師手下工作，角色類似實習醫師，只是要照顧的病人人數少一點。一位或多位已經完成所有訓練的主治醫師，負責指導整個小組，確保我們不會犯錯或忽略可能發生的問題；另外，他們也負責教學。這個基本架構的運作系統，自有其查核與制衡機制，在下放責任與保障病人最大安全的前提下，教導臨床經驗不足的醫師。每個專業分科在訓練住院醫師和照顧病人上，都有相同的小組結構。

到外科實習時，他們要我「看住」病人。這意思就是說，他們動手術時，我也要刷手消毒——刷洗乾淨，穿上消毒過的手術衣，站在手術區附近觀察整個程序的進行。我也協助開立手術後的用藥以及點滴、每天檢查病人、監看他們復原的狀況、記錄所有的檢驗結果，以及每天早上巡房的時候，把他們的進展向小組報告。他們指望我對各種醫療上的問題、手術過程，以及所有病人的術後併發症都了然於心。

對醫學生與實習醫師來說，典型的手術日始於清晨五點到五點半之間，這段時間我們要預先巡房一次。巡房時，實習醫師和我會蒐集有關病人的資訊，先了解一下他們的夜間狀況。我們會把病人叫醒，做檢查，簡短寫下病況，然後在正式巡房前，開立每天的用藥和點滴。正式巡房在清晨六點開始，不管是資深還是資淺的住院醫師，都會加入我們的行列。正式巡房開始，大大小小的住院醫師、實習醫師和我一行人，會到每一個病房去，探訪每一位住院病人。實習醫師和我，會把我們在預先巡房時所取得的相關數據或問題，向資深住院醫師報告，然後他會記下病人的進展，並提出建議，讓病人得到最好的照顧。大約一個多小時的正式巡房之後，住院醫師、實習醫師和我還要參加一個簡短的主治醫師巡房，主要是住院醫師向外科主治醫師報告他的每位病人的最新進展。

最後，實習醫師、住院醫師、外科醫師和我就要準備進開刀房了。第一台刀在早上八點開始，但是我們得早一點到場收病人，並做術前準備。進行手術時，會有一位住院醫師充當第一助手，負責協助外科醫師動刀。醫學生幫忙收取紗布，清除外科醫師視野的障礙，或在傷口縫合打結後剪掉線頭。我發現這兩種工作都很乏味。我通常都會因為太矮而根本看不清楚手術區的狀況，可是又不好意思麻煩忙得團團轉的護士另外給我一張凳子。所以我常常都在做白日夢，只有在聽到「剪！**快剪哪！**」時，才知道有人在對我說話。最後皮膚傷口要縫合的時候，偶爾會由醫學生幫忙，但除此之外，我們主要的工作就是觀察和回答問題，任何外科醫師或住院醫師提出的問題都要回答，但通常都是錯誤百出。

外科醫師、住院醫師和我都會在開刀房待到傍晚。動完最後一台手術後，住院醫師和醫學生會再集合起來進行簡短的下班前巡房。實習醫師和醫學生要把每個病人當天的主要病情做摘要說明，然後值夜班的住院醫師就會記下病人現況，以及接下來的十二個小時可能會發生的問題。下班前巡房結束之後，不值班的住院醫師再處理一下病人其他零星問題之後就可以下班了。值班的人則留下來解決整個晚上病人可能出現的任何狀況。

我每三或四個晚上值一次夜班，而實習醫師和住院醫師值班次數更多，大概是每兩個或三個晚上就輪到一次。任何值班的夜晚，如果平靜的話，大概可以睡上四個小時，要是忙起來，睡不到一個小時都有可能。我從來都沒想過自己可以忍受睡眠被剝奪，但實際上也沒有我想的那麼糟。腎上腺素和咖啡因讓我很容易就可以撐過去，真正難過的是第二天。我和實習醫師不同，一旦睡著了，就沒什麼義務可言。我不需要擔心被呼叫；基本上，醫學生沒那麼重要，沒人有那個閒工夫去找你。但實習醫師就得擔心所有可能出錯的狀況，而且常常被吵醒。

「你們不再是受注目的焦點，」費德曼院長在我們實習前受訓時及臨床課的課堂上如是說。「病人才是重點。」他把這句話寫在黑板上，還在「病人」兩個字下面畫了兩條線加以強調。這對我來說並非新鮮事。病人來醫院是要尋求治療，並不是來當我學習的工具。病人不再是為了單一目的而設計出來的輔導個案，來讓我思考或深入解析以加深對病理學原理的了解，他們是真真實實到我們跟前尋求實際醫療照顧的人。曾有一位臨床指導教授，以為我會把學習的目標擺在第一位，他會這麼想，讓我非常生氣。

然而在病房裡，很快我就了解到，雖然病人優先於提供臨床醫療照顧的工作小組，但我的學習目標還是完全為自己而設。大家都告訴我，在追求知識的過程中要積極進取。我應該要確保自己看到該看的、盡可能打破沙鍋問到底，以及實際操作必要的程序臻於熟練。而且我的實習醫師還給我忠告，如果有人願意提供任何可以動手的機會，無論如何千萬、絕對、**萬萬不可以**推掉——不管心裡有多緊張或自認為準備有多不充分。

史帝文是那一年我在急診室碰到的第一批病人之一（外科實習的第一部分）。他看來蒼白又憔悴，不過理成小平頭的金髮，加上淡藍色的眼睛，讓他看起來比實際上的二十七歲年輕許多。他說他的頻尿現象愈來愈嚴重，一個月來病情急遽惡化，不管怎麼喝水，就是渴得不得了，雖然胃口好得很，體重卻仍然直線下降。

我雖然不清楚到多大年紀還會出現青少年型糖尿病（現在稱為第一型糖尿病），但我相當確定這就是史帝文的病因。護士用針刺破他的手指，擠出一滴血到試紙上，然後開啟血糖機。機器嗶了一聲，指示分析開始，然後倒數三十秒、二九、二八、二七……

讓他血糖值高一點，我心裡暗自鼓譟。我希望結果是糖尿病，證明我判斷正確。然後我突然察覺到自己在期待著什麼——我希望史帝文有糖尿病，這樣我就可以很得意。我覺得很有罪惡感、很不舒服。

血糖機倒數著五、四、三、二、一，然後嗶嗶嗶三聲，表示它已經計算完畢。螢幕上的讀數是「五七一」，相較於正常值的七〇至一三〇，這樣的血糖值顯然高出許多。史帝文有糖尿病。我說對了。

既然已經在病房裡工作，我就得在以病人為主的照顧，以及以學生為主的教育之間，努力找出站得住腳的平衡點。雖然我首要的工作是為史帝文提供醫療照顧，但我也是在病房裡為未來的病人，學習認清糖尿病的面貌。

剛開始，我有點被分級制度、每天的步調以及那些責任給嚇到了。雖然在病醫課（二）中，曾經小規模到各科輪流實習過，包括外科，但感覺對醫院好像完全不熟悉。我的白袍在穿了兩年之後，已經不再潔白如新，剛拆封時的摺痕早已不見，皺巴巴的，但是覺得自己是生手的那種不自在感卻又重新湧起。我已經把黑色的相機袋子丟掉了，因為它會把我的身分定位成不屬於病房的二年級學生。為了做好升三年級的準備，我把口袋塞滿必要的工具和參考資料。白袍穿起來沉甸甸，備感「肩」辛；口袋裡那些東西的重量，和我這個穿戴者的訓練程度恰好成反比。比較資深的住院醫師和主治醫師，很容易可以從他們輕飄飄的白袍辨識出來。當訊息一條一條從參考書轉移到腦袋之後，塞爆白袍口袋的手冊就可以一本一本丟了。

除了白袍變重之外，裡面我還穿著手術衣，那是我們的新制服之一。聚酯棉的上衣可以兩面穿，一面藍、一面綠，下面是寬鬆的袖繩褲，設計得極為實用，也向旁人昭告，穿著者所執行的工作是既艱苦又混亂的。這件男女兩用的上衣，即使已經挑了小號的，穿在白袍下還是很不舒服，而且我還得把褲子往上摺好幾摺才不會絆倒自己。不管怎麼說，我還是很驕傲可以穿上手術衣，內心更是渴望獲得各種具體的證據，可以顯示出我確實屬於這個陌生的國度。

這是第一次我和病人培養出長達幾天或幾個星期的長期關係，因為我對他們的醫療處置或情緒起伏涉入頗深，這和一、二年級時只有短暫的互動很不一樣。日子一天天過去，不管是為病人診斷、為他們解釋症狀，或是做簡單的醫療處置，我的角色愈來愈吃重。我所接觸的人，不再是醫院裡任意的一名病人，像是一年級時同意與我談話，或是二年級時讓我練習身體檢查的人，他們是我的病人。我不知道該對這樣的關係有何期待，而我也很驚訝地發現，前兩年所遇到的基本問題竟也主宰著這些新的經驗。在一、二年級與病人的短暫接觸過程中，我只看到每個病人的單一問題，隨著醫病關係日益加深變廣，我才知道每個病人身上都糾結混雜了各式各樣的問題。

二年級時，我非常不適應觸診時要和病人如此密切接觸。看著他們赤裸裸的身軀，我覺得很不好意思；升上了三年級，看到沒穿衣服的病人變成理所當然，不再覺得侵犯了他們的隱私。而且我不僅要觸摸病人，還更往前一步，在進行簡單的醫療處置時，讓病人感到疼痛或不舒服。我在一、二年級時，第一次見識到醫病關係間權力的差異；等到我學著在病人選擇治療方式時給予意見，我自己才面對了這個問題。在前兩年的病醫課中，我雖然見過許多垂死的病人，但我不用負責，而現在若是我的病人瀕臨死亡，我也有一份責任。

到醫院工作，讓我對疾病與治療了解得更深入。有生以來第一次，對於我家人提出的一些醫療問題，我能夠有把握回答了。但自我懷疑還是不時冒出來，我很難肯定自己的臨床經驗的確有成長。大部分的時候，我還是覺得自己離成為一個真正的醫師還好遠好遠。

當首輪實習開始時，我發現自己滿喜歡待在醫院，也喜歡成為醫療小組的一員，我鬆了一口氣。不過，儘管我很喜歡待在醫院裡，也喜歡照顧病人，卻不怎麼喜歡外科。我的雙腳還記得長時間站在開刀房後的痠麻疼痛。雖然我可以理解那種緊繃的狀態，但我討厭開刀房的氣氛。除了少數的例外，有些平常看似冷靜斯文的外科醫師，一踏進開刀房就完全變了個樣。只要有任何出現併發症的蛛絲馬跡，他們都會把壓力轉嫁在同事身上。和同學多次交換心得之後，我們很快整理出一個模式：外科醫師對遞給他工具和用品的刷手護士大吼；刷手護士對遞給她工具和用品的流動護士大吼；然後他們全部都對醫學生大吼，醫學生則是盡可能不要擋路，而且收取紗布時要手腳俐落。在一次進行大腸腸道手術的過程中，有一位資深外科醫師在一旁指導一位住院醫師動刀。他一邊看著住院醫師劃開皮膚，一邊講笑話，但又常常忍不住要挑剔她的技術。

「他媽的，你到底在幹什麼啊？這樣會整個都搞砸了！你不能那樣弄啦！」他從她手中搶過手術刀，示範給她看正確的技巧，過後住院醫師繼續手術，他又開始說笑話。

外科醫師的強勢作風也帶到了每週一次的「死亡病例與併發症討論會」（M & M, Mortality and Morbidity）中。這個會議是一種正式的論壇，會中討論的是併發與死亡情形，目的是希望能夠藉此改善手術的過程，以及改變可能會讓他們犯錯的狀況。但外科醫師通常都很刻薄。有位外科醫師提出一個病例來討論：病人在疝氣手術後出現傷口感染的現象。這是很普通的併發症，在肥胖的病人身上更是常見，不管醫師多麼謹慎小心都還是有可能發生。剛好這位外科醫師使用了網線（mesh）來強化腹壁，避免腸子滑出來又發生脫腸的現象，這是公認可以接受的方法。「我從來不用網線，」主持會議的外科醫師說道。「這就是為什麼我從來沒發生過傷口感染的情形。」

他想了幾秒鐘。「西佛史東醫師，」他問另一位坐在台下的外科醫師，「你動疝氣手術的時候會使用網線嗎？」

「不會，我從來不用網線。」西佛史東醫師回應。

「那麼，布雷克醫師，你動疝氣手術的時候會使用網線嗎？」

「從來不用。」布雷克醫師答道。

提出這個案例的外科醫師顯得很激動。他結束這次的報告，並且指出病人已經康復，術後狀況良好。

我很替他難過。我後來才知道他是一位新的外科醫師，但我想應該還有更好的方法可以教育他使用網線的副作用，而不是當著大家的面這樣羞辱他。我每個星期參加這個會議有三個月之久，大部分的時間，氣氛是比較愉快融洽的。但這種攻擊性在台面下還是暗潮洶湧，隨時可能一觸即發，實在教人驚心動魄。

我發現外科的問題相當引人入勝，病人也能激發我的興趣，而且我很喜歡我的外科實習。但三個月結束後，我毫不戀棧。我知道我無法忍受這種氣氛一輩子。

外科實習將近一個月後，我收到了醫師執照考試的成績。在每天忙亂的作息中，我幾乎忘了這回事。有一位同學在午餐的時候告訴我，那天早上他收到成績了，突然間，所有等待成績的緊張焦慮又湧上心頭。那天下午過得好慢，後來帶我的實習醫師讓我跑回家去查看信件。沒錯，是有一個不祥的黃褐色信封等著我。我一打開信封，立刻盯著成績單的背面看，上面印有橘色的圖表，顯示我作答的各類問題在曲線上的落點。看起來我的成績好像是落在計分標準的底部，離及格好遠。我的雙手抖個不停，急著把成績單翻回正面，在一列數字的最上面看到「通過」的字眼時，終於鬆了一口氣。我又把成績單翻到背面去，才知道剛才是把圖表看反了。我立刻衝回醫院，陷入狂喜的狀態。我過關了！

考過之後，再度踏進醫院的我帶著新的自信。我向自己證明了前兩年已在掌握之中，現在我已經準備好繼續邁步向前成為一名醫師了。

第20章

White Coat

醫療程序

我站在護理站的櫃台前，想盡辦法不要引人注目，可是心裡有數，我杵在那兒還真顯眼。我焦急等待同學現身，這樣大家就可以看起來一樣笨了。

外科實習的講習之後，也就是正式實習的第一天，我按規定在早上八點十五分到達急診部。穿著手術衣的感覺很不自然。我走到重傷區的中央護理站去，因為他們告訴我在開講前，住院醫師要在那裡集合。重傷區處理的是比較嚴重或有立即生命危險的個案，被安排在中央護理站周圍的病房。「病房」實際上指的就是那些用簾幕圍起來的小隔間，其中兩個隔間配有呼吸器和急救推車，上面裝滿了拯救垂危病人的各種工具。

我到的時候，一個認識的人都沒見到。穿著藍色手術衣的護士，和一臉憔悴、身著白袍的住院醫師，全都忙著更新電腦檔案、登錄病歷，或是討論檢驗結果。我站在護理站的櫃台前，想盡辦法不要引人注目，可是我一個人杵在那兒還真顯眼。我焦急等待同學現身，這樣大家就可以看起來一樣笨了。

要不了多久大家就陸續出現了，櫃台前馬上就聚集了一群人在那裡晃來晃去。雖然基本上住院醫師對我們是視而不見，但現在我覺得自己比較沒有那麼醒目了，因為在那兒傻等的不是只有我一個。

訓話的過程很平常。同學和我坐在後面靜靜聽著，希望不要被看到。簡短的談話之後，我們就被分派到急診部門的各個區域去。我分到的是次重傷區。

次重傷區比較沒有那麼嚇人。雖然都是生病的人，但是一般來說都不是那種立刻會危及生命的病症。這裡和重傷區不一樣，病房都有門，看起來比較像是我以前所熟悉的傳統檢查室，裡面有一個檢查台、一座骨盆腔檢查用的燈、一個水槽，和一個塞滿各種醫療用品的儲存架。

那天負責的主治醫師忙著照顧幾位清晨送來的病人，而實習醫師則黏在電腦前寫病歷表。許多護士一下跑到檢查室，一下又跑去抽血、打點滴或送藥。那是我在那天早上第二次的枯等，我努力不讓自己看起來像走錯了地方，渴望馬上有人能告訴我該做什麼。

不久主治醫師走過來，身邊還有兩位實習醫師傑森和克利斯。「十號房有個lac。那是醫學生的專利。艾倫，就你去接吧？」他說道。那個傷患有道很深的傷口需要縫合·，lac就是「撕裂傷」的簡稱。

「這是我有史以來的第一次實習，」我提醒他。「我不會縫傷口。」

「喔，好吧。」他聽起來有點失望。「克利斯，要不然你帶她去，然後教教她怎麼縫好嗎？她可以記錄一下病史。」感覺好像等了一輩子似的，然而我總算融入系統裡面了，或者說我至少有個人可以觀摩，然後有點事情可以做。

克利斯接手帶我，他鼓勵我在病歷上「醫師欄」的空白處寫下我的名字，然後進行問診以及檢查。他幫我檢查了前幾個病例，指出其中的疏漏與錯誤，之後我才向主治醫師提出報告。如果是特別難纏的病人，他會陪著我去，然後叫我進去，看看他的病人身上有哪些有趣的臨床發現。他教我怎麼用電腦，如何在病歷表上做記錄，有時還考考我臨床上重要的問題，幫我補充知識上的不足。就在第一天實習結束要回家時，克利斯把我叫到一旁去。

「你今天有沒有什麼問題？」他問道。「兩年前我也跟你一樣。我還記得那是什麼感覺。所以，如果有些問題不方便問主治醫師的話，你隨時都可以來問我。」

雖然我力求融入整個系統，但卻處處需要別人照管，根本就是礙手礙腳，哪裡談得上幫忙。有個下午我上完課回來之後，發現急診處爆滿。檢查室擠滿了人，擔架塞滿了走廊，外面還有一大批人等著看診。住院醫師瘋狂安排檢驗，瘋狂看診。主治醫師忙著在病房之間奔走，挑出誰可以出院，誰該住院，誰又需要多做幾項檢驗才能下決定。護士則是拚命追蹤血液培養、尿液樣本及其他醫囑。但是因為每個病人都已經有人看過，而且更重要的是，我的臨床技術有限，所以我只能站在中央，等待一切緩和下來之後再介入。

我實在很羨慕實習醫師。我嫉妒他們的角色、他們的不可或缺、還有他們的知識。雖然我很肯定自己不想要長時間工作而且累得半死，但我真想體會一下他們在這個體系中扮演的角色。

升上了三年級，我們的首要任務就是學習醫療程序。這項新的能力，讓我們有別於三個星期前還是個二年級醫學生的自己。任務的實質內容倒不是真的那麼重要，光是手握著針，甚至是貼貼無菌OK繃就很令人滿足了。

下午上課前，我在餐廳裡看到羅伊剛吃完午飯。他在麻醉科的實習已經是倒數第二天，這個部分包含在三個月的外科實習中。他看起來一副垂頭喪氣的樣子，怔怔盯著盤子裡沒吃完的食物看。

「怎麼啦？你幹嘛這麼無精打采？」我問他。

「喔，」他說道，「沒什麼啦，只是我一直學不會插管，可是我覺得自己應該老早就要學會了。」羅伊想要學會如何把呼吸管插入病人的氣管，這樣等到麻醉藥生效之後，呼吸器就可以代替病人呼吸。

「我知道我早該學會了。每天早上，負責的住院醫師都會問我是不是做過插管了，雖然每天早上都有人教我，可是我還是得回答說沒有。只要我說沒有，他們馬上就會從頭再教一次。今天我非動手不可了，可是今天的插管好難，我做不來。我難過的不是沒辦法為那個病人插管，而是如果現在學不會，那什麼時候才學得會呢？」

另外兩名同學也在急診部實習，我和他們比較過後發現，他們學習的速度和我有明顯差異。有一位同學已經抽過一次血、看過兩次腰椎穿刺，還拆過一次線。另外一位特別喜歡爭取動手機會的同學，已經縫合過兩次撕裂傷、做過一次腰椎穿刺，還為一個醉得七葷八素的酗酒者把導尿管插到膀胱裡。我甚至連血都還沒抽過呢。我覺得自己不夠主動實在很糟。我是不是沒有負起教育自己的責任呢？

最後，就在我放任自己什麼都沒做時，機會終於來了。

薇薇安坐在檢查台上。她是一位四十出頭的黑人女性。她已經脫掉上衣，在忙著用紙製罩袍遮掩自己。雖然她表示先前有流鼻血，而且左邊腋窩很痛，可是外表看起來似乎沒什麼異狀。

雖然薇薇安不能算是我的病人，但是主治醫師叫我與住院醫師跟著他去看看。羅斯醫師是我最喜歡的急診部醫師之一。他大約四十四、五歲左右，留著一頭亂亂的褐色捲髮。他的領帶總是打得鬆鬆的、歪歪的，還不時用手去推滑下來的金屬框眼鏡。羅斯醫師的皮膚患有白斑症，那是一種破壞皮膚色素沉著的疾病，皮膚因而會有一塊一塊白白的，和原本淺黃色的膚色形成明顯對比。雖然他看起來很隨性，但他其實是個非常優秀的醫師。他很喜歡考人，而什麼雞毛蒜皮的小事都考不倒他。但是他的態度很溫和，即使我答不出他所問的問題，他也從不讓我覺得難過。他花了很多的時間來教我、重複檢視我的病人，並解答我的疑問。

羅斯醫師簡短地問了一下薇薇安流鼻血的情形，然後從後面牆上拉下一個頭架。他把它戴在頭上，很快地調整了一下。固定在他眉心上的燈光，照亮了薇薇安的鼻孔，然後他把鼻腔反射鏡推進去，先檢查之前流鼻血的右邊鼻孔，再檢查左邊。

「喔，這不要緊的，薇薇安，」醫師告訴她。他把頭架拿下來。「純粹是因為太乾燥了。完全正常。你可以用食鹽水噴一噴，讓它不要那麼乾燥。這樣問題就解決了。」

羅斯醫師轉向實習醫師，同時把頭架交給他。「你覺得呢？」

實習醫師戴上頭架，迅速調整了一下。他把鼻腔反射鏡放進去，而頭上的燈光也正好照到薇薇安被撐開的鼻孔。「是啊，我也是這麼認為。」然後他把頭架遞給我。

我把頭架放到頭上，然後羅斯醫師幫我把皮帶箍緊了一點。我透過接目鏡觀察，結果陷入一陣沮喪。我覺得自己好像是透過百葉簾的縫隙向窗外看，結果只看到模糊的雙重影子。我不知道大家都是轉哪一個鈕才可以看到最清楚的影像。羅斯醫師看出我的窘困。

「這裡，這個鈕可以調整寬度，這個是焦距，然後用這個呢，你可以改變鏡子的角度，這樣光線就正好和你的視線成一直線。」他說道，並很快為我示範一次每個鈕的功能。但是，因為頭架已經戴在頭上，所以我看不到他到底在轉哪一個鈕。

我又笨手笨腳伸出手去摸索那些鈕，希望可以立刻扭轉乾坤而不需要有人幫忙，不過情況並不樂觀。最後，羅斯醫師又示範了一次每個鈕的位置，而且還特地放慢速度。接著，當我調整過各個鈕之後，整個世界又合併成單一的影像，再度聚焦。一轉眼的功夫，所有的東西都變得又大又清楚。

於是，我試著檢查她的鼻孔。我照著先前羅斯醫師和實習醫師的做法，依樣畫葫蘆把鼻腔反射鏡推進去。

「光線的位置正確嗎？」羅斯醫師問道。「因為從我這裡看過去，好像有點偏高。」我的光線並沒有配合我的視線，而是不偏不倚打在她的額頭正中央。我又重新調整了一次鏡子，重新推入鼻腔反射鏡，然後奇蹟出現了，我終於看到她右鼻孔的內部了。在她鼻中隔的前端，我看到一個黑點，我很想說服自己，那就是她稍早流鼻血後所留下來的血凝塊。

「你看到了嗎？」羅斯醫師問道。

「嗯，應該看到了。就在鼻中隔前面一點的地方，對嗎？」我又看了一會兒。

「你確定你看到了嗎？描述一下你看到的情形。」他說道。

我告訴他那個黑點的樣子。

「如果沒看到，也沒關係。如果你真的沒看到，就不應該說你看到了。」

「可是我真的覺得我看到了啊。」我告訴他。

「看看另外一邊，然後告訴我你看到什麼。」我察看另外一邊，然後看到一個再普通不過的鼻中隔，我實話實說。「現在，再回去看另外一邊，然後告訴我你看到什麼。」我又轉回去看，然後描述看到的景象。最後，我終於讓他相信，我是真的看到了那個血塊。如釋重負之後，我把頭架拿下來，掛回牆上的掛鉤。

接著，我們把注意力轉向她會痛的腋窩。她舉起左手臂，腋下看起來有點微腫。羅斯醫師很快地壓了一下腫起來的地方，然後退了一步。「嗯，你的汗腺受到感染。我們會在那裡局部麻醉，用注射器把它刺破，然後吸出裡面的膿液。只要裡面的膿血抽出來，你就會覺得好多了。用點抗生素就可以控制感染了。」

羅斯醫師和實習醫師離開病房去找注射器和麻醉藥，我也跟著他們走出去。

羅斯醫師在走廊上為我解釋整個程序。「我們要用氯乙烯來當麻醉劑。事實上這並不是麻醉藥，但它可以讓皮膚冷卻，主要是用來分散注意力。我們不需要用真正的麻醉劑，就可以讓病人知道我們很在乎她的病痛。但是你只有一次的機會。過了之後，病人就知道這個根本沒什麼作用。」

然後，他轉向我。「那麼，艾倫，這次你要試試看嗎？」

「當然好。」我盡量讓聲音聽起來很有信心。我知道自己不該再把機會往外推。

羅斯醫師為我詳細說明每個步驟。「用針直接刺進膿瘡的中央，然後拉出來。」他拿著針筒，告訴我要如何刺，並且示意該刺多深。他也示範要如何用麻醉劑。「你要小心對準。雖然看起來瓶子裡面的液體會水平噴出，像穩潔的噴嘴一樣，但事實上它是直直噴出來的。」他說道。

我很害怕我的手到時候會發抖。

實習醫師和我一起回到薇薇安那裡。我剛剛才在這名病人面前顯示了我的菜鳥身分。我不敢相信她會願意讓我幫她清除膿瘡，但是她好像一點也不在乎。實習醫師和我在羅斯醫師回來之前，先做準備工作。我仔細用兩塊酒精棉幫她清潔皮膚，然後又再擦了一次以防萬一。實習醫師出去找羅斯醫師，留下我單獨和薇薇安在一起。

「這麼說來，你還是個醫學生囉，」她在找話說。「還剩下幾年呢？」

「我是三年級學生，」我回答她，希望我們兩個都能夠安心。「我已經完成兩年的訓練，過了今年之後，還有一年。」我盡量說得聽起來夠格一點，以彌補剛剛「鼻腔遭遇戰」的不良印象。我的胃感到一陣熟悉的痛；在等待實習醫師和羅斯醫師回來的空檔，雙手則是抖個不停。就在那個當下，我很清楚自己的狀況要比薇薇安糟多了。

羅斯醫師終於和實習醫師一起回來了。我們請薇薇安就定位，然後我用酒精棉又擦拭了一次。羅斯醫師遞了氯乙烯給我。我瞄準膿瘡，但還是沒躲過他先前就提醒過我要小心的事。因為角度偏了，有幾滴氯乙烯滴到薇薇安的眼睛上，讓她的臉揪成了一團。我再度調整目標，這一次正中膿瘡。

羅斯醫師從我手中接過瓶子，然後又補強了一下。「動手。」他說道。

我拿掉注射器的套子，小心翼翼把針頭插入腫脹處的中央。我設法讓自己冷靜下來，保持雙手的穩定。接著我拉出唧筒，有幾滴黃綠色的膿液流進針筒裡。

「再深入一點。」羅斯醫師說道。

當我把針頭再往裡刺時，薇薇安痛得臉部扭曲。我繼續拉動唧筒，又抽出少量的膿液。

「好了，」羅斯醫師說道，「這樣就夠了。抽出來吧。」

解脫了，我把針頭從膿瘡中拉出來。我在傷口表面墊上一塊紗布，吸取滲出來的血滴，然後用膠帶把它固定住。實習醫師站在薇薇安的身後，他豎起大拇指給我鼓勵。羅斯醫師和薇薇安討論進一步的治療，然後我們就退出她的病房。我們沿著走廊走向中央護理站，羅斯醫師轉向我，然後和我握手。

「做得很好。」他說。我成功完成了我的第一次醫療任務。

White Coat

第21章

難纏的病人

我對她實在是有點光火。她為什麼就不能承認自己病得很重？為什麼撿回一條命她不覺得感恩？我們這麼努力挽救她的性命，我覺得她至少應該心存感激。

愛莉娜有一頭黑白混血兒特有的捲髮。她的身材豐滿圓潤，大大的棕色眼睛上，架了一副大大的淡色鏡框眼鏡。狀況好的時候，她就對著放在活動餐架上的鏡子，塗上玫瑰色的口紅。白色塑膠念珠則捲在餐架的一角。每個早上巡房時，念珠都在相同的位置，沒動過。

等我見到愛莉娜時，外科小組已經受夠了她的抱怨。住院醫師都對她反覆無常的脾氣相當挫折，而她明顯不願意康復的態度也讓醫師十分困擾。

一個星期前，愛莉娜出了一場車禍。就醫時，放射科醫師立刻注意到她的脾臟似乎遭到輕微的挫傷，從胸部X光片看起來，主動脈似乎也有傷。但經過進一步檢查後都沒有問題，而醫療小組也打算讓她回家，可是她說她背部和骨盆腔都非常痛。每當醫師扶著她的髖部，想要評估骨盆腔的穩定度時，她就會痛得尖叫。

醫療小組很擔心她的症狀，所以做了所有該做的檢驗。但是X光和電腦斷層掃描都顯示骨頭沒有受傷，也沒有出血的跡象。但愛莉娜還是持續喊痛。每天早上巡房時，她都要求要給她一個明確的診斷，然後每天早上，住院醫師派特只能告訴她，所有的檢驗都找不出原因，要不是骨折的程度太輕微無法察覺，就是車禍後常見的持續性疼痛。不管結果是哪一個，治療方式都一樣，所以醫療小組認為沒有必要再進一步追查；他們不想讓她接受不必要的骨骼放射線掃描，或花費更多冤枉錢。幾個住院醫師都鼓勵她和物理治療師合作，以改善她的活動能力。沒有具體診斷的日子一天天過去，她和她先生認為我們的醫療品質太差，兩個人愈來愈不滿意。有一天下午她對我說：「如果他（指住院醫師）敢再跟我說一次沒有骨折的話，我就要揍他一拳！」

愛莉娜不喜歡派特．歐馬力。他的身材矮胖粗壯，一頭棕色的頭髮非常濃密，戴著一副方形的金屬細框眼鏡。他的臉上很少出現笑容。他強調效率，不喜歡在巡房時閒話家常，以免耽誤時間。而且他也很少注意到我。我聽過許多外科住院醫師的風風雨雨，說他們有多粗野跋扈，而派特比起來還算不錯了。

在我參與外科小組的第二個早上，我們依照往常的巡房時間來到愛莉娜的病房門口。這是她和我們在一起的最後一個早上，稍後她就要辦理出院住到復健病房去，醫療小組看到她要離開，一點都不難過。我們在她的房門口閒晃，延長討論時間，免得見到她時，又說沒有診斷結果或我們照顧不周，引發不可避免的衝突。但我們進去之後，發現她在床上打滾，喘得上氣不接下氣，吐氣時還發出很大的呼嚕聲，因為她掙扎著要把空氣排出去。有位護士抓住愛莉娜的手，因為她一直想要拉開罩在口鼻上的透明塑膠氧氣面罩。

「愛莉娜，這是氧氣，可以幫助你呼吸的！」一旁護士再三告訴她。

愛莉娜的深棕色眼睛瘋狂掃視病房。

派特衝到床邊。「愛莉娜！我是歐馬力醫師。」她的眼睛轉向他。「愛莉娜，怎麼啦？你可以告訴我哪裡痛嗎？」她沒有回答就把視線移開。「愛莉娜！你知道你在哪裡嗎？」

她又看著他。「我……不能……呼吸……我……不能……呼吸啊！」

護士量她的血壓只有七○毫米汞柱，遠低於一般正常的一○○至一四○毫米汞柱。她的腹部明顯膨脹起來。派特立刻要求測量血容比和動脈血氧值。

根據護士的說法，愛莉娜前晚抱怨過有便祕和背痛的情形。護士給了她瀉藥，可是沒什麼用。今天早上，愛莉娜在便盆上用力排便時就覺得頭暈眼花。護士攙扶她回到床上，然後實習醫師就吩咐打點滴補充水分。她的血壓剛開始對治療有反應，但是後來又往下降了。情況惡化得很快。血容比（也就是紅血球的百分比）是二〇，表示貧血很嚴重，特別是她在前一個晚上的血容比還有二七。再加上肚子脹大這一點，很明顯表示愛莉娜的腹腔出血。她陷入了出血性休克。

「我……不能……呼吸！」她變得愈來愈狂亂。派特衝出去安排轉送加護病房，同時要求空出開刀房，以備需要動手術找出她出血的部位，並加以救治。

「艾倫，你留在這裡幫大衛（一位實習醫師）。」他命令我。

我走近愛莉娜的病床，同時抓緊她的雙手，避免她扯掉氧氣面罩，或干擾大衛用多普勒機（doppler machine）幫她量血壓。當我碰到愛莉娜的手時，她轉過來看著我，眼神中流露出恐懼。她瞅著我不到一秒鐘，雙眼隨即又陷入狂亂的狀態，漫無目標瞟視整個房間。她戴著一條舊舊的灰色吸汗頭帶，看來跟洗到褪色的灰白枕頭套顏色差不多。

派特偶爾現身一下。「愛莉娜！愛莉娜！我是歐馬力醫師！愛莉娜，你知道你在哪裡嗎？」

現在她聽到聲音也不會轉頭了；叫她的名字也沒有反應了。她繼續在床上翻滾，拳打腳踢掙扎著要呼吸。

終於安排妥當可以轉送加護病房了。護士、大衛和我忙著解開糾結在一起的靜脈注射管線。我們幫她拿掉連在牆上的氧氣面罩，重新接上輕便的氧氣筒。電梯已經等在那裡，我們很快就到了九樓。

麻醉師和加護病房的醫護人員全部都在五號房待命。她一出現，他們立刻動起來，幫她接上心肺監視器和連在牆上的氧氣罩，同時在鎖骨下的大靜脈插上一條中央靜脈導管，快速注入藥品與輸液。正當大家在她身邊忙著接裝管線，監看她的血壓和各項數據時，房間裡開始瀰漫著一股排泄物的刺鼻氣味，可是似乎沒人沒注意到。當她呼吸愈來愈困難之後，麻醉師就幫她插管讓她休息。愛莉娜現在進入叫不醒的似睡非睡的狀態，但是只要有人壓到她的左上腹，她的眼睛就會睜得大大的，東看西看之後，又闔起來。

有位護士聞到糞便的味道。「好吧，至少她終於解出大便了！」

看這狀況，似乎非進行緊急剖腹手術不可了。好像她才剛穩定下來，這會兒馬上又要送去開刀房。我們又幫愛莉娜拆掉所有剛接上的管線、監視器和氧氣罩，一切從頭來過，再度換上攜帶式的設備之後，推到樓下去。轉送過程很順暢，我們很快就到了開刀房。護士又拆掉所有的攜帶式儀器，為她接上新的監視器。

「真的很抱歉，她剛剛在樓上的時候大便失禁，但是因為很快就送下來了，所以我沒時間幫她清理乾淨，」加護病房的護士頻頻道歉。「她還是髒兮兮的。」

外科醫師很快劃開她的皮膚切入腹腔，當外科醫師和派特從她的肚子裡抽出兩公升的血液時，我腳下墊了兩張梯凳，站在後面觀看。那些血液利用好幾個過濾器、集血筒和一台離心機輸送出來，準備稍後再回輸到她的靜脈裡去。外科醫師和派特抽出一堆又一堆發亮的紫褐色血塊，接著拿出脾臟破裂的碎片，這就是造成大量出血與血塊的罪魁禍首。她的問題解決了。

才一天之後，愛莉娜的情況就趨於穩定，身體逐漸康復，在加護病房待了沒多久，就轉回之前的普通病房。在昨天生死交關之際握了她的手之後，我覺得有一股強烈的力量把我們連結在一起。在確實找出她的問題之前，我跟其他醫護人員一樣焦慮；在努力穩定她的血壓之際，我跟大家一樣關切；看著她的精神狀態惡化，而且在我們的眼前不省人事，我和大家一樣擔憂。我知道如果她在離開醫院之後脾臟才破裂，很有可能就回天乏術了。我覺得我個人對她的醫療與生存的危機都特別關心，所以，既然愛莉娜又回來接受我們的治療，我便急著想要接手，讓她成為我照顧的病人。

那天下午，我走進她的病房，想和她談談前一天的經歷。她靜靜坐在床上，除了有一台我無法辨識的機器在嗡嗡作響之外，她那個暗暗的角落很安靜。可是她看起來心情很不好，說她髖部和背部都很痛。

「但是你已經這樣痛了一個禮拜了，不是嗎？」我問她。

「是啊，沒錯。」她搭了腔。她抱怨說自己很悲慘，而醫師什麼都不做。「那個該死的歐馬力醫師。這麼自大。換成是他躺在這張床上，我跟你保證，那可就不是這麼一回事了。」

「但是昨天，」我打斷她，「昨天之後，你感覺如何？你真是嚇死我們了，你知道嗎？」

「喔，你說那個喔。是啊，我猜我一定病得很重，還差一點死掉呢。但是除了現在身上多了這一道大傷口之外，我一點都不記得了。但我以前也開過刀啊，我大概知道是怎麼回事。問題就出在我的屁股會痛。我不能這樣就回家了！」

「當時你一定很害怕吧。」我繼續談這個話題。

「嗯，也不盡然啦。我不記得了，所以根本就像是沒發生過一樣。」

「這樣吧，我們在明天早上巡房的時候，可以提一下疼痛的問題。醫師都很努力想要幫你找出答案，當然啦，我知道進展這麼慢，實在很教人沮喪。不過，我只是想過來看看你的情況怎麼樣而已。」

我知道她很擔心髖部為什麼會痛，我也了解住在醫院還差一點死掉，大多數的人都不會表現得很有修養。但是我對她實在是有點光火。她為什麼就不能承認自己病得很重？為什麼撿回一條命她不覺得感恩？之前經過評估之後，我們同意她出院、安排她離開，然後她就遭逢了這場差點喪命的劫難，我可以理解她對我們的信心可能會動搖。但我們這麼努力挽救她的性命，我覺得她至少應該心存感激。

可是我又覺得自己實在不該有這種想法。我怎麼可以存有這種期待？我憑什麼認為她會願意對我吐露前一天的感受？我有什麼資格做這樣的要求，或認為那是我的權利？

念醫學院的前兩年，我也碰過令人沮喪或厭煩的病人。我知道我不可能喜歡所有的病人，但我一直很有信心，自己一定可以克服障礙、不被激怒，和病人建立有意義的關係。

可是現在我不那麼有把握了。

隔天早上巡房時，我們果真聽到她提出疼痛的問題。對於她需索具體診斷的要求，醫師豎起了白旗，只好安排一個接著一個的精密檢驗。但愛莉娜認為自己應該要能夠走路，所以很氣所有的醫師都無法診斷出病因，無法為她開藥或動手術消除疼痛。

每天，愛莉娜都是擺著一張挑釁的臭臉，等著我們去巡房。「早安，愛莉娜。醫療小組的人都來看你了。今天早上如何啊？」派特問道。

「喔，」她說，「你要是說我復原得很好，那當然肯定就是好得不得了啦。」她露出嘲諷的微笑，然後撇撇嘴，挑釁地等著派特接招。

「我想聽聽『你』怎麼說。」派特回應。

「那好吧，我不能走，這是一件。我的腿，根本使不上力。」

「但是我們聽物理治療師說，你已經能下床，而且到處走動了。」

「是喔，如果你認為那就叫走路的話。我只是把身體的重量，從一邊甩到另一邊，痛得唉唉叫挪了幾步去上廁所罷了。對啦，如果那也算得上是走路……」

「我知道你不能像以前那樣行走自如，但那是在我們的預料之中。你剛經歷了一場大車禍，還撞得脾臟破裂。你會有這種肌肉與骨骼的疼痛是正常的。你只要跟著物理治療師繼續做復健，情況一定會好轉的。」

她的先生坐在她身旁的椅子上，現在也加入了脣槍舌戰。「是喔，為什麼你們沒有安排所有該做的檢驗？為什麼你們說不出問題到底出在哪裡？簡直是笑死人了。她不能這樣就回家去！」

「約翰，不用跟他們說了，」他的太太安撫他。「他們只是創傷外科醫師，就只能做這些了。他們把脾臟處理得很好，反正很快我就會到另一家比較好的醫院，去給真正的醫師看了。」

以前每天早上，我們只是不喜歡進去愛莉娜的病房，但現在卻到了望而生畏的地步。比起團隊裡的其他人，以前我比較不覺得她煩人，但隨著日子一天天過去，我愈來愈認同整個小組對她的態度。我聽膩了她對髖部疼痛的叨念，也愈來愈懷疑她是在無病呻吟。每天早上，派特在巡房開始前都會說：「上帝啊，希望今天他們可以在復健病房幫愛莉娜找到病床。」

另一個早上，我們比平常的巡房時間稍微晚了一點，那時早餐已經送進病房了。愛莉娜坐在病床上，面前的活動餐架上擺了雞蛋、麥片、果汁和咖啡。派特依照往例詢問愛莉娜的狀況。

「哼，既然你一直認為我復原得很好，那當然就是好得不能再好囉。」她說道。她看了他幾秒鐘，然後氣呼呼塞了一大口麥片。由於動作粗魯又怒氣沖天，不小心把一滴麥片濺到眼鏡上，凝成一滴不透明的白色淚珠。

「昨天我花了一整天的時間，想我到底是哪裡痛，然後我就用筆把它圈起來做了一個記號。你想不想看一下？」她得意展示了一下畫在右邊髖部上的一個黑圈圈。「那你們打算怎麼處理呢？」她問道。

「是這樣的，愛莉娜，我真的不知道還能為你做些什麼。該做的檢驗，你都已經做了，而且還不只這樣。我知道你對這裡的醫療照顧很不滿意。我希望接下來的幾天，我們可以幫你轉到其他的機構，讓你覺得舒服一點。我想能做的我們都已經做了。」

「但是我想知道的是，為什麼沒有神經科醫師或整形外科醫師來幫我看一看呢？」

「整形外科醫師兩天前來過。你拒絕了他想幫你做的檢驗。」

「我沒有跟什麼整形外科醫師說過話啊。」

「好吧，也許你不記得他，但兩天前他的確來過。你拒絕接受骨骼掃描。你想要再見見他嗎？」

「要！還有，為什麼我連個真正的身體檢查都沒做過呢？如果連我的腿都沒人碰過，光做那些搞噱頭的檢驗，你能說出個什麼所以然來啊？」

「好吧，你想要檢查是嗎？那就現在吧，愛莉娜。我們現在就幫你檢查。」派特掀開蓋在她腿上的毯子，然後把手放在她的腿上。「踩下去，就像踩油門一樣。現在，收回來……好，再一次……好的，現在，把腿抬高……膝蓋彎一下看看。」雖然看起來明顯有點無力，但是她的四肢功能完全正常。「好吧，你的腿可以動。」

愛莉娜氣得瞠目結舌。「你怎麼能說我的腿可以動呢？你看過我走路的樣子嗎？那是你所謂的能走路嗎？那不叫走路。真令人遺憾！我的腿能動？你怎麼說得出口啊？如果躺在床上的是你不是我，你一定不能接受這就叫做走路！」

我看這兩人是雞同鴨講。派特用「可以動」來表示其功能與神經方面未受損傷，但是愛莉娜所了解的「可以動」，是指車禍之前，行動自如的能力。但是他們兩個都在氣頭上，沮喪得不得了，誰也不願意承認其中的落差。

「愛莉娜，整形外科醫師等一下會進來看你。」派特說道，一邊領著大家走出病房。那天下午，我感覺非得去瞧瞧她不可，因為我已經好幾天都沒和她聊聊了。出乎我意料之外，她的心情好得很。她才剛剛塗上一層薄薄的玫瑰色口紅，和她先生有說有笑的。

「我**真的**有骨折，」她告訴我。「他們掃描之後，發現三根骨頭骨折。明天他們還要多照一些X光片，才能知道到底有多嚴重，然後我就可以到復健病房去了。」

這次的互動，讓我開始懷疑自己以同理心回應病人的能力。念醫學院的頭兩年，我遇到過不是很討人喜歡的病人。但我總是能客觀回應，讓自己和討人厭的那面保持距離，然後從我喜歡的特點切入，與病人建立關係。現在，面對第一次的長期醫病關係，我卻無法保有那種態度。我就是徹頭徹尾不喜歡愛莉娜，而且盡量避免和她打照面。什麼時候我才能夠把個人從臨床環境中抽離出來，然後不管面對哪一種病人，都可以當個好醫師呢？

隔天早上，愛莉娜對於巡房特別感到興奮。她在六點三十分就已經上好口紅。

「早安，愛莉娜。今天怎麼樣啊？」派特一如往常問候她。

「嗯，」──得意洋洋地──「我有三處骨折！兩個在這裡，」──她指指恥骨──「這裡還有一個，就在屁股這兒！」那張上了玫瑰色口紅的嘴，展露出滿意的笑容。

「我很高興骨骼掃描發揮了作用，你終於得到了具體的診斷，愛莉娜，」派特說道。

「那麼，今天就到復健病房去嗎？我想整形外科醫師今天早上拿到X光片之後，應該會這樣安排吧。」他說道。

我們最後一次跟著他走出那個病房。沒一個人回頭。

「唉唷，來嘛，這真的很酷耶。你一定要看看。」我加入這個小組的第一天下午，有個同學對我說。這是她待在這個小組的最後一個星期，卻是我的第一個星期。外科加護病房的一位主治醫師和幾位護士都朝五號病房走去，她招手示意我也一起跟去瞧瞧。但當我們走到門口時，很顯然五號病房並沒有任何動靜。

「看起來他們現在好像不打算換藥的樣子。病房裡那個人整個髖部都露出來了。你可以看到所有肌肉，是絕佳的解剖實例。」她告訴我。

加護病房在九樓。走廊的一側整個是護理站，另一側則全都是病房。這裡和其他樓層不一樣，完全沒有門和隔牆。病房之間是用玻璃窗隔開的，門則是由簾幕取代，便於隨時觀察這些罹患重症的病人。病房裡，病人死氣沉沉癱在床上，許多人身上都插著各種管子，而且還要借助呼吸器規律的運作，強迫空氣進出他們的肺臟。幾乎沒有一個病人是保持在清醒狀態的。每個病人都有專責的護士協助用藥、監視是否出現危險的跡象，並追蹤生命徵象。每個病房都有一部電視，雖然事實上沒人能看，但全部的電視都還是開著的，形成了外科加護病房的奇景：每個星期六早上，我們一邊照顧這些重症的病人，電視一邊播映著聲光效果十足的卡通。後來我才知道，開電視的目的是要讓病人保有對時間與地點的概念。

我一直到隔天早上巡房時才跟羅傑打了照面。躺在特大號的病床上，讓他相形之下更顯瘦小。藍色氣墊床的中央鋪著一方白色床單，那就是他的天地。他形容枯槁，頭髮、眼睛和皮膚一片臘黃。他的左邊髖骨頂部到鼠蹊部，斜斜蓋著一塊藍色的消毒紙巾，外面套著白色網狀內褲，右邊髖骨和陰莖都露在外面。

實習醫師克利斯悄悄向我解釋，羅傑是必須定期施打胰島素的糖尿病人，有靜脈注射毒品的病史（無巧不巧，急診部的克利斯和我又被分到同一組）。就在一個多月以前，羅傑的左腳因為血管循環不足，從膝蓋上端做了截肢手術，這是長期罹患糖尿病的一種併發症。然後他的殘肢又感染壞死性筋膜炎，那是一種可怕的鏈球菌皮膚感染。這種細菌會吃掉皮膚，然後破壞整個軟組織。

「早安，羅傑。歐馬力醫師和醫療小組來看你了。今天早上覺得如何？」羅傑咕噥了一陣，但沒人聽得懂。「他今天早上打嗎啡了嗎？」派特問護士。

「為了換藥，我剛給他四毫克。」她回答。

小組成員戴上手套，按照往例在床邊各就各位。我還不是這項例行任務的一員，所以尷尬站在角落。另一位實習醫師大衛拿著紗布、兩瓶食鹽水和三張包起來的藍色消毒紙巾。我的同學和護士幫羅傑翻身轉向右側，然後派特開始解開先前包紮的傷口。羅傑不斷哀號呻吟，掙扎著想要回復原來的姿勢。

派特掀開藍色的消毒紙巾，露出了一層又一層的紗布，拿掉紗布之後，就看到下面那粉紅色、發出惡臭的肌肉。不到幾秒鐘的時間，紅粉相間的肌肉就完全攤在眾人眼前，受感染的傷口發出陣陣令人作嘔的甜味，瀰漫了整個房間。赤裸的髖部周圍，上方健康的皮膚與表層的筋膜，與下方半英寸的潰爛區域涇渭分明。派特在大臀肌和中臀肌之間，用手來回用力搓揉，防止產生纖維性黏連，進而形成疤痕並將肌肉沾黏在一起。羅傑痛得哀號。派特抬起厚厚的一塊殘餘肌肉，露出了藏在底下的骨盆，而那個殘塊結構上源自何處已經無法辨識。他的手指深深插入縫隙中進行骨頭的觸診，並且想要從這個疑似骨髓炎的肇端，清除滲出的黃色分泌物；骨髓炎是一種骨頭內部深處的感染。

在羅傑僅存的五英寸左腿斷面，可看到沒有光澤的白色股骨，中間部分已經凝結成紫褐色，外圍則還有一圈白色，骨頭的外面包著厚厚的粉紅色肌肉。接著，大衛把新的紗布上多餘的食鹽水擠掉，派特則小心把柔軟的紗布條塞進外露的肌肉縫隙中。他的一隻手抬起大臀肌，另一隻手則把紗布塞進去。他用乾淨的藍色消毒紙巾覆蓋紗布，然後用新的白色網褲固定住。羅傑終於得以恢復原有的姿勢，那天的換藥工作大功告成。

羅傑的髖部肯定是我所看過最恐怖的景象。我知道我應該要在一旁不動聲色地觀看，沒有批判也不能作嘔，但是我很想閉上眼睛，捏緊鼻子。我想要逃離這令人生畏的一幕，但它不顧我的意願，充塞了我的意識；我想要抹去這個景象，不讓它如鬼魅般纏著我，但在恐懼的同時，我又深受吸引。我很想看消毒紗布下裸露、惡臭的肌肉；我很想體驗觸摸大臀肌底下的感覺；我很想親眼目睹骨髓炎的黃色膿液；我很想嗅嗅感染發臭的氣味。我不能這樣轉頭就走。

當時間慢慢過去之後，換藥對我來說也變成了例行公事。紅粉夾雜的肌肉看起來不再那麼嚇人，味道也沒有以前那麼嗆鼻，他的呻吟與哀號也比較沒那麼折磨人了。羅傑的情況已經改善，下個星期就要轉出外科加護病房到一般病房去了。

在普通病房裡，羅傑不再那麼鬱鬱寡歡，整個人看起來比較開朗有精神了。他開始問些有關傷口的問題、需要什麼治療，還有每天早上我們都幫他做了哪些事。雖然他住的是雙人房，但是只有他一個病人。他的藍色氣墊床是在房間靠窗的那一邊。他向右側躺在床的中央，白色的網褲套在左臀上，剩下那條蒼白萎縮的右腿則直直伸向床尾。

我們通常早上進到羅傑房間時，都會發現兩部電視機都是音量全開，日光燈刺眼的白色光線在房間裡大放光明。有一天早上，我們發現他在收看階梯有氧舞蹈。穿著粉紅色緊身連衣褲的金髮女郎，超級賣力地帶領著電視觀眾做著各種動作，另一個電視螢幕上，粉紅衣的金髮女郎和她完全同步。

我們繼續在普通病房裡為他進行換藥的工作。既然我是整個團隊裡唯一的醫學生，只好擔負起替羅傑翻身的工作，幫派特扶住病人。我站在派特的對面，用手抓緊羅傑左肋骨彎曲的部分。羅傑配合我們，伸出左手抓住右邊的護欄，一起和我維持讓身體向右側躺的姿勢。因為我站的位置不對，所以當住院醫師掀開紗布或重新包紮時，我都看不到羅傑的肌肉了。

除了每天固定的換藥之外，我和羅傑第一次真正的互動是從爭吵開始的。

除了髖部的問題之外，羅傑還有腎臟方面的毛病。因為他的腎功能不良，所以大量的鉀累積在他的身體裡。鉀濃度已經飆高到相當危險的程度，隨時都有可能出現致命的心律不整。有一天晚上，護士不斷說服他抽血檢測鉀的濃度，他粗暴拒絕。護士打電話央請克利斯解決這個問題，於是我和他一起前往。

克利斯警告羅傑，如果他拒絕接受檢測，很可能就會出現嚴重的心臟毛病，甚至死亡。「鬼扯，你別想騙我！」羅傑反駁道。「我不會讓那些傢伙刺我的。反正他們永遠抽不到我的血！」

克利斯又耐心地解釋了一次，如果不接受抽血檢驗可能會發生的後果。

這回羅傑終於說出心底話：他要美沙冬。他在多年前染上了海洛因毒癮，現在每天都要求注射這種藥來壓制戒毒症狀。

「我不要他們給我其他的爛藥。我只要我的美沙冬。我已經用了十六年了，我需要的就只有這個。我不需要其他垃圾。」他清楚表態，除非美沙冬的劑量調整到讓他滿意，否則他絕對不抽血。

克利斯又解釋了抽血的重要性，盡量把美沙冬當作不相干的議題不予討論。我已經聽慣了這種對劑量要求的衝突。幾天以來，羅傑都不斷抱怨美沙冬劑量太低，好幾次企圖以拒絕治療來交換提高劑量。住院醫師和主治醫師認為他這種討價還價只不過是癮君子變相找毒品的行為。他們不想被他擺布，而且到目前為止還沒有人屈服。羅傑的美沙冬劑量維持在六十毫克。

克利斯持續苦口婆心解釋驗血的重要性時，他的呼叫器響了好幾次。最後氣不過羅傑的頑固，於是就離開去回應呼叫器了，而我則留下來接手。身為醫學生的我，是唯一有時間坐下來繼續跟他耗下去的人。打從實習以來，這是我第一次覺得自己還有點用處。

我又試著向他解釋，為什麼確認鉀濃度很重要。我提醒他爆發心臟病的潛在後果。

「我不想再回到街上去討生活，」羅傑回答道。「十六年來，我每天都到診所去打美沙冬。十六年來劑量都沒變，一百毫克。我就是需要這個量。如果得不到，我想就只好再回到那裡去了。」淚水湧上他的眼睛。「你不知道那種日子有多慘。我以前還會偷東西，為了籌到錢買毒品，真是壞事做盡，結果因為開空頭支票買毒品而坐牢。就是那個時候，我知道自己絕不能再那樣混下去了。我的生活一天比一天糟。他們說我絕對不可能活到四十歲，而現在我四十一歲了。」

「我不記得在樓上的情況了。在樓上時，我幾乎都在睡覺。我不知道當時到底發生什麼事。但我記得護士拿走麻醉劑，然後叫醒我為我慶生。我的父母來了，他們還為我唱『生日快樂』。」羅傑說道。

羅傑是在加護病房渡過他四十一歲的生日。他的家人都來看他，帶了一朵黃色的康乃馨，還有一個銀色的氦氣氣球，上面用五彩繽紛的華麗字體寫了「生日快樂」。他把這些生日禮物都帶到現在的新病房裡，只是漏氣的氣球不再舉首昂揚，靜靜躺在窗台的一角，「生日快樂」也變得皺巴巴的。黃色的康乃馨插在氣球旁的花瓶裡，看起來倒還是一樣新鮮。

「羅傑，你已經完成了一項不可思議的任務。沒有多少人可以做到像你這樣。沒有人要你回到街上去過以前的那種生活，」我說道。「他們給你這些藥是要讓你舒服一點。但我向你保證，他們絕對知道你需要美沙冬，而且會給你該有的劑量。等你離開的時候，所有的問題都會因為服用這些藥物而解決，而你也可以再像以前一樣回到給你美沙冬的診所去。」

「唉，我才不要他們給我這些爛東西。我只要我的美沙冬。他們不會給我正確劑量的啦！我根本不需要這些垃圾。我才不想上癮咧。」

「羅傑，我向你保證，你所有的用藥都有嚴密的監控。醫師知道你需要的是什麼。你不會對其他止痛藥上癮的，因為只有真的出現劇烈疼痛時才會用到。」

「不用你來告訴我什麼叫上癮。你哪裡知道什麼叫上癮。我不要這些鬼東西。我要打電話給我的美沙冬診所。過去十六年來，我都使用同樣的劑量，整整一百毫克。現在我就要相同的劑量。其他的藥我一概不碰。」

我又想辦法把他引回鉀濃度的問題上。「羅傑，沒有人想過你可以活到四十歲，可是現在眼看著你已經四十一歲了。我們希望四十二歲還能看到你。這就是為什麼你得接受這個檢驗的原因。」

「狗屁！」他拿起電話。「喏，幫我撥美沙冬診所。我要問他們我的美沙冬劑量是多少，這樣他們就可以親口告訴你。我會證明給你看的。」

我不知道該怎麼辦。我可以讓他打電話嗎？我該破壞整個團隊的努力嗎？我不希望因為我的無知，而讓他做出不應該做的事。我拿起電話，撥了九轉接外線，然後拿給他。「拿去，我幫你接上外線，但是你得自己撥診所的電話。」

他敲了幾個號碼，可是沒接通，很沮喪地掛上電話。「噢，簡直就是狗屁！」

「羅傑，」我想再說服他一次，「醫師很清楚你需要美沙冬，但他們也知道你需要哪些其他的藥。我很確定他們給你的，都是你所需要的。」

「全都是垃圾。我用一百毫克的美沙冬用了十六年了。那才是我要的！」

「好吧，羅傑，」我放棄了。「現在我得去開一個會。我們待會兒再談。」我充滿挫折地離開了。我了解他的恐懼，也很能夠體諒。他的遭遇打動了我。他的一生克服了許多的困難，現在卻換來眼前這個新的悲劇。但是我也很生氣，氣他聽不進去我說的話，氣他不聽從我的指示，更氣他不好好合作讓我們幫助他。後來，羅傑一直都沒有抽血檢驗鉀濃度。

因為羅傑非常堅持他的美沙冬劑量，而且堅持如果問題不解決，他就不接受治療，最後派特只好聯絡美沙冬診所，查問他慣用的劑量。當天稍晚的時候，我們收到了傳真回覆。羅傑說得沒錯，他慣用的劑量是一百毫克，而我們卻只給他六十毫克。隔天我們就幫他調整了劑量。

幫羅傑控制他的糖尿病也是困難重重。有一天晚上，護士又呼叫克利斯和我去和他爭論夜間的胰島素用量。為了讓傷口癒合好進行皮膚移植，他的熱量攝取增加了，於是羅傑需要注射比他健康時更大量的胰島素，以便把血糖控制在可以接受的範圍之內。之前因為他的血糖值不斷飆高，所以我們本已增加了胰島素來加以控制。可是唯獨這個晚上，他拒絕增加胰島素的劑量，要求恢復住院之前的正常每日劑量。護士在打電話給我們之前，已經和他爭論了半個小時。

我們到達時，發現羅傑比平常看起來更蒼白，而且悶悶不樂。那天晚上，他覺得很不舒服。但不管外表看起來怎麼樣，他還是很生氣。

「羅傑，因為你多攝取了一些熱量，所以需要額外的胰島素。你的血糖有點偏高，我們要幫你多注射一些胰島素把血糖降下來。」克利斯說道。

「別講那些廢話。我要八比八。我一向就是用這個量。」他要八單位的NPH胰島素，和八單位的普通胰島素，這是兩種不同的胰島素。但他需要的是原來劑量的三倍。

「但是，羅傑，八比八無法控制你的血糖值。那是你健康時所使用的劑量。現在你的身體有不同的需求。你現在吃的熱量，是以前的三倍了。」克利斯說道。

「我才不管咧。你懂什麼！我這一輩子從來就沒有用過這麼多的胰島素。需要什麼，我自己知道！」他爭論道。

「羅傑，你聽我說。你需要比以前更多的胰島素。你現在攝取的熱量比以前多很多。這對你的治療**非常**重要！」

「哼，放你的狗臭屁！老兄！別告訴我我需要什麼。我只要八比八，別的都不行。我從來就沒用過這麼多的胰島素。就是八比八！這是我的極限！我才不管血糖飆得有多高呢！」

「但是，羅傑，就你的情況看來，八比八根本無法把血糖降下來。你需要的遠遠超過這個量！」

「八比八。到此為止！我根本不需要聽你講廢話！我就是不在乎！」

「好吧，羅傑。」我們最後放棄說服的任務，離開病房，回去找他的護士。

「現在你們要我怎麼做？」護士問道。

「只管幫他打吧。」克利斯說道。

「那如果他問是多少呢？」

「就告訴他那是他需要的量。」克利斯說道。

「如果他要問確切的數字呢？」

「就騙他好了，告訴他是八比八。他需要這些胰島素。」

「知情同意」是個很棘手的問題。在現代的醫療意識中，大概所有的醫師都認同以病人為中心的醫療形式，避免採取過去幾十年來的父權專制主義。以往醫師自行決定如何做醫療處置，並告知病人應如何奉行的這套辦法已經行不通了；現在我們得攤開所有的選擇，讓病人去挑他們認為最好的方式。如果病人做了正確的選擇，這個體系就可以運轉得很順利，醫病之間才會是一種真實的伙伴關係。

但如果知道了所有相關的利弊得失之後，病人還是做出不當的選擇怎麼辦？雖然克利斯解釋了糖尿病可能發生的諸多問題，可是羅傑作出理性的選擇了嗎？然後我們又該怎麼說呢？到最後，我們給羅傑二十比二十四，而不是他所要求的八比八。那樣錯了嗎？我不知道。我們實在很難袖手旁觀，看著他做出不當的決定，比如說胰島素劑量的問題，因為這對他整體的健康會產生立即而嚴重的後果，像是脫水，甚至連昏迷都有可能。我想要幫助病人恢復健康，雖然我知道大家一般在家裡都沒有正確的保健觀念，但是在我們的照顧之下，還要給他們同樣的自主權，放任他們做出錯誤的決定，實在有點說不過去。對於羅傑，也許我們的做法不對。但如果順從他的要求而採用八比八，我一定會覺得更難過。

事實上，醫師是有偏見的。我們雖然列出各種不同的方式，但是對於我們覺得最好的，會找出某些數據來支持，目的就是希望鼓勵病人照我們的意思去選擇。雖然這不算是完全專制，但在醫病關係中，我們還是掌握了絕大部分的權力。在上麻醉選修課期間，有位女士來醫院動膝蓋手術，她和一般病人不一樣，並沒有事先選擇麻醉的方式。就她所要動的這項手術而言，可以選擇全身麻醉或只做腿部的局部麻醉。雖然麻醉師通常會為了降低危險性而建議採取局部麻醉，不過因為這位女士有精神方面的問題，他們認為病人如果保持清醒，恐怕會無法忍受長時間待在手術台上。

「你解釋的時候就引導她選擇全身麻醉吧。」麻醉科主任下指示給負責為她麻醉的住院醫師。

每當羅傑又拒絕某項治療，而我們必須和他爭執的時候，我是既挫折又憤怒。我知道他害怕吃藥；我也知道他很努力想用自己知道的唯一的方法來控制糖尿病。更重要的是，我了解他因為自己的處境而深感沮喪。癱在床上而且只能躺一個固定的姿勢，讓他喪失了自主權。我想對他而言，說「不」是他重新控制身體的唯一方法。但是我很氣他與我們對抗，而且還要談條件。有時候，我覺得自己被耍得團團轉。為什麼他就無法了解我們的用心呢？為什麼他連解釋都不聽呢？我知道被他氣炸的不是只有我一個。當他終於復原到可以進行皮膚移植而轉到整形外科時，整個醫療小組都鬆了一口氣。我們經常和他爭論，所以很容易習慣性就和他吵起來。他不是個討人喜歡的人，住院醫師和我都發現要聽他說話很困難。在我們的印象中，他的恐懼都是不理性的，決定也是不恰當的，以至於即使有時候他關心的事或提出的問題是合理的，我們也會忽略掉。

接觸臨床，走進病房，我非常期待從醫病關係中得到回報。我期許自己是個深具同情心的醫療照顧者，更自勉要克服障礙，與病人建立良好關係。其實大多數的病人並不像愛莉娜或羅傑這麼難纏，而我也知道我不是那種自己一心嚮往的完美的醫療人員。

幾個月之後，我遇見了一位住院醫師，他在羅傑待的那家醫院服務過。當我提起羅傑時，他想了一分鐘。

「是啊，那個名字聽起來很熟。」他說道。他又想了幾分鐘。「他在加護病房待了很長一段時間，最後死於腎衰竭。大家都認為是他的父親偷走他的fentanyl貼布。」fentanyl是嗎啡的一種，止痛用的，利用貼布讓藥力穿透皮膚而發揮效力。

「有一次我在上面的加護病房時，他的父親搖搖晃晃走到我身邊，一副用了藥神智不清的樣子，還一邊喃喃自語。我看到他貼了兩片貼布。是啊，那個老兄在那裡待了幾個月。我本來就不認為他會熬到可以回家。」

White Coat

第22章

太多

回家路上，我都在想著理查。今天早上起床時，他還是個健康的三十二歲壯漢；到了晚上入睡時，卻成了四肢癱瘓的病人。這已經超出我想要看的，更多過了我想要知道的。

我一輩子都在努力想要學得更多。我也花很多時間把學到的東西背得滾瓜爛熟，為的就是要得到好成績。我衝向前去迎接每一次學習上的挑戰，而且一一迎刃而解。我對自己有很高的期望，而且我總是知道自己還想要多知道些什麼，我該增加哪些經歷。對於「不足」的感覺，我再熟悉也不過了；但是在我貪得無厭卻又成效不彰的學習過程中，我從來就沒有想到過，有一天我居然會認為自己知道得太多，甚至是看得太多。

一位八十四歲的老太太和她的女兒來到了急診室。這位女士躺在走廊的推床上，身上穿著紅色的彈性長褲和白色的尼龍擋風夾克，但是醫院外卻是將近攝氏三十度的高溫。她的女兒站在她的身旁，手裡玩弄著手提袋的皮飾物。那位母親看不出來哪裡會痛，但是躺在推床上的樣子很怪。我再仔細看了一下，注意到她的右腳明顯比左腳短很多，而且向外翻轉。克利斯走過去，看到我正端詳著她。「那就是髖骨骨折。你要記好那個姿勢：非常典型。」

他們派我去和那位女士談話，在對話的過程中，我得知她是一位身體健康的八十四歲老太太。不過雖然她的醫療病史很單純，但我知道年長婦女的髖骨骨折是一件很嚴重的大事，有可能減少她一年的壽命。

X光片證實那位女士的確是骨折。她的大腿骨頂端維持在關節裡的正常位置，但原本應該是大腿骨中間頸狀部位所在的位置，卻出現了鋸齒狀的裂痕，而整隻大腿骨的主要部分都往上移位，離開關節好幾英寸，跑到了骨盆腔上面的髂骨旁邊。現在，我終於知道她的右腳為什麼這麼短了。

克利斯和我把X光片的結果轉告這一對母女，他們似乎很能接受這個消息，甚至還鬆了一口氣。對他們來說，骨頭的問題是可以治癒的。但當我站著和他們說話時，我知道眼前這位健康老太太的壽命，已經從前一天開始大幅縮短了。具備這項知識讓我覺得既悲傷又沉重，但坐在我面前的這對母女卻渾然不覺。

我有一位同學在內科病房工作，有一位看來健康的六十五歲男性因為腹部隱隱作痛而住院。起初，她對於病人的訴求感到很懊惱，因為怎麼都找不出他不舒服的原因。「我心想，沒事幹嘛來這兒煩我們？給我回家去！」她說道。

但是她和醫療小組做了一些非特定的檢驗之後再追蹤，竟發現他的淋巴癌已經擴散。她想要保護這個病人，不讓他知道這個威脅他性命的診斷結果，並且呼叫各科會診的醫師，提醒他們不要告訴病人。她想要由她自己來掌控所有的訊息、資料以及預後狀況。

「告訴他之後，我覺得糟透了。我覺得就某種程度而言，我們是要負責任的。我的意思是說，他進來的時候健健康康的，如果我們沒有這麼瞎摸一番，也不可能那麼快就發現癌症。」

因為她找出了疾病，負責告知病人，同時掌握了維持他生命的治療關鍵，所以她覺得自己也要為這癌症負責。

有一天晚上，剛用過晚餐後不久，創傷外科小組被呼叫到急診部。我們在病人到達前就已經聚集在外傷診間。透過無線電，我們聽到有個三十二歲的男子，因為發生高速正面撞擊的車禍，目前正由醫療直升機從新罕布夏州轉送過來。另一輛車裡的兩個十六歲少年當場死亡。這個傷者沒有繫安全帶，目前他從乳頭以下完全沒有知覺。估計不到十分鐘即可送達。當診間裡的人愈來愈多之後，大家便忙著拼湊接收到的資訊。

「他傷得怎麼樣？」

「沒有知覺到什麼地步？」

醫療小組成員戴上口罩、穿上罩袍，圍在仍舊空空如也的推床旁。幾分鐘之後，醫療直升機的隨行救護員從急診室的後門把理查推進來。我很緊張，很害怕眼前即將看到的景象。理查塊頭很大，頭髮是深棕色的，留著鬍子。他的右前臂和左大腿處，各有一道血流如注的狹長傷口。他的右腳掌垂掛在腳踝上，一副快要掉下來的樣子。但是夾雜在一群鬧哄哄、七手八腳準備迎接他的人員中，他卻顯得出奇安靜。

他回答住院總醫師的問題很得當。說起話來沉著冷靜又慢條斯理。他記得整起車禍的經過，還可以告訴我們他的妻子以及兩個小孩的名字，還有他家的電話號碼。他知道當天的日期、時間，以及醫院的名字。

然後，他們便著手檢查神經系統。神經外科醫師很快從上到下摸遍整個身體，首先用彎腳規的尖端輕戳，然後用音叉冰冷的圓叉頭觸摸。從乳頭以上三英寸，向下一直到腳趾頭，理查完全沒有疼痛或冷熱的感覺。然後，我注意到他的兩隻手臂姿勢怪怪的。他的手臂不協調地捲起來靠近臉部，因為他控制手臂曲伸的三頭肌與大腦失去了聯繫。他的腳踝和膝蓋也沒有反射能力。這些都是可怕的徵兆，表示脊椎神經可能受到嚴重的損傷。住院醫師一等到理查穩定之後，就趕忙推他去做電腦斷層掃描。

電腦斷層掃描顯示他的狀況很慘。理查的第五節頸椎骨折，有一塊骨頭的碎片深深刺進了脊髓，而脊髓在第六節頸椎以下看起來好像被切斷了，第八節的頸椎似乎也被壓碎。

為了排除腹腔出血的原因，醫師進行了第二次掃描，結果顯示還有三節腰椎被壓碎。我知道光是脊髓切斷，就能造成上半身和下半身的癱瘓了，而從後來的掃描看來，其他傷處也都極為嚴重。我的心愈來愈往下沉。我從控制室的窗戶看著理查，他一動不動地躺在掃描台上，對掃描結果一無所知。

專攻脊髓醫學的神經外科醫師和住院醫師決定要延緩手術，先進行磁共振影像掃描，以便更精確地看一看理查軟組織受損影響脊髓的程度。雖然一大群隨行的會診醫師和專家都積極參與這個個案，跟著理查從急診室到電腦斷層掃描室，還到磁共振影像掃描室，不過把他推到三樓放射區的只有我的指導教授、一位護士和我。指導教授又問了他一次車禍的狀況。

「我當時正在開車，然後看到在我前面的車子紛紛靠向右邊，但是我不知道發生了什麼事。等到我前面的那一部車閃開時，我才突然發現一部車子向我直衝過來，但是，一切都太遲了。」

我的指導教授雷比是個創傷外科醫師。他很年輕，不到四十歲，孩子都還小。他雖然個頭不高，但是體格強健，壯碩的骨架看起來頗有氣勢。但他的性格和他的架勢恰恰相反，他很安靜，說起話來輕聲細語。他冰冷的藍眼睛盯在病人身上，慢條斯理、低聲對其他人說話，大家都傾身靠近、側耳細聽。在說話的每個段落，他都會插上一句「好嗎？」

理查的家人都齊聚在等候室裡。我的指導教授決定要和他們討論初步的電腦斷層掃描結果。我想要跟他一起去；我想要去見見他的家人，觀察他們和教授的談話；我很想知道他們內心的感覺。因為理查是我指導教授名下的病人，所以我可以和整個外科小組一起跟著他，不過我是醫學生，照顧他不怎麼名正言順。我不知道自己是否有資格和他的家屬談話，但我其實是很害怕的。我怕看到他們的痛苦、他們的震驚、還有他們的憤怒。

雷比醫師要去見家屬前對我說：「我最討厭做這種事。我實在碰過太多次了，完全清楚家屬會是什麼樣，還有他們會如何反應。我也知道從今天起的十天後他們會怎麼樣。」他轉過身去，到等候室和家屬會面。

指導教授離開之後，理查被推進了磁共振影像掃描室。跟著理查的二十個人也擠進控制室，等著他的脊椎掃描影像顯示在電腦螢幕上。我坐在控制室一個角落的地板上，因為兩隻腳站了一整天已經痛得要命。我回想起和指導教授的第一次會面。他的專長是創傷外科，當時我認為他的工作一定是精采又刺激。不過，他看起來似乎完全沒有我那麼滿腔熱血的樣子。

「喔，是還好啦，」他曾經說道，「不過，我想我可能沒辦法長期這麼做下去。」他沒有解釋為什麼。

當天晚上我到家時，時間剛好可以趕上我的有氧舞蹈課，可是他又把我叫回醫院去參加一個緊急的膽囊手術。當我們開始動手術時，他提到了他的孩子有多失望。那天晚上，他們本來計畫要到「查克起士之家」（Chuck E Cheese's）去吃晚餐。可是碰上了緊急事故，只好取消計畫。

「我太太沒有很難過，」他說。「在我當住院醫師的時候，我們就學會了永遠不要計畫什麼事情，這樣就不會失望了。」

我還記得當時我在想，這就是為什麼他不喜歡創傷外科的原因：無法預期，工作時間又長。他幾乎分不出時間來陪伴家人。

但是當我縮在磁共振控制室的這個角落時，我才終於完全了解了。我的腳隱隱作痛；舌頭乾到似乎塞滿了整張嘴巴；我的牙齒和下巴因為神經緊繃而抽痛。我擔心眼前的這個人和他的家人不知道會變成什麼樣子。我害怕新的掃描即將顯現的結果。現在我總算懂了。

出乎意料之外，磁共振影像掃描為渺茫的前景注入了一線希望。雖然頸椎大致上是變形了，但是有一小部分的脊髓似乎還是有穿過受損的脊椎管，看來脊髓沒有被完全切斷。雖然脊髓不太可能保有正常功能，但至少沒有完全被破壞。

神經外科醫師根據檢驗結果，了解了他受傷的程度之後，便著手準備手術計畫。那天晚上我離開的時候，他們正要把理查推進開刀房去裝環形護具，那是一種金屬支架，在治療期間，可以牽引並固定脊椎。走回家的一路上，我都在想著理查。今天早上起床時，他還是個健康的三十二歲壯漢；到了晚上入睡時，卻成了一個四肢癱瘓的病人。這已經超出了我想要看的，更多過了我想要知道的。

隔天早上巡房時，我們整個醫療小組到外科加護病房去看理查。他因為動過手術還沉沉睡著。他的右臂一直到手肘都上了石膏，左腿則用夾板固定住。箍在頭上、用黑色金屬條做成的環形護具，是用兩英寸長的螺絲釘固定在前額上的，另外有四根金屬桿把圈住額頭的鐵條與包著絨布的背架連在一起。他的手臂還是捲曲著靠近臉部。

那一天稍晚的時候，我和雷比醫師去看理查。我們發現他比較清醒了，手臂也不再捲曲。上了石膏的右臂平放在身邊，而左手臂則彎曲枕在肚子上。

「現在他的三頭肌有點作用了，」護士告訴我們。「狀況並不是那麼好，不過起碼有點起色。」

的確。當我們測試他的知覺時，反應似乎有些改善。雖然他的手還是沒有觸感，但是手臂以下已經有微弱的感覺，胸腔以下，甚至是快到乳頭的部分，也是如此。這表示那一段扭傷但仍舊連著的脊髓還有一些功能。指導教授在寫病歷時，我坐在長長的櫃台旁，朝理查的病房望去。當我看到理查時，眼睛刺刺酸酸的，淚水就要奪眶而出。他可能永遠無法完全自如運用手臂或手掌了，幸好他不會全身癱瘓。

在理查接受醫療小組照顧的這一段時間裡，我從來沒有單獨和他或他的家人談過話。我看到他們時，都是跟著指導教授或醫療小組。因為我們到的時間不是很早就是很晚，所以我只見過他的太太幾次，但從來沒看過他的小孩。他的太太是個中等身材的女性，稍顯豐腴，有一頭濃密及肩的褐色長髮。她的活動床總是架在外科加護病房的某個角落。她的嘴脣抿成憂心的一直線，褐色的大眼睛透露出她的悲傷與恐懼。我看到她靠近指導教授，傾身側耳專心聆聽醫師用輕柔和緩的語調說出的每個字。她繃緊了身上的每寸肌肉，奮力汲取醫師釋出的每一滴最後的希望。

經過我們幾天的照料之後，理查被轉到神經外科小組。我後來幾乎有一個月沒看到他，再見到時，是我輪值外科實習中當「一天護士」的時候。理查並不是帶我的那位護士的病人，但早晨的時候，我們會幫忙把他從病床移到推床上去。

昏暗的病房裡，我們幾乎無法在理查的病床旁再塞進一張推床，我得從床角的縫隙中擠過去另一邊，以便幫忙理查翻身。我的腦子裡才剛剛閃過病房設計不良的念頭，卻又突然了解到空間為什麼會這麼狹小了。當我打算繞過床角時，因為沒有注意到活動床，所以差一點被絆倒。我抬起頭來，在陰暗的角落看到了他太太，很明顯她已經被我們與推床奮戰的聲音吵醒了。她靜靜坐在暗處，頭髮睡得塌塌扁扁的。當她看著我們費盡力氣挪動她的先生時，我看到淚珠撲簌簌滑下了她的臉頰，滴落到下巴。

那天晚些的時候，我看到了一個約莫三歲的小男孩在走廊上跑來跑去，嬉鬧時咯咯的笑聲不絕於耳。理查的太太在走廊上追著他跑，然後一把抱起他來，在臉頰上吻了一下。她的嘴角出現了愉快的笑容，但褐色的大眼睛裡，哀傷與疲憊依然存在。

就在我結束外科實習幾天前的一個晚上，值班的外科住院醫師和我設法趕在餐廳關門前，把下班前巡房以及其他該做的工作完成。我們才剛吃完晚餐，就收到創傷外科的呼叫。我們趕忙收好餐盤，直奔急診室，在病人到達前幾分鐘迅速就定位。無線電通報指出，有位三十幾歲騎單車的男子，在離醫院只有幾個街口的十字路口，被一輛汽車撞倒。他戴了安全帽，但是頭部還是受傷了。目擊者表示，車禍發生時當事人即失去意識，不過現在已經清醒。大家抓起藍色的防護衣以及手套，準備接收隨時可能會進來的傷患。我站在床尾，就在實習醫師的旁邊，希望盡量不要引起其他人的注意。

不到幾分鐘的時間，緊急救護人員就推開急診室的前門，把病人送進外傷診間。病人痛得不斷呻吟著。他躺在靠背板上，脖子上束了一個黑色的護頸圈。耳朵旁邊的黃色長方形襯墊固定住他的頭部，而橘色的長方形襯墊則繫住了他的右腿，保護腳上的「脛腓開放性骨折」（也就是他小腿脛骨與腓骨都有骨折，而且穿破了皮膚）。額頭上一道很深的星形傷口汩汩滲出血來。被鮮血浸濕的頭髮，形成一綹綹的稻穗狀，從額頭中央垂下來，已難看出頭髮原本的顏色。

病人雖然極度痛楚，可是還很清醒而且可以說話。他的名字叫桂格，完全記不得有關車禍的任何事情。他不斷表示左肩和脖子很痛。實習醫師很快剪開桂格的衣服，露出他的身體。他曬得很黑，和裸露出來的臀部皮膚形成強烈的對比。

他身體各部分對於戳刺和冰冷都有感覺，而四肢也可以自由移動。當實習醫師拉著他的左手臂調整位置以進行頸部X光照射時，他感覺到病人手指裡有碎骨頭嘎吱嘎吱的聲音。

從X光片看起來，桂格的脖子不怎麼對勁，所以照完必要的X光片之後，我幫忙把他推到樓上去做電腦斷層掃描。他不停叫痛，一聲接著一聲。我很驚訝，自己竟然可以很輕易就對桂格的疼痛無動於衷。呻吟的聲音很快就淡入周圍的環境中。雖然眼前這個人深懷恐懼，但我卻可以輕易地投入他迫切需要進行的各種檢驗。

我們把躺在推床靠背板上的桂格，搬移到電腦斷層掃描的滑動平台上，接著就用白色的被單緊緊綁住他，避免他移動，然後我們就離開掃描室，到隔壁的控制室去等候。當平台緩慢帶著桂格穿過掃描器時，大家都透過窗戶在一旁觀看。透過對講機，我們還是可以聽到他規律的呻吟。我們決定等掃描一結束，就在掃描室設法把移位的骨頭推回原位。有一個人必須按住膝蓋，然後另外一個人猛拉腳掌，並且在小腿的部位下壓，把骨頭拉直。我必須扶著他的腿，讓別人用夾板加以固定。

他的第一批頭部掃描顯示情況相當樂觀。雖然他的頭骨有一道又深又長的傷口，但是沒有骨折，也沒有證據顯示有任何顱內出血的情形。不過，我們還是被他的頸部掃描嚇到了。他的第一節頸椎碎裂。接著我們查看第二節，還是碎裂；然後第三、第四、第五節頸椎都碎了。脊椎椎管因為骨頭碎片四散而變得有點窄，但似乎並沒有壓迫到脊髓本身。因為奇蹟般沒有任何臨床的跡象顯示脊髓受到損傷，所以大家一致決定不需要進行磁共振影像掃描。但是他必須即刻送到開刀房去安裝護具。他也需要進行一個比較永久性的手術，來固定腿部的脛腓骨，還要用不鏽鋼釘固定左手臂的肱骨骨折。

全部掃描完畢之後，我們三個被指派讓脛腓骨復位的人走進了掃描室。數到三，住院醫師和實習醫師就用力拉，整形外科實習醫師則動手調整桂格的腿骨。我們扳著他的腿進行調整時，他痛得哇哇大叫，但是後來就覺得舒服多了。等桂格的腿用夾板固定之後，就被直接送進開刀房去裝護具，以固定他的脊椎骨，並且進行腿部和手臂的手術。

有兩位我不認得的整形外科醫師走進開刀房為桂格動刀。有一位金髮藍眼，壯如橄欖球員；另一位是個黑人，說話溫和討喜，體重和腰圍和那位金髮醫師比起來不遑多讓。他們從護士手中接過護具組件，俐落組裝鐵條和螺絲釘。在局部麻醉的狀態下，他們把兩根螺絲釘栓在病人頭骨上，裝上護具的水平鐵條。然後，他們把一根灰色的鐵條裝在手術台的前端，在護具上綁上一個十磅的砝碼之後，便把它垂吊在灰色的鐵條上，讓它可以在手術進行的過程中發揮牽引的力量，把脊椎骨導正。手術完成之後，護具的安裝同時完成。

由於脊椎骨折，怕會傷及桂格的脊髓，所以麻醉師無法把他的頸部調整成後仰的姿勢，以便插入呼吸管。一般來說，麻醉師都會給予病人大量的鎮靜劑，讓病人停止呼吸，然後在不造成任何不適的情況下，快速插入呼吸管。因為他們無法操控桂格的脖子，所以給予這麼大量的鎮靜劑風險實在太大，他們擔心無法及時接通氣管。所以，桂格必須在清醒的時候接受插管，也就是說在插管前不能使用鎮靜劑。當麻醉師把管子插入他的氣管時，他的意識是清清楚楚的。

我認識當班的麻醉師。我在開刀房看過蜜雪兒很多次。她留著一頭俏麗的褐色短髮，制式的藍色面罩上是一雙活靈靈的藍色大眼睛。她的個性堅毅，活力十足，大家都很喜歡和她在一起。她在外科醫師中聲譽卓著。我常常聽到大家在走廊上談論到她。

手術台旁圍了五個人，而我則是站在離手術台尾端幾英尺遠的地方觀看。蜜雪兒站在手術台的前端，拉出了一條長長的插管用黑色光纖內視鏡。她預備一邊透過內視鏡觀看桂格的氣管，一邊把這黑色的管子緩緩推進他的嘴巴，滑下喉嚨，並通過聲帶。然後，她就要在光纖內視鏡的外面放入一條氣管內管，讓它牢牢固定在氣管裡。

但大事立刻不妙。桂格的舌頭和氣管原本就已經受傷。蜜雪兒的視線被滲出的鮮血遮住，這使得她無法順利推動內視鏡，而沒有使用鎮靜劑的桂格，則大聲嚷嚷並有排斥插管的動作。

「我不能呼吸了！」他大吼著。他舉起手來，想要抓住入侵的器械。「我不能呼吸啊！」

「可以，桂格！你可以呼吸啦！」護士一邊抓穩他的手臂，一邊吼著告訴他。

蜜雪兒又試了一次。

「我不能呼吸了！」他因為長長的內視鏡而作嘔。「我不能呼吸了！」

「可以，一定可以！你看，你現在還在對我們說話呢！」

護士們奮力抓著他的手，以免碰到蜜雪兒和內視鏡。他們喊著要我過去幫忙拉住他的右手。

我用整個身體的重量，把他的手穩穩壓在身體的右側，讓他摸不到麻醉師。但是，蜜雪兒還是無法把內視鏡導入他的氣管裡。

蜜雪兒呼叫另一位麻醉師進來，而站在一旁的外科醫師則討論著手術造口的可能性：也就是在頸部切開一個缺口直達氣管，然後插入呼吸管。入侵的工具從氣管抽掉之後，桂格為了吸取空氣而猛咳。牆上的時間顯示十二點三十五分。站在手術台旁的位置上，讓我繃得又累又緊張。我仍然抓著桂格的手，但盡量找出讓我們倆都覺得舒適的姿勢。在燈火通明、忙碌又緊張的開刀房裡，好像脫離了現實。對於時辰的感知能力完全消失，很容易讓人覺得像是午後的某個時段。然後，我終於恍然大悟，這就是我一年級上解剖課期間一直不斷重複出現的夢境。在夢裡，我握著大體的手安慰她，因為我的伙伴正在為她進行某種疼痛的醫療程序。現在，在這個超現實的午夜裡握著桂格的手，我的夢境實現了。

新的麻醉師是一位年紀大一點的女士，很輕易就從桂格的鼻子裡穿過管子，進到了喉頭附近。當管子碰到桂格的喉頭時，他開始抽搐。他身上的每一條肌肉都繃得緊緊的，當他在手術台上猛然收縮而彈起來時，整個軀幹看起來似乎變小了。仍舊抓著他的我，可以感覺到肌肉規律的收縮，而透過靠在手術台邊的臀部，我也可以感受到每一次痙攣的振動。他的脖子已經拿掉護頸套，我看著它隨著每一次的抽搐，和整個身體一起上上下下。

他的血氧濃度不斷下降。正常值是九八%到一〇〇%左右，當警報器停了之後，我第一次注意到桂格的血氧濃度是八〇%。我看著綠色的數字很快掉到七〇%、六〇%，然後是五五%。麻醉師決定在進行氣切手術之前，再來個摸瞎放手一搏。年長的麻醉師又試了一次。她把管子插進去，吹了一口氣，而蜜雪兒則拿著聽診器在肺部監聽。

「不好！插進食道裡了。」

他的血氧濃度降得更低了：五〇%、四〇%。

「好吧，」年長的麻醉師說道，「準備氣切。」

派特和大衛那天晚上當班。他們已經拿了造口術的工具包。「像這樣的醫院，一年大概會發生一次這種狀況。」資深住院醫師告訴我。

大衛沉著在脖子上劃開一道小切口，然後開了一個小洞接通氣管。接著，他把呼吸管彎彎的一端直接插入桂格的氣管，另一端則接上呼吸器的管線。桂格終於能夠呼吸了。他的血氧濃度開始爬升，很快就到達先前一〇〇%的數值。

我擔心抽搐時脖子的振動會傷到他的脊髓，而且在他們完成氣管造口之前，他的大腦缺氧了幾分鐘。但因為處於麻醉之中，所以根本看不出哪裡受到損傷，如果有的話，也要等到早上麻藥消退了之後才會知道。

沒有人需要我的協助，所以我離開了開刀房，去補眠一下。桂格清醒時插管的畫面，不斷在我的腦海裡重播。在創傷外科小組實習幾個星期以來，看盡了各種血腥痛苦的場面，但毫無疑問，這一次活生生的插管，可以說是到目前為止我所看過最恐怖的一幕。

我們隔天早上在加護病看到了桂格。他的身上還有前一天晚上留下來的血漬。他的手術進行得很順利，而前一天晚上的痙攣，似乎也沒有對神經系統造成任何損傷。因為插了呼吸管，所以他無法說話，但是他試著用嘴形和我們溝通。

手術之後，桂格的舌頭腫得很大，很有可能會堵住氣管，所以他還是需要喉管來幫助他呼吸。幾天之後，舌頭的腫脹消退了，於是就進行拔管，然後就轉出了加護病房。

幾天之後，我看到桂格腋下撐著枴杖，在走廊遠遠的那一端走路。他笨拙地在門口拖了幾步，然後我因為轉了個彎就看不到他了。看到他走路，我很激動；就在一個星期前，他差一點就逃不過全身癱瘓的命運。

那天晚上的晚餐時間，克利斯和我被呼叫去看桂格。他坐在床上，他的母親陪在他身邊，手裡還拿著叉著紅蘿蔔塊的叉子。

「這種東西怎麼吃啊？」桂格生氣說道，然後還一邊用手指著盤子裡的食物。「我根本**吞不下去**！你們怎麼搞的，給我這種東西？還有米飯——你們怎麼會叫我吃那種東西呢？我要蘋果醬和湯。我不要這些！」

克利斯解釋說，我們擔心他可能比較不好控制稀稀的湯汁，會不小心吸到肺裡面。如果因此而導致肺炎，後果可能不堪設想。

「還有走路。我怎麼能像這樣走路呢！」桂格抱怨道。「我不能像這樣活著！如果連路都不能走，你們要我怎麼能夠到處去呢？」

我充滿挫折地離開桂格的病房。我知道他很惱怒自己的狀況以及這場車禍。要戴著護具三個月，怎麼想都令人快樂不起來。但我很清楚他原本可能會更嚴重。我想到了理查。桂格很幸運撿回一條命，甚至還可以走路。當他躺在手術台上抽搐，血氧濃度只剩下六%時，他的預後狀況並沒有現在這麼樂觀。不過當然，桂格對於最壞的狀況並沒有什麼概念。他唯一可以比較的基礎，就是自己以前的狀況。無法說話、吞嚥、呼吸或行動自如，即使只是暫時的，對他也會有如晴天霹靂。可是我還是希望他能分享我的喜悅與興奮。

我在桂格可以出院之前，就離開了創傷外科小組到別科實習了。我後來完全不知道他的後續狀況。那個月結束時，我很高興能夠離開創傷外科小組。這是我有史以來第一次了解到照顧住院病人到底是怎麼一回事，以及投入感情照顧病人又是怎麼回事。那種痛苦，比我過去所想像的更令人難以招架。

White Coat

第23章

婦產科

就在她的子宮頸全開，正準備用力時，她卻放棄了。她夾緊雙腳，一心想把寶寶再塞回子宮裡。儘管我們不斷鼓勵她，最後忍不住還對她大吼大叫，她就是拒絕用力把寶寶推出。

貝絲靜靜坐在產床上，床背調得很高，腳端則放得低低的，看起來就像一張軟椅。溫暖的黃色光線充滿了午後的病房。空氣中瀰漫著羊水刺鼻的味道，寶寶心跳嗶嗶的聲音，透過監視器傳達給我們，也響遍了整個房間。貝絲紅褐色的波浪狀頭髮紮成一個馬尾；沒有紮到的幾股髮絲和瀏海散落在她蒼白的臉上。她的雙眼緊閉，嘴巴則抿成一條淡紫色的細線。她低下頭看著左邊，每收縮一次就慢慢吐氣「嘶嘶嘶……」。她身上的病人罩衫被拉下來，蓋住她緊繃的大肚子，由於肚子上貼著兩個煎餅狀的胎兒心跳速率接收器與收縮次數監視器，罩衫不太平整。質料輕薄的罩衫被人不小心掀開一角，露出了細長捲曲的黑色陰毛，上面還有羊水乾掉的痕跡。我們有五個人在病房裡，貝絲是大家注目的焦點。她的先生坐在她身旁，子宮收縮的時候，她有時候會抓緊先生的手，指節則因為用力而泛白，手臂也因為使勁而顫抖。護士、護校生，還有我，坐在離她比較遠的左手邊，緊鄰著監視器，我們熱切地希望能滿足貝絲的需求，同時一邊記錄她的進展。在這個漫長的午後，我們一起等待貝絲寶寶的到來，等到光線也逐漸黯淡了下來。我突然想到，在努力的過程中，每個人都是孤獨的；在各自的等待中，大家都不知如何是好。

小寶寶終於在初冬傍晚的昏暗中降生。我站在貝絲的旁邊，拉住她的一條腿靠在我的臀側，她的先生抓住另一條腿，而貝絲則用力把腸道和子宮裡的東西擠到鋪著綠色墊子的產台上。羊水、鮮血與糞便刺鼻的氣味充滿了整個房間。奧莉薇亞的「初試啼聲」，劃破了緊繃的等待與痛苦。無比的喜悅立刻自我的內心湧現，甚至還差一點就飆出淚來。貝絲把她的第三個孩子以及大女兒擁在懷裡，欣喜之情溢於言表。

我在產房樓層待了三個星期的時間，這是我產科實習的一部分。產科病房位於醫院的頂樓，每一間產房都很大，裡面有一個小小的凹進去的地方是有窗子的。走廊的一邊是八號至十四號病房，向外看出去是醫院其他建築物不規則的灰色混凝土屋頂，但是另一邊的一號至七號房，向外則是可以看到秋天色彩繽紛的山坡和鄰近地區。我就看到許多當爸爸的，每當太太或女朋友的生產進入緊鑼密鼓的階段，就躲進那個凹處，讓耳根可以比較清靜，這讓我看了非常火大。那些男人只會坐在那裡，要不然就是睡覺，把陪伴太太渡過生產疼痛的任務全權交給護士。產床置於產房的中央，周圍則排了胎兒與母親的監視設備，以及點滴支架。近門的地方擺了一張嬰兒處理台，離產床大概只有幾英尺遠。台上墊著粉紅與藍色的毯子，上面附有一盞大燈，打開來可以做為新生兒保暖之用。每個嬰兒出生之前，桌上已擺好了尿布、棉質寶寶內衣，還有未染色的棉質套子，其中一端打結之後就可以當作迷你帽子來用。

我大部分的時間都待在產科病房中央的護理站。櫃台後面的牆上掛了一面大白板，上面登記了這個樓層所有孕婦生產的追蹤記錄。每位孕婦的病房號碼、姓名、懷孕幾週、生過幾胎、子宮頸開了幾指，全部都寫得一清二楚，然後在生產的過程中，資料還會陸續更新。每次交班的前後，住院醫師都會在護理站集合，討論每位孕婦的狀況，以及未來幾個小時可能的產程。

護理站的正對面有兩間手術室。所有的剖腹產，不管是事先安排或突發狀況，以及大部分的輸卵管結紮，都是在這兩間手術室裡進行。除了房間右邊靠牆處放了嬰兒處理台之外，基本上和醫院其他一般手術室沒什麼兩樣。

在實習期間，除了旁觀之外，我甚至要協助進行剖腹產手術，但我實在無法適應，因為不僅場面血腥，而且很難跟得上。第一部分進行得很快。產科醫師首先在陰毛上方橫切一刀，找到膀胱的位置之後，把腹直肌分向兩邊，然後抓出子宮來。醫師很快在子宮的底部切開一個洞，接著戴手套的手就伸進剛剛劃開的洞裡，把寶寶的頭拉出來，寶寶的身體也接著出來，然後醫師就會剪斷臍帶，把寶寶交給等在一旁的護士，接手進行清理、保暖、穿衣服的動作。胎盤出來之後，手術的善後工作可能還得花上一個小時。為了求快而切開的子宮開口，通常都很難修復，而持續的產後子宮出血會讓情況更加複雜。

進行剖腹產的媽媽都要接受脊椎麻醉，孕婦會保持清醒，可是對疼痛沒有感覺，因此可以參與整個生產的過程。在她們的橫隔膜上會放一片消毒過的綠色簾幕，擋住視線，免得她們看到醫師動刀劃開肚皮的場面。醫師劃開第一道切口後，當爸爸的可以進到開刀房來，坐在手術台前端、太太的身邊。很多爸爸進了開刀房，一看到這個場面就昏倒了，但是他們一般都還是會全程陪產。也有不少以此為傲的父親，用攝影機拍下了歷史性的一刻；這一刻對我而言通常有點恐怖。

我當班服務的那個月，看到許多寶寶的誕生；我甚至還親自碰到過幾個案例，因為寶寶衝得太快，連主治醫師都還沒來得及刷手進來呢。我特別喜歡艾芙琳的寶寶。她的生產是全家總動員，十二歲的女兒、先生，還有她的父母親，全體人員都在產房裡共襄盛舉。她的女兒覺得很無聊；她從早上考完一節英文之後，就被帶出學校，然後在產房一坐就是七個小時。她念出《少女》雜誌裡我們每個人的星座，適合怎樣打扮，以排遣等待的時光。結果她和我都是水瓶座。

「『你生命中那個特別的男孩，即將成為你的男朋友。』」她想了一下。「嗳，那一定是說你啦，因為根本不可能是我。」她說道。

我拉著她的手放在她媽媽的子宮上，讓她感覺子宮的收縮，跟她解說待會兒會發生的狀況；而當分娩即將開始時，我指出從陰唇間可以看到的第一撮頭髮，因為寶寶正緩緩穿過產道。

但是生產也有既痛苦又悲傷的。艾瑪莉十九歲，準備生第二胎。她一個月前有早產跡象，當時用藥物控制住子宮的收縮。不過，因為她不肯按時服藥，所以幾乎是每晚都到產房來報到。我遇到她的那一天，她很沮喪，因為才剛被社會服務部（Department of Social Service）盤問過。這個部門主要是負責調查出於疏忽或虐童的各種案件。她的三歲小女兒吃了她防止早產的藥物，因為她打開藥瓶後，蓋子沒關就隨手放在餐桌上。

「我不是壞媽媽。我不是故意要讓她拿到那些藥的，」艾瑪莉拉長聲調說著。「我才轉過身去一下子，她就拿到了。根本就是意外啊。」

這次當她察覺到自己真的要生了，便立刻打電話給她十八歲的男朋友：「寶貝，我要生了，寶貝！醫師說小孩快要出來了，寶貝！我很高興終於要見到他了。」

但是打完電話之後，她幾乎哭出來。「他不會來，」她告訴我。「他很害怕。我不懂他在害怕什麼。他以前來過啊。」最後，她的男朋友在剛過了午夜之後出現了。但三個小時之後，他們又得回家去。艾瑪莉這一次又拉錯了警報。

在實習的這一個月中，也有好幾樁荒謬的生產烏龍。有一天晚上，有個大噸位的海地孕婦到產科來生她的第五胎。接受了硬脊膜外腔麻醉之後，她抱怨著自己已經很累，實在生不出來，而且恨死了分娩的疼痛。她就是生不出來，她說。就在她的子宮頸全開，正該用力時，她卻放棄了。她夾緊雙腳，拒絕讓我們再做任何檢查，一心想把寶寶再塞回子宮裡。儘管我們和她的朋友在一旁不斷鼓勵她，最後忍不住還對她大吼大叫，但她就是拒絕用力把寶寶推出。結果寶寶是靠子宮自發性的收縮而脫困，因為她先前生了四胎，陰道組織已經鬆弛。她的身體很自然就順應著嬰兒的小身軀伸展開來。

產科是個很棒的專業，因為醫師照顧的都是年輕人，一般來說都是健康的婦女，而且處於生命中相當快樂的一個階段。然而，儘管有新生的喜悅，但我發現要在一旁觀看孕婦生產並不容易。亂糟糟又臭兮兮的分娩過程，讓我不敢領教。當產婦用力掙扎著要把寶寶從產道擠出來跟世界見面的同時，卻在產床上便溺的景象，實在嚇壞了我。分娩時出血量之大令人驚駭，而骨盆腔檢查次數之多也教人尷尬。

我對令人作嘔的生產過程會有這麼強烈的反應，有點出乎我的意料之外，這並不是我第一次經歷到身體功能運作時讓人不快的場景。我得定期執行直腸檢查；我要收集尿液去檢驗，看看是否受到感染；我要檢查痰液；我在創傷外科待了三個星期。以上這些經驗，對我而言似乎都很稀鬆平常，而不覺得憎惡。我怎麼會被產婦搞得這麼反感呢？

問題出在「否認」，這是我最後得到的結論。從醫需要有過人的否認能力。如果我時時刻刻都在擔心自己或家人有可能會得到病人罹患的疾病，那就根本無法在醫院裡生存下去。雖然大家常常取笑憂鬱症型的醫學生，說他們是每學一種病就「得」一種病，但是等到同學和我必須進到病房去時，其實大家都已經有相當的免疫力了。我們看盡老老少少，或病重或瀕死；我們看盡生龍活虎的人，因為一場意外而截肢或喪命，但我們還是得騎單車、開車或過馬路。當卡洛斯在買租賃保險時，保險員想向他推銷壽險，但卡洛斯說道：「壽險？我要壽險幹嘛？」這就是否認。

但看著孕婦生產，我就不能以否認來逃避了。我希望自己有一天會有小寶寶。到時我的處境會和眼前的這些孕婦一樣。當我一房接著一房站著等待寶寶的出生時，我不僅遵循著臨床的醫療程序，學習進行醫療決策，我還一邊評估哪一種狀況是我要的，哪一種是我不要的。一團糟的噁心景象令我深感困擾，因為我也會有臨盆的一天。

卡洛斯根本不理解我這種心理反應。「你在說什麼呀？」他對我說。「那是很自然的，有什麼好丟臉。」我想對身為男人的他來說當然不一樣。他心懷同情在一旁觀看，但不用擔心自己哪天也會身歷其境，當然不會有丟臉和不愉快的感受。

三年級時，我們持續每個星期上一次病醫課。課程內容不再是要動手的臨床教學，而是兩個小時針對醫療處置原則的課堂授課，之後還安排了小組討論。前兩年的時候，病醫課是我們授課的重點，但現在我們既然已經進入了病房工作，上課感覺起來就比較像是事後的檢討。某個星期二的下午，上完病醫課後，我和愛莉莎一起走路回家。她剛剛結束婦科的實習，於是我們就交換彼此的經驗。她的先生是高我們兩屆的哈佛醫學生，所以就某種程度上來說，他們的關係就有點像是卡洛斯和我的狀況。

「你知道嗎？我們也是這樣耶。我一點都不喜歡生產的過程。真的很噁心——全都是血水和羊水。有一天我在急診室裡，進來了一個女的，從病史聽起來，她好像才剛剛流產。當我問她是不是有排出任何血塊時，她指著檢查室角落地板上的黑色皮製手提袋，告訴我，她把流出來的東西收在一個小塑膠袋裡。我走過去放皮包的地方，伸手把塑膠袋拉出來，發現裡面有一個胎兒，大概長三英寸左右。我真是嚇壞了。但艾力斯的反應完全不同。他根本無法了解，婦產科到底有什麼會讓我嚇成這樣。我想問題就出在那跟他毫不相干，但對我而言，躺在產台上的卻很有可能就是我。」

從接觸這些婦女的經驗中，撤除否認的障礙，讓我進入到醫病關係中更私密的層次，這是我先前還未準備好要面對的。以前我們所接觸的，很單純就是生病的人，但現在突然間，我在這些女人身上看到了自己。

等實習到婦產科時，我已經過了三個月的醫院生活，新鮮感早已消磨殆盡。前三個月的外科實習既興奮又刺激，但是當深秋的蕭瑟抹去漫漫夏日的溫暖舒適時，我遭遇到新一波的自我懷疑，心裡再度不踏實起來。

第24章

治療性墮胎

當山姆開始測量胎兒的大小時，丹妮特悄悄轉過去看著螢幕上的影像。她鎮定的面龐閃過微微的顫動，一滴眼淚從她的眼睛滾了下來。我走過去握住她的手臂，想給她一點安慰。

在婦產科，行話當道。三個字母組成的縮語，主宰了所有的對話，你有可能看完一整篇記錄，卻看不見一個完整的字。某個女士可能需要一個TAH、LSO、BSO，或是TVH。另一位女士如果有CMT或D／C，那就可能是PID。或者她可能因為沒有SAB，所以可能需要D&C，之後她也許還能保有POCs。但愛麗絲、東妮和丹妮特都沒有這些狀況，他們需要TAB。

TAB的意思是「治療性墮胎」（therapeutic abortion）。這並不是我在婦科實習必須參與的部分，所以我特別請示住院醫師是否可以讓我列席。我花了好幾年的時間思考這個醫療處置，也與人爭辯，現在，我很想知道這到底是怎麼一回事。

做治療性墮胎需要兩天的時間。病人在星期二早上到婦女健康門診中心報到。她首先要和社工人員見面，討論終止妊娠的決定。社工會評估該名婦女對自我決定的接受程度，並確保她能夠獲得足夠的支持。社工也會詢問她有關未來避孕的計畫。病人接下來要去找護士，護士會記錄詳細的病史，並且向她解說整個程序。護士也會再次和她談論未來的避孕問題。最後，病人會和住院醫師見面，然後隔天早上，在主治醫師的監督下，進行墮胎手術。住院醫師從病人那裡取得知情同意書，然後放入數根小小的、牙籤狀的海草棒，一個晚上就可以讓子宮頸擴張，以便在動手術的時候，有空間可以放置抽吸管。一旦子宮頸開始擴張，病人就無法再改變心意了，因為胎兒已經無法存活。住院醫師也會依照病人門診時的要求，開立避孕的處方。隔天早上，病人就到門診手術中心，接受終止妊娠的手術。

東妮是個高挑的黑人女性，是那天早上名單上的第一個病人。我陪她到流程上的三個地方報到。東妮留著直直的短髮，在右邊太陽穴的地方夾了一個夾子。她穿了一件色彩鮮豔的黑、紅、白條紋相間的T恤，配上紅色的襪套，以及一雙黑色的及踝短靴。她二十四歲，剛好是我的年紀。

這是東妮第二次懷孕了。她已經有一個兒子，現年七歲，是和中學時的男友生的。

「我就是不想再生了，」她告訴社工人員。「當時我很年輕，又很天真。我想，好吧，反正我們彼此相愛。我們會結婚的。我以為到最後一切都可以解決。但是現在我比較成熟了。我向自己保證，除非結婚，否則絕對不再生小孩。你懂我意思？」

東妮對於終止妊娠覺得很矛盾。她的男朋友願意幫忙她養這個小孩，但是他說如果她選擇墮胎這條路，他也一樣支持。「你知道嗎？我真的很希望他能夠立場鮮明，因為這樣聽起來他好像一點都不在乎，真的。一切都是我的選擇。你懂我意思？」

「我有想過留下小孩，因為我男朋友沒有孩子，而且他很想要當爸爸。但我現在不想再生一個寶寶。我的錢只夠念完最後一年的大學，而我很想當律師。我知道如果現在把小孩生下來，我就得請更多假。而且我男朋友和我在一年之內，也許會決定要分道揚鑣各過各的。那到時候我該怎麼辦？我年輕的時候就發生過這種事。」東妮說道。

和社工人員見過面之後，東妮和我就到隔壁的辦公室去和護士珍妮絲會談。珍妮絲坐在辦公桌後面，而東妮和我則並肩坐著，和珍妮絲面對面。珍妮絲留著一頭金灰色的短髮，柔軟舒適的棉質衣服和紅通通的臉蛋，散發出一股能夠撫慰人心的氣息。她就事論事與不帶批判的態度，讓人覺得很有安全感、很有保障。儘管東妮對這樣的選擇覺得很矛盾，而且有點自慚形穢，但是對珍妮絲來說，這是很正常的例行公事。

我坐在東妮身邊，聽她陳述病史以及保險的相關訊息。當珍妮絲說明今天早上最後一場會面會是怎樣的情況，以及隔天早上幾點要報到時，我也陪著東妮一起留意。東妮提出了一些問題；珍妮絲回答了一部分，而其他的則留給住院醫師解決。

前一天我的月經才剛來。坐在辦公室的椅子上，和東妮肩並肩聽著珍妮絲說話的我，以前從來就沒有這麼敏銳地感覺到經血的溢流，這麼清楚地意識到繁殖潛能的功敗垂成。

終於，我們準備好和最後一站的住院醫師山姆見面了。到目前為止，大部分有關墮胎程序的問題都已經獲得解答。山姆把大致上相同的訊息又再重複了一遍，然後東妮就向他確認，自己已經準備好要接受這項手術了。接著，山姆就為她開避孕藥的處方，而東妮則簽署必要的同意書。於是，山姆和我就先行離開，讓東妮換衣服接受身體檢查。

當我們再度返回診間時，東妮已經脫掉鮮豔的衣服，穿著無領罩衫躺在檢查台上。我們準備進行陰道超音波檢查，以決定該用哪一種尺寸的工具來動手術。山姆啟動超音波機器，並把監視器調整為面向我們的方向。他拿起狹長細窄的探針，在黑色的頂端擠上綠色的凝膠。他打開一片橘色包裝的特洛伊保險套，然後順著探針頂端往下套。他把探針深入東妮的陰道，東妮有點不安，蠕動了一下。不到一會兒的功夫，螢幕上萬花筒般的陰影就聚焦成一個寶寶的形狀。寶寶在東妮的子宮裡活潑翻滾。當山姆轉動探針探測寶寶身形的大小時，我們發現在它的胸腔處出現閃爍的律動。

「那是心跳。」山姆小聲為我解釋。

當山姆專心一意看著螢幕，努力想要找出最適當的影像以取得最正確的訊息時，我注意到東妮拉長了脖子想要瞄一眼螢幕上的畫面。她靜靜躺著，看著這個不受歡迎的小生命在她的肚子裡扭動著伸展筋骨。我想山姆應該沒有注意到東妮在偷看。當她看著螢幕時，我看到一滴眼淚，從眼角倏地劃過臉頰一直滑落到耳朵裡。

當山姆和我完成東妮的檢查後，珍妮絲在走廊上等我們。她說下一個病人已經在等了。「對這個病人要小心一點，」她警告我們。「丹妮特十六歲，目前懷孕十六週。她有一個一歲的小寶寶在家裡，這是她第一次接受墮胎。」珍妮絲嘆氣道。「情況真是糟透了。」

我們在候診室裡見到了丹妮特。她一看到我們和珍妮絲在一起，便起身向我們走過來。她剛才一直坐在另一個黑人女孩的旁邊。她們兩個都穿著超大尺碼的法蘭絨格子襯衫，下擺放在大大的垮褲外。丹妮特美得驚人，她把頭髮向後梳，紮了一個短短的馬尾。她的褐色皮膚光滑細膩，五官十分細緻。她長得很高，沉著地在我們前面走向檢查室，而她所散發出來的平靜與高貴，是我在其他十六歲少女身上從未見過的。儘管有著天真無邪的美麗容顏，但她卻流露出曾經深受傷害後的自制與高傲。

丹妮特靜靜以三言兩語回答我們的問題。她已經從法定監護人那裡取得墮胎的同意書。她和阿姨以及一歲的女兒住在一起。她從第一個小孩出生之後，就沒有採取任何避孕方法。面談到一半，山姆被叫出去回應呼叫器。我和丹妮特單獨坐在這一方小小的斗室裡。我想要知道她的家庭狀況，了解一下接下來的二十四小時，她有什麼打算；我想知道她對自己的情況有些什麼感受；我希望能跟她有些互動，但是她拒絕了我所有的努力。

她還是把自己完全封閉起來，以最簡短的字句回答我的問題。她似乎已經決定任由命運擺布。

等到要照超音波以及塞入海草棒時，丹妮特很合作，沒有多囉唆一個字。她靜靜躺在檢查台上，十指相扣放在胸骨上。一條細細的金手鍊，垂掛在她的右手腕上，在手鍊的上方，有一道兩英寸長的渦狀疤痕，深淺不均的褐色，和其他部分的平滑肌膚形成明顯對比。她的深棕色眼睛定定地瞪著天花板看。我看到她拚命壓抑，故作鎮定地緊抿著雙唇，對自身的處境，明明很想大哭一場來發洩，卻極力抗拒。

山姆進行骨盆腔檢查。他指出泛藍的子宮頸讓我瞧一瞧，那是子宮擴張後靜脈充血的現象。他伸手觸摸開始在平坦的肚子下緩緩膨脹的子宮。也因為她的子宮已經脹大，所以山姆採用腹部超音波檢查，省去用陰道探針。十六週大的胎兒可以看得很清楚，和腹腔裡的其他陰影有明顯的區隔。心跳的陰影也不需要再多做解釋。當山姆開始測量胎兒的大小時，丹妮特悄悄轉過去看著螢幕上的影像。雖然小不點的胎兒很容易消失在陰影中，沒有經過訓練的人不太容易辨識，但是丹妮特的小寶寶卻很容易就認出來了。

這一次，山姆留意到她在偷瞄。「如果願意的話，你可以看著螢幕。有些人喜歡看著畫面，」他告訴她。「但是通常他們都會覺得很難過。反正，想看就看吧。」

丹妮特並沒有把頭轉開。她鎮定的面龐閃過微微的顫動，一滴眼淚從她的眼睛滾了下來。我走過去握住她有傷疤的那隻手臂，想給她一點安慰。雖然那隻被握住的手沒有縮回去或企圖抽走，但是也沒有任何回應。她的手臂在我的手指下無動於衷。我很快抽回我的手，走回檢查台尾端的山姆身邊。

因為胎兒很大，所以丹妮特需要更多海草棒，讓大一點的工具可以進入。我看著她極力想要讓自己看起來面無表情，但是每當放進什麼器具而引發痙攣時，她的臉就會揪成一團。當檢查終於結束時，她立刻起身躍下檢查台，顯然如釋重負。她又換回寬大的衣褲，然後靜靜離開診間。

愛麗絲是那天早上的最後一位病人。山姆和我在檢查室外面的走廊上看著她的病歷。三十八歲的她，已經懷孕過十二次，生了五個孩子，而且做過六次治療性墮胎。從最後一次的月經週期看來，據估計她已經懷孕八週了。「我們可以談談輸卵管結紮嗎？」山姆以開玩笑的口吻提起手術避孕的做法。

愛麗絲是個肥胖的西班牙裔婦女，皮膚是暗褐色的。她那頭染成金黃色的超捲頭髮，蓬蓬撐在那兒，厚厚的嘴唇上塗了一層亮粉紅色的口紅，而且還不時張開，隱約露出一排灰色的牙齒。她穿了一件藏青色連帽長袖運動衫，和一條緊得不能再緊的牛仔褲。她的鼻子和眼睛因為剛哭過而有點紅紅的。愛麗絲已經知道整個流程。她毫不掩飾心情，用有點顫抖的聲音，爽快回答了所有的問題。她簽署了必要的文件，很快換好衣服。

當我們回來時，她坐在檢查台邊上，身上穿著醫院的罩衫，腳上穿著球鞋和短筒襪，在腿肚那兒還有三條紅色條紋。

「我需要脫掉鞋襪嗎？」她問道。

脫掉鞋子之後，我們幫她把穿著襪子的雙腳挪到檢查台的腳鐙上。當我們要她放鬆，以便放入超音波探針時，她的膝蓋不停發抖。山姆忙著確認胎兒的妊娠週數，愛麗絲則把視線從螢幕上移開。當山姆開始放入海草棒時，愛麗絲突然顫抖著啜泣了起來。她的大腿內側和陰脣都隨著她的抽噎而在晃動。

確定她不是因為檢查的動作引起疼痛，山姆安慰她說：「我知道這並不容易，但是請稍微忍耐一下。馬上就好了。」

我遞了面紙盒給她。山姆必須等到每一次啜泣平息之後，再放入另一根海草棒。整個程序終於結束了。愛麗絲坐起身來，現在她的眼睛、鼻子整個都紅咚咚的，手裡還捏著擦眼淚的濕面紙。

「今天到明天你都沒問題吧？」山姆問。她表示沒問題。

「今天有人陪妳來嗎？」山姆問道。她說只有自己一個人，但是打電話之後，她的男朋友會過來接她。就這樣，愛麗絲又塞進那一條緊身牛仔褲裡，穿好運動衫後，就離開了診間。

隔天早上，等我到達門診手術區時，愛麗絲已經換好罩衫，躺在等待室的推床上等著動手術。她的眼睛和鼻子還是看得出剛哭過，而那一頭超級捲髮，把進開刀房得戴上的手術帽撐得蓬蓬的。今天倒沒有塗上粉紅色的口紅。

愛麗絲立刻認出我來。山姆在我之後很快就到了，然後又解釋了一次早上的流程。她一邊聽著，眼淚又一邊不聽使喚從盈滿的眼眶滾出來。然後就換我上場，開始為她打點滴。山姆出去找主治醫師艾利特。雖然我已經很熟悉打點滴的插針步驟，可是到底還是經驗不足。我擔心一個失誤就可能會加深她原本就已經非常焦慮的情緒，我也怕她太胖了，靜脈不容易找到。

我把橡皮止血帶緊緊纏住她的上臂，然後很高興看到她的手上出現了一條又粗又直的靜脈。我用酒精棉消毒了她的手，接著竟然很輕鬆愉快就把注射導管接上了靜脈，真是讓我鬆了一口氣。我幫她接上點滴瓶，然後看著輸液順利流進了她的手臂。我在幫愛麗絲插針打點滴的過程中不斷和她講話，於是她慢慢冷靜下來。淚汪汪的褐色雙眸也不再動不動就淚如雨下。

我們還在等著山姆和艾利特醫師一起回來，於是我就問她早上過得好不好。愛麗絲突然大哭了起來。「我男朋友今天早上連提都不跟我提這件事。感覺上就像那是我一個人的事，我得自己面對。他連一個字都沒說。今天早上他只把我載到這裡來，然後告訴我，如果晚一點打電話給他，也許他可以來接我。」她的臉上滿是憤怒的淚水。我伸手抱住她顫抖的肩膀。

「很遺憾你的男朋友沒有多體諒你一點。」我說道。

然後艾利特醫師終於來了。「別哭了，不會有問題的。」他告訴她。

我繼續摟著她的肩膀。愛麗絲說她準備好了，於是我們就把她的推床推到開刀房去。在半途中，她停止了哭泣，只是在我們到了開刀房時，說話還有點鼻音。護士讓她躺在狹窄的手術台上，同時把她的腳移到腳鐙上。艾利特醫師遞了一副手套和一包潤滑油給我，叫我把前一天早上放進去的海草棒拿出來。

「愛麗絲，你會感覺到我的手指在觸摸你，」我對她說。我摸著她的大腿內側。「我必須把昨天放進去的海草棒拿出來，」我告訴她。我把手伸進她的陰道裡尋找海草棒，很快就拿了出來。

當艾利特醫師和山姆準備著必要的工具，並裝設抽引機時，我走到旁邊的桌子去看愛麗絲的病歷。

「羅絲曼醫師……羅絲曼醫師……艾倫？」我終於發現有人在對我說話。有一位護士叫我過去。

「她希望你不要離開她身邊。」我回到手術台的前端。一塊藍色消毒過的簾幕，把愛麗絲的頭和手臂與身體其他部分隔離開來。

「我很怕你會離開我。」愛麗絲說道。

「不會，我哪兒也不去。」我告訴她。我伸出手去摸她，她的手向外伸展，就像躺在十字架上一樣，於是她緊緊抓住我的手。「他們現在準備要開始了，你一定不會有問題的。」我告訴她。

「幾分鐘後，你會聽到有一部機器發出很大的聲響。這你不用擔心。」護士說道。

艾利特醫師啟動抽引機，整個房間都是機器嚕嚕嚕的巨大聲響，還有空氣透過塑膠管抽吸的聲音。艾利特從愛麗絲的陰道，把抽吸管放入她的子宮裡。愛麗絲又開始哭了。山姆關掉機器外面的開關，機器喘了幾聲，山姆開始抽吸愛麗絲子宮裡的東西。

「沒關係的，愛麗絲。不會有問題的。」我告訴她。

「而且不需要很久。」護士補充道。

每當山姆打開開關時，抽引機就會發出呼嘯聲。然後他又把它關掉，繼續進行子宮抽吸的動作。又過了幾分鐘，山姆大功告成。艾利特醫師把機器關掉。山姆和艾利特醫師評估她子宮的狀態。

「我們做完了。」艾利特醫師向手術台的這一邊傳話。

當護士忙著整理，準備將愛麗絲送到恢復室時，醫師派山姆和我到外面去「漂膜」。我答應愛麗絲晚一點會到恢復室看她。

抽引機抽出了幾盎司的血水和組織。艾利特醫師用一隻亞麻色鬆垮垮的針織襪，來過濾愛麗絲子宮裡抽出來的東西。山姆和我拿著兜在襪子裡無法辨識的塊狀組織，走到走廊上的水槽去。我把襪子打開，讓山姆拿水澆下去，沖到水槽裡的是一片粉紅色。

「我們得把所有的血跡洗掉。」他向我解釋道。當他滿意了之後，我在一個乾淨的塑膠桶裡裝滿水，然後他就把濕答答的組織塊倒進去。大部分紅色的組織都沉到桶子的底部。但是有一層薄薄的粉紅色圓形薄膜組織，還靜靜漂在水裡，讓我想起了水母的樣子。

「那是羊膜囊，」山姆解釋。「我們一定要看到羊膜囊，這樣才能確定我們確實終止了妊娠。」

滿意了之後，山姆把水桶的液體又倒進襪子裡過濾，然後把那些組織收走。他把那些東西交給艾利特醫師，很有可能是要丟棄的，然後又派我到外面的等候區去，為下一位病人打點滴。

十六歲的丹妮特出現在等候區，她坐在有輪子的藍色躺椅上。她已經換好醫院的罩衫，但是還沒有戴上藍色的手術帽。她獨自一個人坐等整個程序的開始。我問候她情況如何。

「很好。」她說。

「早上過得如何？」當我在準備打點滴的器材時，隨口問了她。

「很好。」她又說。

我問她以前有沒有打過點滴。

「你是說除了生第一胎的時候嗎？」她問道。

我很快把橡膠止血帶綁在她的手臂上，然後尋找適當的血管。我在她的手腕上找到一條。我注入了少量的lidocaine，然後正當我把針刺進血管時，艾利特醫師和山姆走到我的背後。

「你為什麼選那條血管？你看這裡還有很多大條的啊。」他指著手肘的地方。我很快找到那一條血管，可是當我想要把導管插進血管時，卻遇到了阻礙。

「這樣不對！」艾利特醫師大吼。「看哪，這條血管報銷了！拔出來！」

我把導管拉出來。

「不對，不是那樣啦！你這樣會讓她出現血腫的！看吧，現在出現血腫了吧！」他咆哮著。

丹妮特用另外一隻可以活動的手遮住了雙眼。山姆則拿了一團紗布衝過來壓住傷口。我們三個人都圍在丹妮特的椅子旁邊。我的手裡還握著針，當我急著想要把它拔出來讓出空間時，還差一點戳到拿著紗布過來的山姆。最後，我們三個人各自選擇了一項工作。我把紗布塊用膠布貼好，而艾利特醫師則迅速確實把點滴打進了他所希望的手肘血管。

我很氣艾利特醫師在丹妮特面前對我大吼大叫。我並不特別在意遭到羞辱，但我很擔心丹妮特會怎麼看待這個意外。我很確定她根本不知道所謂「血腫」就是淤青，她一定受到了驚嚇，認為我對她所做的某件事引起了這麼一場軒然大波。點滴打不好，雖然對病人來說不是個愉快的經驗，但也不是什麼天崩地裂的事。從最沒有經驗的醫學生到最有經驗的護士，每個人都碰過這種事。但這一次的點滴事件，一定對丹妮特造成了心靈創傷。要動這個手術本來情緒上就難以平復了，現在又加上一個很不愉快的序幕。

我們把坐在躺椅上的丹妮特推到開刀房去。到了開刀房時，她自己從椅子上站起來，躺在狹窄的手術台上。雖然她想雙手交疊放在肚子上，但護士把她的手臂拉開，像躺在十字架上一樣，然後把她的腳放到腳鐙上。艾利特醫師把手套和潤滑油交給我，叫我把海草棒拿出來。發生過點滴事件之後，我覺得要再碰丹妮特令我很不自在，但是我順利把海草棒取出來了。丹妮特躺在手術台上，嘴唇不時抽動，她非常勇敢，拚命保持鎮定。但是一等到艾利特醫師啟動抽引機時，她忍不住啜泣起來。

「你會痛嗎？」護士問她。

「我很害怕！」丹妮特嗚咽回答，然後就像個小女孩一樣放聲哭了起來。

我跟著艾利特醫師和山姆站在手術台尾端。山姆在放入鴨嘴鏡察看子宮頸之後，又連續放進了幾根金屬棒，每一根都比前一根大上幾毫米，以確保丹妮特的子宮頸擴張得夠大，可以讓抽吸管順利進入。當山姆和艾利特醫師都感到滿意之後，山姆就把抽吸管放進去，然後艾利特醫師就打開抽引機。起初，管子裡都是清澈的液體。

「那是羊水。」山姆告訴我。不到幾秒鐘的時間，透明的液體就轉為紅色。又過了一會兒，抽吸的過程就遭遇阻力。

「拿碎骨器來，把頭蓋骨敲碎，」艾利特醫師告訴他。山姆拿抽吸管，然後拿著碎骨器（一把長長的金屬工具）在丹妮特的子宮裡攪動。他把胎兒的頭骨敲碎，接著把軟骨一塊一塊挑出來。然後，山姆又放入抽吸管，繼續完成清除丹妮特子宮內容物的任務。

「你怎麼知道頭骨會在那裡？」山姆問道。

「因為我從管子裡看到白色的腦髓。」艾利特醫師回答。又過了一陣子，機器完成任務。艾利特醫師關掉機器，山姆拿起刮匙徹底清理丹妮特的子宮內壁，以確保沒有東西留在裡面。這一次我們不需要漂洗羊膜囊，因為已經看到羊水，證明羊膜囊確實破裂。

之後，護士幫丹妮特穿上衛生棉和網褲。她還頻頻吸著鼻涕，自己站了起來，又坐到活動躺椅上。山姆和我把她推到恢復室去。經過恢復室的時候，我朝著愛麗絲揮手。愛麗絲自己一個人坐在另一張躺椅上，她也朝著我微笑揮揮手。我們把丹妮特送到護理站另外一邊的通道，然後又衝回去等候區去接下一位病人。

當山姆和我回到等候區時，二十四歲的黑人女孩東妮，正坐在藍色的活動躺椅上等著我們。她也是自己一個人。山姆先離開去處理一些事情，於是我決定要等艾特利醫師來打點滴。我很想要知道東妮在過去的二十四小時過得如何。她說她的男朋友一直對她很好。他今天早上載她過來，而且打算手術過後要來接她回去。稍早的時候，她覺得有點緊張，但是卻很想趕快把手術解決掉。

艾利特醫師和山姆很快就回來了，而且艾利特醫師輕而易舉就把點滴搞定。我們把東妮推到開刀房去。她很快躺到手術台上，並且在護士的協助下把腳跨在腳鐙上。我動手把海草棒取出來；山姆把抽吸管放進去。艾利特醫師把機器打開時，東妮靜靜躺著，接著機器熟悉的嚕嚕聲以及抽吸的聲響，便充斥著整個房間。

幾分鐘之內，抽吸的部分便完成了。東妮還靜靜躺著，而山姆則拿著刮匙深入子宮，以確保裡面所有的東西都已經拿乾淨。

「你想要感覺一下嗎？」山姆問我。

我和他換位置，他抓著我的手，為我示範拿著刮匙刮抹子宮內壁，需要刮多遠，或者多用力。我感覺到子宮抽吸過後粗粗的感覺，就像拿著湯匙在粗糙的砂紙上摩擦一樣。

當護士協助東妮穿上衛生棉和網褲時，艾利特醫師、山姆和我在一旁檢查我們從抽引機裡拿出來的組織。艾利特醫師把那些組織攤在一個紙托盤上。我們可以很清楚辨識出胎兒的各個部位。

「這個是胸廓，這裡有一條手臂，」艾利特醫師說道。「這裡還有一條腿。」東一片西一塊的組織，顏色和質感看起來都像是我小時候玩的那種塑膠芭比娃娃。

「不要不好意思。你可以摸摸看。」艾利特醫師對我說。

我伸出戴上手套的手，摸了一下迷你小肋骨和超級小手臂。我看到了一小段脖子，那是我以前從來沒有注意過的。我還伸手摸了摸躺在一旁的小腳掌。

把東妮送到恢復室之後，我們又回去探視愛麗絲與丹妮特。愛麗絲已經離開了，丹妮特則還是孤零零坐在椅子上休息。她覺得很好，她告訴我們。

第25章

White Coat

淒風苦雨的病房

我站在主刀醫生身邊，一直問問題，像是「這就是腔靜脈嗎？」或是「那裡切開的是什麼？」後來住院總醫師對我說：「下次如果想不出什麼好問題的話，就閉上你的嘴！」

「我完全被打敗了。」喬治說。喬治是回來進行第一輪實習的醫學博士生，他離開臨床領域的六年期間都在做研究。他拚命想要撿回醫學院前兩年所學到的臨床醫學知識，以及基本的醫療技巧。他覺得在病房裡很沒有安全感。

有一天，喬治挑了一個跟著某位實習主任的病人，他以為這位主任會有興趣教他，不過這種事很少會發生在忙碌的主治醫師身上。「我刷手進去看生產的過程，當主任在縫合剪開的外陰部時，他端出了大會考的菜單，拷問我會陰部所有的肌肉、神經分布狀況，還有血液供應情形。當然，我一樣也不記得。然後，他就對我說：『如果你連解剖結構都不清楚，還敢想刷手進到開刀房來看病人生產？如果你連神經怎麼分布都沒有概念，你還敢想動手縫線？』然後，他叫我打一個結，我實在搞不懂，於是在該打左手結的地方，我打了個右手結，所以他就又吼了我一陣。他說：『很明顯嘛！你根本沒有照我教的方法去練習打結！你根本不配進到開刀房來照顧這位病人！』」

喬治被這樣的評語打擊得快要崩潰。「幸好我的自我意識夠強，才沒有完全垮掉，但這件事讓我對產科很反感。這幾天我都躲起來看書。這跟以前有人教我們打結不一樣。我從書本裡自己學，然後在家裡拿線自己練習，不過跟在真人身上把縫線打結的感覺還是有差。而且，有史以來，從沒有人讓我們在病人身上打過結。如果從來就沒有動手的機會，我們又怎麼能夠做得好呢？反正，他那樣罵我，我什麼也不能做嘛，只好乾瞪眼了。」

艾力克也有類似的經驗，他是四年級的訪問學生，目前正在進行產科進階實習。他的實習是所謂的訪視實習。他計畫將來要專攻婦產科，所以希望到波士頓來進行住院醫師訓練，趁機看看醫院的狀況，順便也讓負責住院醫師訓練的主任認識他。

「我參與的這次接生，簡直就是淒慘無比，」他跟喬治和我說他的第一次接生經驗。「我甚至不知道我得去接這個病人，因為大家都搞不清楚她到底是哪一班要接的。等我進去時，她都快要生了。主治醫師已經在裡面，然後他叫我去刷手，並且要我自己一個人接生。可是我只有在九個月前實習的時候看過一次自然產而已，所以一點把握都沒有，他氣得要命，但還是叫我去刷手，然後我沒有戴手術帽，他又把我罵了一頓，叫我去拿一頂，可是我怎麼找也找不到。所以我得離開手術房到外面去找一頂，等我回來時，病人已經生了，而我還在刷手。後來，他告訴我：『我永遠不再和你動同一台刀了。』這件事簡直就是慘斃了，我自己都不敢相信。不過我真的沒辦法替那個人接生。你也知道的啊，已經過了九個月咧。」

我們看著板子上所列出的病人和醫師的資料，想要看看到底是哪個主治醫師吼了他。「等等，你是在八號房嗎？」喬治問他。「他是婦產科主任啊！」

「喔，我的天哪。我毀了。我真不敢相信，我竟然搞砸了。」

對醫學生來說，應付醫院有時候實在很棘手。在大部分的實習中，因為我們的基本技能不足，對照顧病人幾乎沒什麼貢獻，有時候甚至還有反效果。主治醫師和住院醫師都有時間的壓力，所以有時候會很討厭擔了這個教育我們的責任，他們離開念醫學院的日子太久了，常常會忘記自己剛接觸臨床世界的第一年，腦袋裡的知識有多淺薄。我們在一科又一科短暫停留，囫圇吞棗塞進重要的訊息，勉力弄懂基本的問題、檢查以及數據，同時還要解讀大家對我們的期望。等我們好不容易掌握了足夠的訊息，可以很自在又有自信面對某科的實習時，我們又得換到下一科去，那又是一個完全陌生的領域。

某天下午上病醫課時，愛莉莎提供了急診部某位主治醫師的建議，教大家如何處理被咆哮的場面。「這就像在波士頓開車一樣。你困在車陣中，然後排在你後面的那一部車不斷按喇叭。他們就一直按一直按一直按，根本沒什麼理由。那是他們發洩內心極度沮喪與潛在憤怒的一個表達方式，他們無法克制自己。你知道你並沒有犯錯。你只能聽著喇叭聲，就這麼讓它過去。也就是，如果有人對你劈頭大罵，就當作你陷在車陣中，有人猛按喇叭。」她勸告大家。

沒錯，我心想。唯一的差別是，當我困在車陣裡，我知道我跟後面猛按喇叭的人，一樣了解交通規則。但是在病房裡，什麼是什麼，我完全不了解。而被臭罵一頓更印證了我最大的恐懼：我的所知有限，在臨床天地裡起不了什麼作用。

我有一個同學萊絲麗受夠了她的住院總醫師，她有恫嚇醫學生與實習醫師的習慣。萊絲麗性格堅毅，有副大嗓門和不太秀氣的笑聲。她很有趣，而且很喜歡笑，但如果生起氣來，就絕對不會善罷干休。有一天早上巡房的時候，住院總醫師問了一個她幾分鐘前才剛說過的問題。萊絲麗答不出來，結果惹毛了住院總醫師。「我最恨的就是這樣了，我說話的時候不好好聽！氣死我了！你竟敢不聽我講！」

萊絲麗轉向她說：「我有聽啊！」她說：「我只是覺得不重要，根本不需要記啊。」後來，萊絲麗告訴我：「我看到我的成績就這麼蒸發掉了。可是當時我根本不在乎，實在是氣炸了。」

保羅是婦科的一位住院總醫師，他讓我覺得自己很蠢，只要碰上他，我就只會說一些很笨的事，簡直像設定好了一樣，屢試不爽。他會問我之前我已經回答過無數次的問題，可是只要他一開口問，我的腦子就一片空白。我知道這有一部分是自己的錯：我天生臉皮薄，而且老把批評指責放在心上。我把他的意見看得太重了。

保羅是個亞裔的大個子，戴著時髦的小橢圓形無框眼鏡。不過我卻沒見過他有其他打扮，都是千篇一律皺巴巴的藍色手術衣，加上一雙用膠帶黏住的破爛塑膠拖鞋。他對我並沒有特別粗暴無禮，但總是把我擱到一邊置之不理，讓我覺得完全不被重視。

就在當班的第二個下午，我在走廊上遇到了保羅。當他告訴我他正要去看下午的門診時，我問他可不可以跟他去。

「這樣啊，」他說，「可是我比較喜歡事先告訴我。」

「如果今天不方便，那下次好了。」我說。

「不是啦，我想今天也可以。通常，我喜歡至少二十四小時前就先通知我，不過，今天我可以破個例。」然後他就轉身走開。我以為他是要去門診，於是就跟在他後面，因為我不知道門診在哪裡。我跟著他沿著走廊走，接著又爬了一段階梯，然後他突然轉過身來問我：「艾倫，你為什麼跟著我到處走？」

「我以為你要去看門診。」我結結巴巴地回答。

「還沒有。」然後他就加快腳步把我甩掉了。

有一天早上，我和保羅以及一位主治醫師在開刀房裡。我看著他們把病人發生病變的卵巢摘掉。當保羅和主治醫師正準備要切開錐狀肌時，我就知道他要出招了。

「那麼，艾倫，你可以告訴我，現在我切開的是哪一條肌肉嗎？」保羅問我。我很清楚這條肌肉，因為這是醫學生在開刀房裡的必考題。但是當保羅問我的那一剎那，我的腦筋卻是一片空白。

「我知道是哪一條，而且我知道是P開頭的字，可是就是突然想不起來全名。」我說道。

「想想埃及。」主治醫師給我提示。

我更糊塗了。埃及有什麼？這條肌肉和埃及之間能有什麼關連呢？我的思緒不停奔竄。

「現在我真的答不出來。我知道那條肌肉，可是就是一時說不出來。」最後我說道。

「錐狀肌（編按：錐狀肌是pyramidalis，而埃及以金字塔pyramid聞名），」保羅說道。「是錐狀肌啦。」

是啊。

在醫院裡，同學和我常常被拷問對臨床醫藥以及病理原理的領會。有時候，他們會直接以病例來測驗我們，當然這些病人是我們一定要了解的，但更多的時候，他們完全不按牌理出牌，讓人根本無從準備起。「挨電」雖然不是我們置身病房中最難以面對的部分，但也夠把人逼瘋了。不過，我很快就習慣了這種隨時會被盤問的工作形態，並且把進入臨床之前，我本來可能有的羞恥心全拋到九霄雲外。我脫口而出「不知道」的經驗愈來愈豐富，也漸漸學著原諒自己在知識上的巨大斷層。然而，雖然我假裝心態良好，但總有些時候對自己的失誤無法釋懷。有時候我認為自己應該知道答案才對啊；而又有些時候，我會因為本來知道的答案，到了節骨眼兒卻忘得一乾二淨，覺得非常懊惱。更慘的是，有時候我真的知道正確答案，可是很怕說錯，於是就選擇用「不知道」來交差。

卡洛斯在神經外科的第一天，手術進行中被詰問解剖結構，但因為他根本不熟習基本的手術程序，唯一的答案只有「不知道」。

「在背部遇到的第一條韌帶是哪一條？」

「我不知道。」

「這是哪一條韌帶？」

「我不知道吧？」

「知道，你知道的。是黃色的。」

「不，我還是不知道。」

「黃韌帶。」

最後，站在他身旁的住院醫師忍不住傳授他訣竅：「你不應該一直說不知道。即使明知是錯的，你也要猜一猜啊。」

後來在開另外一台刀的時候，有一位住院醫師很同情卡洛斯。當外科醫師提問題時，他就站到卡洛斯後面，偷偷告訴他答案。

雖然應要求說出正確答案並不容易，但到目前為止，比較大的挑戰應該算是要猜透別人對你的期許。大家對我們總是有各式各樣的要求，不過大都只給個輪廓，實際內容卻不清不楚。一個好的醫學生就是要能夠解讀這些沒有白紙黑字寫下來的條目，符合期望地去執行任務，然後在獲得最少的提示與引發最低程度責難的情況下，吸收到必要的訊息。

當我開始在婦產科實習時，瑞努則是到外科去實習。已經在她那一家醫院結束外科實習的其他同學，都很討厭那裡的經驗，覺得那裡的外科住院醫師都很難相處。雖然有此警告，但瑞努還是奮鬥得很辛苦。每個星期在病醫課的小組討論裡，她都一把鼻涕一把眼淚陳述一樁樁的恐怖經驗。

「我第一天因為生病，錯過了新生講習，所以第二天就直接跑到外科去，」十月初有一天瑞努告訴我們。「我不知道會碰到什麼手術，所以根本無從準備起。我真的很喜歡待在開刀房裡。我就站在主刀醫生身邊，因為我很有興趣，所以就一直問問題，像是『喔，這就是腔靜脈嗎？』或是『那裡切開的是什麼？』等等之類的。主刀醫師看起來好像也不在乎。後來，也在現場的住院總醫師走到我旁邊對我說：『下次如果想不出什麼好問題的話，就閉上你的嘴！』我難過得不得了。我的意思是說，我哪裡可能事先知道會看到什麼手術呢！」

「噯，你只要了解外科醫師希望你能安安靜靜在一邊看就好了，」愛莉莎說道。「我向來都不開口。在整個實習過程中，我可能只會在一個手術裡問一個問題。即使外科醫師談的是上個星期的高爾夫球賽，或其他聽起來完全不相干的事，不過你可能不了解，事實上他們是絕對專注的，而你的問題反而是一種干擾。而說到這些外科醫師啊，他們認為你在走進那一扇門之前，應該早就要對病人的情況以及手術程序瞭若指掌。他們指望你一被問到，馬上就能夠寫出病人的完整病史。你要是不清楚病人或是手術過程的每個細節，那你根本就不配站在開刀房裡。」

要適應開刀房裡涇渭分明的層級關係，對瑞努而言的確很難，但愛莉莎似乎又把這種行事準則看得太嚴重了一點。我冷眼旁觀愛莉莎認真想要幫助瑞努了解如何才能安然渡過實習，心想，她們倆都有點被誤導了。每次實習開始之前，科主任都會和大家見面，並且列出各種規定。這些規定包括了我們應該要涉獵哪些議題、他們希望大家學到哪些醫療程序，以及期末考占總成績的百分比有多高等等，可是從來就沒有人告訴我們該如何應對進退：不論是開始選課時遇到的主任，各醫療小組的住院醫師或主治醫師，還是學長姊。沒人教過我們。而且不管我們有多努力，總是得經歷一段錯誤百出的陣痛期。

隨著外科實習的日子一天天過去，瑞努的命運也變得愈來愈悲慘。她開始嚴肅質疑自己走上行醫之路是否正確。到了實習的倒數第二週，她來上病醫課，可是只是為了告訴我們她打算要離開。她說她週末過得實在糟透了。她沮喪得不得了，她先生非常擔心，卻又束手無策，只好送她去醫院。在醫院渡過週末後，她決定要請病假。她會回來嗎？我們問她。

瑞努看著我們，一雙深邃的褐色眼睛閃爍著淚光。「我不知道。」

很諷刺的一點是，通常讓我們在實習當中最挨不下去的，並不是臨床的醫療人員，反倒是同一梯實習的同學。成績左右了一切，特別是在我們想要爭取的住院醫師專科實習期間。成績好壞是相對的，我們必須一直維持比同儕的表現要好，才能掙得最高的成績。在外科實習期間，某個醫院的課程大綱上寫著，醫學生每四個晚上要輪班一次。但是，從來就沒有半個行政人員提過任何有關輪值表的問題，而是完全留待醫學生自己去發現。

愛莉莎是三個月的實習中，第一個到外科病房服務的人。她不是按照醫院的規定每四天輪值一次，而是每隔一天就值班一次，把自己累死。每次完成下班巡房，結束三十六小時的工作之後，她就回家一個晚上，然後隔天早上又到醫院去，開始另一個三十六小時的循環工作天，當然連週末也包括在內。當愛莉莎完成了當月的病房服務之後，下一個接手的同學傑瑞，就被迫得遵循相同的輪值模式。「要不然他們可能會認為我不行。」他說道。

傑瑞年紀比較大，家有幼兒與懷孕的太太。卡洛斯常常在深夜的值班室裡碰到傑瑞，而且病人通常都沒什麼狀況。但是傑瑞還是得夜夜坐在那裡，只為了遵守隔天輪值的先例，而且還要看起來跟愛莉莎一樣充滿熱忱。

喬治是接在愛莉莎與傑瑞後面輪值的第三個人，眼看情況發展到這種地步，惶恐不已。「喔，天哪，我毀了。」

他也覺得自己非隔天輪值一次不可。兩輪下來就累斃了，完全撐不下去，只好改成每三天輪值一次。

在急診部門，醫學生的工作時間是連續上班二十四小時之後，休息二十四小時。愛莉莎依舊上緊了發條。在二十四小時休息的時間裡，她跑到開刀房，刷手進去參與額外的實習。

神經科實習比較輕鬆，有幾位實習中的同學不約而同抱怨，有位四年級的同學每三個晚上就輪值一次，但那一科的實習根本就不要求醫學生值夜班。他們對於他的積極作為非常傷腦筋，因為擔心相較之下，醫療人員會認為其他醫學生懶惰敷衍，或更慘一點，會進一步要求他們比照辦理。

「你知道嗎？我根本不在乎，」梅莉莎告訴我。「我不在乎他們怎麼看我，因為我根本不是想值夜班。我只是該上班就上班，然後盡本分去注意病人的狀況，想回家的時候就回家。」

後來他們才發現，那個自動爭取值夜班的同學，正是愛莉莎的先生。

「為什麼我一點都不驚訝呢？」梅莉莎還問我。

把大量的時間花在醫院裡不是個好兆頭。一旦你身在醫院，很容易會忘記還有其他的世界存在。全副心思都擺在病人身上，我發現時間過得很快。但朝五晚七的作息時間，偶爾還是會讓我有點受不了。

除了時間長了一點之外，其實值班的夜晚我還滿自得其樂的。我喜歡醫院晚上的節奏。走廊上燈光昏暗，所有的訪客全部消失。不用當班的主治醫師和工作人員，全都在家把握片刻的休息時間，然後隔天一大早就又回到醫院來。一股寧靜的氣氛籠罩著醫院。此時的實習醫師和住院醫師時間的壓力比較小，所以我可以享有額外的經驗傳承。

在醫院裡，我覺得最難熬的時段，就是當班隔天早上起床的時候，一睜開眼睛，看到的盡是陌生的床與陌生的地方。身上的衣服已經穿了二十四小時；我的睡眠不足，而且從前一天早上起，就沒有踏出醫院一步過。我知道這一天會很漫長。我掙扎著準備進行巡房，心裡真是鬱卒到了極點。可是一旦開始接觸病人或巡房，一天的生活就又動了起來。到了下午，我已經開始準備回家了。

週末值班是最慘的。星期六、日不像平常有固定的工作，對於鬆散的漫漫長日，我簡直就受不了。我在醫院最糟的經驗，就是有一次在婦科實習時，從星期六值班到星期日，我在醫院待了二十四個小時，結果從頭到尾只看了兩個病人。到了午餐時，我的眼淚幾乎要奪眶而出。幸好卡洛斯到醫院的餐廳來為我加油打氣。那兩個小時都耗在餐廳裡，我邊哭邊吃我那袋動物造型餅乾。我什麼都不想，只想回家。

第26章

小兒科

有些父母想要保護小孩子，不讓他們接受診斷。身為醫療照顧者，我們必須和父母連成一氣保持沉默，但這卻會加深小朋友「這種病見不得人」的感覺，讓他們無法公開討論心中的恐懼。

我喜歡小朋友，喜歡他們提出的問題，喜歡有關小朋友的議題，也喜歡他們的父母。這並不是說我喜歡每一個病人或每一位家長，只是說我喜歡照顧小朋友而已。我並沒有想到自己會這麼喜歡小兒科。雖然我一向都很喜歡小朋友，但卻從來沒有想過在醫療的場景下，與他們交手會是怎樣的情況。

我是在一家醫學中心進行小兒科實習的，那裡有加護病房與相關設備，為嚴重的創傷病人提供醫療照顧。在這家醫院裡，許多小孩子都罹患了嚴重的慢性疾病，且病情複雜。

我看到有的小孩一出生，神經系統就受到損傷，也就是所謂的智障兼腦性麻痺。他們因為腦性麻痺導致肌肉緊縮，身體會呈現扭曲的樣子；而且因為智力發展嚴重受阻，所以對周遭的事物全然沒有感覺。克莉兒因為感染先天性巨細胞病毒而造成畸形、營養不良以及智力遲緩。茱莉是一個聰慧的十四歲女孩，因為得了肌肉萎縮症，非常虛弱，但還能走動。她以過來人的經驗，幫助患有囊胞性纖維症的七歲小室友勇敢面對噴霧療法。「雖然我們的病不一樣，但我很了解你的狀況。我的肺也是要做這種治療的。」茱莉告訴她。

我們也看過許多小孩，雖然罹患的是常見的疾病，可是情況卻很嚴重，例如氣喘或肺炎。在「膿胸病房」裡，伊文與迪米崔雙雙與肺炎搏鬥，這是因為肺內膜積水，不斷壓迫肺部使得肺葉癱瘓所致。艾力克斯是個十八個月大的學步小兒，他的哮吼症非常嚴重，而且拖了很久。

我們也看過無法診斷出病因的小孩。兩歲的伊柏罕會出現週期性的某種症狀，每次發作時，他就會變得紅咚咚的，然後就轉為藍色，接著呼吸停止、開始嘔吐，最後又恢復正常。麥特有腳痛的毛病，凱蒂有胃痛的困擾，而他們的症狀很有可能都是源自於心理因素。

醫院的小兒科樓層分成好幾個區，每個區都以大同小異的壁紙來區隔。我那個區的壁紙有許多卡通叢林動物，沿著一條寬敞的綠色小徑奔跑。每個區的病房都圍繞著中央護理站，呈L型排列。寬闊的走廊上通常到處都是玩具。年紀小一點的特別喜歡一部黃色的塑膠汽車，他們坐在上面，用雙腳在地上踩，帶動車子前進。我們浩浩蕩蕩的十人組在巡房的時候通常都會碰上交通阻塞，因為一頭有黃色的塑膠汽車駛來，另一頭又有嬰兒車緩緩前進。吊點滴的支架又是另一個小朋友的最愛。每根金屬桿都有一個三隻腳的底座，下面還附有輪子，上面則有個水平圓環把三隻腳連起來。年紀大一點的喜歡推著助跑一段之後，站在水平圓環上，隨著支架一起在走廊上滑行。雖然護士常常開出「超速」以及「莽撞駕駛」的罰單，不過成效不彰。

每個區都有自己的遊戲間。我們的遊戲間在一個明亮的角落，四周有許多窗戶，遠遠那頭放了一棵布置好的聖誕樹，上面掛了五顏六色亮晶晶的小球，還有炫麗奪目的金蔥。它不像隔壁那一區的聖誕樹那麼可愛（以一〇一忠狗為主題，掛滿了大麥町的填充玩具狗和狗餅乾），不過卻妝點出過節的歡樂氣氛。遊戲間裡有四張小圓桌和小椅子。美勞活動通常都在遠一點的那一張桌子上進行，而靠牆的架子上則堆滿了各種棋盤遊戲組。貼著牆擺放的牛奶條板箱裡，塞滿了許多娃娃。遊戲間另一個角落有一台電腦，裡面安裝了各種小朋友的遊戲和教育軟體。會把疾病傳染給其他小朋友的病人，不可以到遊戲間來玩，而整天困在病房裡對他們而言真是一種折磨。每個病房都有電視和錄放影機來幫助他們排遣無聊。「玩具總動員」是所有小朋友的最愛。有個可憐的媽媽在她三歲的兒子堅持下，只好連續不斷播放，到第三天終於受不了了。

每個區最讓小朋友害怕的就是治療室。小小的房間中央擺了一張檢查台，旁邊有兩部附有藍色抽屜的推車。對面靠牆有一座櫃台，上面放了一個貼滿貼紙的橘色塑膠手提箱。在普通人眼中，治療室看起來似乎沒什麼蹊蹺，但藏在櫃子和抽屜裡的，卻是各式各樣非常小的注射針頭與針筒，以及抽血的工具。在成人病房裡，抽血和注射點滴理所當然是在病床邊進行的，可是這些簡單的醫療程序卻嚇壞了小朋友。他們不清楚為什麼自己需要這些東西，加上他們還不太有時間的概念，所以並不了解痛一下就會過去了。這些程序一般都不會在病床邊進行，目的是要為他們保留一個安全的庇護所，讓他們知道躺在床上的時候，沒有人可以傷害他們。他們的父母會帶他們到治療室，橘色的手提箱會打開，當家長一邊用手提箱裡的玩具和貼紙安撫自己的孩子、分散他們的注意力時，我們則在一旁忙著抽血或扎針打點滴。

正因為我很喜歡小孩，所以恨透了這些程序，特別是在深夜時分。我們跟那細得不能再細的血管奮戰時，他們則拉開嗓門大哭大鬧。我實在不忍心看到家長安撫孩子時那一臉備受煎熬的樣子。有一次，當實習醫師把靜脈注射的針刺進血管時，一個憤怒心疼的父親把她手中的針一把搶過來，大叫：「不要再打了！我不管了。不准再打！全部由我負責。他今天晚上沒打抗生素的後果，由我全權負責！」然後他把沾了血跡的靜脈注射導管搶過來丟到治療室的另一頭。

小孩通常一看到白袍就很害怕，於是大部分的住院醫師和主治醫師都選擇不穿。可以拋開白袍，和它隱含的那種讓人不悅的力量，讓我大為放心。雖然我在醫療世界裡的歸屬感還不夠，因而把白袍視為是群體性與合法性的護身符，但我愈來愈不喜歡它加諸在醫病關係上的拘束感。我覺得它讓我比較不人性化，比較定型。一旦我和病人建立起關係，白袍的重要性就退隱到幕後了。不管怎麼說，我還是比較喜歡輕鬆一點。脫下了白袍、看不出長短的差別、也沒有鼓鼓的口袋可供辨別，想要一眼判定層級的高低是不太容易的。而且奇怪的是，卸下了白袍，我反而覺得更能融入醫療世界中。

照顧小朋友與照顧成人，醫病關係有些微的差異。當小孩的生命受到威脅時，醫療問題的嚴重性相對會提高；而在小兒科裡，保護生命與生命的品質也特別重要。我們同時要與家長和小孩建立臨床關係。但是當小孩逐漸長大，可以為自己的生命承擔更多責任時，有時候想要把這種新的獨立自主性導入醫療的三角關係中，並不容易。要照顧這個區裡的許多愛滋病帶原者與愛滋病人時，這一點顯得特別棘手。有些父母想要保護小孩子，不讓他們接受診斷，但是我們知道這些孩子很可能早已意識到自己的病情。身為醫療照顧者，住院醫師、主治醫師和我，往往陷於家長與小孩的兩難之間。我們必須尊重家長的權利，和他們連成一氣保持沉默，但這種沉默卻會加深小朋友「這種病見不得人」的感覺，讓他們無法公開討論心中的恐懼。

儘管遭受病魔的摧殘，孩子還是有辦法保持他們的天真無邪。莎曼莎和艾萊莎是八歲的同卵雙胞胎，患有嚴重的囊胞性纖維症，一生中大半的時間都在醫院裡渡過。囊胞性纖維症會抑制體內多處正常的分泌作用，她們的肺臟因而容易受到感染，阻礙身體正常吸收食物的養分。兩個小女孩的畢業照，和回溯到蹣跚學步期的各種年節照片，被貼在遊戲間的一個布告欄上。她們在橘色的美術紙上寫下了清單，然後貼在門口。清單的標題是「在醫院裡可以做的事」，清單的內容包括：「對我姊姊（妹妹）好一點。做胸腔物理治療時要合作。把晚餐吃光光。」下面還掛了一個牌子，上面寫道：「在醫院裡不可以做的事：打姊姊（妹妹）。吊點滴的時候跳繩。站在點滴架上玩。」

我很驚訝自己竟然這麼喜歡照顧小朋友。對小孩子來說，生命並不會因為踏進醫院而停止。不論是某個顏色帶來的歡樂、某個熟悉的玩具帶來的撫慰或冬天帶來的初雪，他們都還是一樣激賞。這種對某些事物著迷的能力，也提醒我生命是需要慶祝的。我很高興住院醫師與主治醫師都很重視生日派對，盡量讓小朋友及時回家過生日。我也喜歡可以在巡房的時候，花上幾分鐘的時間聽聽小朋友說笑話，或和他們玩個遊戲。

我還很喜歡在小兒科見到的家庭凝聚力；和小病人父母、手足的每一次接觸，都與和病人本身接觸同等重要。我發現自己對處於慢性疾病壓力下的親子關係特別有興趣。安寧療護的經驗告訴我，這種對家庭的認同非常重要，這讓我開始領悟到在頭幾個月的實習中，自己對於病人這一方面的照顧有多疏忽。

在小兒科實習期間我很快樂。之前我一直都非常確定自己要選擇內科，把安寧療護當作未來的職業。但是，有史以來第一次，我開始猶疑了。

White Coat

第27章

傑米

我以為自己會看到一個病懨懨、嚇得要死的小孩，但傑米背後靠著三個枕頭斜躺著，很自在地跟護士說話，告訴她該如何調整從他小小的身軀所接連出來的各種管子。

我忘不了傑米。每當我放任思緒游移時，他的影像就會在我的腦子裡不斷重播。晚上睡覺時，我夢見坐在他的白色病床上念故事給他聽。我夢見自己急著要送他去醫院，可是卻迷了路。傑米坐在車子的後座，身體被前座高高的椅背擋住，我只看到那隻抓著點滴支架的小手，提醒我這趟任務的急迫性。

傑米罹患的是卡洛莉症候群。這是一種體染色體隱性異常，會造成嚴重的肝臟與腎臟問題。他在六歲半的時候，肝腎功能衰竭的情況已經達到末期，必須等待接受器官移植。

他的肝臟因為病變已經硬化，無法容納由各處送至肝臟排毒而後再回流到心臟的血液。傑米大部分的血液會繞過肝臟，然後經由食道的血管再回到心臟。他在到達波士頓的前一天，這些血管因為額外的血流量而脹大，進而破裂出血。這種肝病的併發症通常很容易致命，病人甚至還沒來得及送到醫院，就可能已經流掉大半的血。傑米在社區醫院進行輸血之後，被直升機送到波士頓來進行硬化劑注射療法，這是一種特別的治療方法，利用化學刺激物來加速傷口結痂，進而強化充血的血管，避免日後再行爆裂。這並不是傑米第一次搭乘醫療直升機緊急送醫。上次因為嚴重的血液感染而導致病情惡化，讓他住院達兩個月之久。在過去一年之中，他也發生過幾次小規模的出血。

資深住院醫師凱倫建議我接手照料傑米。我很緊張。我怎麼處理得了一個隨時都有可能大出血的病人？但因為不敢拒絕，而且我絕不是個逃避挑戰的人，於是什麼都沒說。

傑米在晚餐剛過的時間到達波士頓。凱倫、實習醫師德妮爾還有我一起跟傑米碰面並進行檢查。肝臟專家已經到了。從技術上來說，因為傑米是我收的病人，所以我應該要主導整個訪談與檢查。但我們見到他時，我有點遲疑，因為我擔心可能會拖延入院的程序，到時候肯定會觸怒帶我的資深住院醫師。我不敢和傑米說話，因為我怕自己話太多；我也不敢摸他，因為我要花比別人長的時間，才能辨認出身體的各部結構。

因為他的母親還在前往醫院的途中，所以傑米只有一個人。他被安置在有四張床的大房間裡，而他就睡在最角落的那張床上。病房光線很暗，只有他那個角落發出了一點亮光。我以為自己會看到一個病懨懨、嚇得要死的小孩躺在床上，但傑米背後靠著三個枕頭斜躺著，兩腿屈起，膝蓋交疊，懸著的那隻腳還踢啊踢的打著拍子。有一隻跟傑米差不多大小的泰迪熊就躺在他的身邊，小熊的脖子上還繫了一個大大的紅領結。傑米很自在地跟他的護士瑪莉說話，告訴她該如何調整從他小小的身軀接連出來的各種管子。整個情況在他掌控之中，一點都不含糊。

雖然傑米已經六歲半，但是身材只有四歲小孩的標準。當我們走近時，我看到他骨瘦如柴的四肢上，長滿了厚厚一層黑色毛髮。他穿著黃色的醫院迷你罩衫，上面有花花綠綠的小丑圖案，他的肚子在罩衫下鼓鼓脹脹的，看來很不協調；他還穿著尿布。他那粗粗亂亂的褐色頭髮以及濃密的眉毛，在他那顆大頭上十分顯眼，相形之下，小小尖尖的鼻子和耳朵，看起來就更小了。他使用了一種控制高血壓的藥物minoxidil，藥裡的活性成分和治療禿頭的藥物Rogiane是相同的，所以造成他全身毛髮茂密。看到我們進去時，他那黑溜溜的眼睛露出懷疑的神情；他的嘴唇上有痂皮，以及紫褐色凝結的血跡。傑米奇特的長相與毛茸茸的身體，讓他看起來有點像個年老的精靈。感覺上他好像可以隨時對我們施展魔咒一般。

傑米到醫院來時，兩隻手臂各吊一支點滴。我們希望能夠確定一下注射功能順暢無礙，因為如果他再度出血，需要立即更換注射液與輸血時，這是很重要的。當我們和傑米以及他的泰迪熊一起玩時，瑪莉走過去用食鹽水沖洗其中一支靜脈注射管，以確定它是不是還在滴。其中的一條管線上連著一個注射筒，她壓下注射筒上的唧筒，但是食鹽水並沒有流動。功能正常的注射導管，只要是開著的，應該可以很容易接收注射筒裡少量的液體才對。瑪莉抬起頭來看著我們，然後搖搖頭。她又壓了一次，可是仍舊沒有反應。傑米立刻停止逗弄手邊的小熊，怔怔看著瑪莉。「不會動？」他問道。

「不會動，嗳，沖不過去。」她說道。

「所以要把針抽出來？」傑米問道。

「是啊，我想是吧。」瑪莉說道。

「但是你會再幫我換一支吧？」他問道。

「喔，那當然，」主治醫師說道。「你不用擔心。我們會幫你再打一支。」

「好，那就好。」

「你知道嗎，傑米？你實在是很特別，所以我要送你一個禮物。」凱倫說道。

「禮物？在哪裡？」傑米很感興趣。

「我要出去拿。就放在我的櫃子裡。我想你一定會很喜歡。」

凱倫一下子就回來了，手裡拿著一根亮晶晶的棒子，那是她放在櫃子裡隨時準備送人的各種玩具和小玩意兒之一。她幫傑米把包裝撕一個小洞，好讓他容易打開。當傑米笨手笨腳拆著包裝時，戴著聽診器的我們也趁機湊上前去。

「開不起來嗎？喏，我幫你把它開大一點好嗎？」凱倫把小縫撕得更大一些，然後把棒子交還給傑米。

我們全都靠攏去觸摸他突出來的肚子。在原來左邊腎臟所在的位置有一道細細長長的疤，一直繞伸到後背。這道長疤把他的肚臍眼也拉扯住。肝臟的邊緣通常在最後一根肋骨的下方可以摸到，然而他整個肝臟卻向下一直延伸到骨盆腔。

傑米還是打不開包裝，所以我把它拿過來，撕掉上面的部分。他再把它拿回去，抽出一根八英寸長的塑膠棒，裡面灌滿了導電的橘色液體。他前前後後搖著棒子，看著裡面的橘色液體在塑膠管裡流來流去。

「你看，」凱倫說道，「如果你把它折彎了，它就會亮起來。就像這樣。」她為傑米示範要把手放在哪裡，以及怎樣把它拗彎。但是他的力氣無法把棒子弄彎。

「這樣，你把兩手靠近一點試試，如何？我來幫你。」他們兩個一起動手折棒子，於是馬上聽到啪一聲，橘色的液體突然發出紫色的螢光。傑米握著螢光棒的手指也泛著紅光。

傑米驚訝得合不攏嘴，紫褐色滿是痂皮的雙唇圍成了一個大圈圈。「哇啊！」他高舉著螢光棒，在空中胡亂揮舞著，棒子流洩出的紫光，在昏暗的病房裡拖曳出一道微弱的光影。然後他把棒子放到床上，想要再折一次。

「傑米，你要做什麼？」凱倫問道。「可不要把它折斷喔。」

「我想要看另一個顏色！」

「那只能折一次，」凱倫說道。「不過你看喔，我們來試試橘色。」她把螢光棒放到自己襯衫的邊緣。傑米興奮極了。他把棒子拿回來，放到自己的罩衫下。「藍色！」他得意呼喊。

「好啦，傑米。除非你還有其他的問題，不然的話，我們的檢查已經結束了。媽咪會來嗎？」

「她晚一點會到。」他告訴我們。當我們要離開他那個角落時，他揮手和我們說再見，然後又開始和瑪莉聊天。

傑米的媽媽那天晚上很晚才到。我進去看她兩次，不過她都在講電話。傑米靜靜躺在床上看「玩具總動員」。一直到晚上十一點之後，她才終於把傑米安頓好讓他就寢。他的那個角落現在暗了下來，只留下一盞床頭小燈。他在床的中央側身躺著，眼睛瞪得大大的還沒睡著，不斷吸吮著大拇指和食指。他的媽媽調整著連在胃管（G管）上的塑膠管線，那是直接連到他胃部的一個永久造口，以便餵食。她把透明的塑膠管用別針別在床單上，這樣晚上睡覺時才不會扯掉。「請你和我一起睡。」傑米說道。

「這張床睡不下你、小熊、還有我！」他的媽媽說道。

「可以，睡得下啦！你睡這裡啦！拜託。」

「好吧，如果你要我擠進去的話，你就得挪過去一點！你要哪一邊？」他媽媽把別好的胃管拆掉。「挪過去，傑米。」

「嗚嗚！」傑米應聲道。

「傑米，請挪過去一點，這樣我才睡得下啊。」

「嗚嗚嗚！」

「傑米，我是好好跟你說喔。不要這樣『嗚』我！這樣沒有規矩。」傑米終於願意聽話，往泰迪熊身邊移過去。他媽媽繞到床的另一邊，把胃管重新別好。等弄好之後，傑米馬上沉沉進入夢鄉，於是他媽媽就過來找我談話。

她很嬌小，一雙明亮的藍眼睛，和傑米的小黑眼是強烈的對比。她的臉龐在微暗的燈光下略顯蒼白，一頭薄薄的波浪形棕色捲髮披在肩膀上。她穿了一件黑色T恤，上面印了一隻白貓好大的臉，T恤下擺塞進有點緊的灰色牛仔褲裡，腳上則穿了一雙高筒的Reebok運動鞋。

「我知道時間很晚了，而且你也忙了一天了，」我說，「但我希望你能簡短告訴我傑米發生了什麼事，為什麼被送到醫院來。」

「我們早上去看醫師。他的血容比是二八．六%，比平常的三〇%要低一點點，」他媽媽說道。「不過他的狀況很好，所以醫師認為他沒問題。下午我們就到購物中心去，大概在五點半左右回家。剛一回到家，傑米就說他很累，所以我叫他回房去換上睡衣。但是後來樓上實在太安靜了，所以我就上樓去看看，因為實在是有點靜得出奇。你知道嗎？當我進到他的房間時，他不在裡面。我在浴室找到他，衣服還穿得整整齊齊，連睡衣都沒換。他靠在馬桶上，他說覺得很想吐，可是又吐不出來。然後，突然之間，他就在馬桶裡吐出紅色的鮮血和血塊。我把他抱起來送到醫院去，他全身軟綿綿的，蒼白得像鬼一樣。最後被送進了加護病房。他們在裡面幫他輸血。然後，我們就在這裡了。」

「傑米的這種異常現象，是如何診斷出來的？」

「出生時。事實上是在出生前，超音波照出來的。他們在他的腎臟裡看到囊腫。」

「你們沒有這一類的家族病史嗎？」

「沒有，我只有一顆腎臟，不過就這樣而已。病歷上看不到這些資訊嗎？我並不是故意這麼沒禮貌，不過折騰了一天下來，我實在是太累了。」

「我知道你今天很不好過，我也不是故意要打擾你。我保證再一下下就好了。」我還需要再多了解一下他的病史，以及生活狀況。但是我們兩個都很累了。也許應該另外找時間再問。

「你知道嗎？在今天晚上你到達之前，我們見到傑米時，我對他的印象實在很深刻，」我接著說道。「他對整個過程熟悉得不得了。表現得非常從容不迫，可以和大家說話，還回答所有的問題。沒有父母陪在身邊，大部分的小孩子都會很焦慮、很害怕，可是他掌握了所有的狀況。他實在很聰明。」

她的藍眼睛開始含著笑意，臉部的線條也變柔和了。「是這樣嗎？我很擔心用直升機把他一個人送來這裡。我告訴自己，這一次我一定不哭。我是這樣告訴我自己的。但是一等到他們把他放在推床上，他就開始哭了，而我也忍不住掉下淚來，事實上是放聲大哭。我一路開車到波士頓來，快要急瘋了。來了這裡，看到他居然玩得那麼開心。我問他一路上怎麼樣，他告訴我說，『喔，好玩極了。直升機上的那個人唱起聖誕歌來，我也跟他一起唱，我們一直唱到波士頓。』當時我心想，我一路衝到波士頓，擔心他到這裡會孤單單一個人，結果他居然是一路狂唱聖誕歌飛到這裡來的！」

他媽媽繼續認真告訴我傑米的故事，一個接一個。「你知道嗎？我們一直都對傑米很坦白，什麼事都不會瞞著他。今天在醫院的時候，他轉過去對奶奶說，『奶奶，我快死了。』然後她就回答他，『不會的，傑米，不要這麼說。你會活得比我長。』接著他又轉過去對她說，『可是奶奶，你已經很老了。』後來，他發現自己要搭直升機，就轉過來對我說，『媽咪，我要搭直升機是嗎？』我回答他，『是啊。』然後他就知道了。他對我說，『那是給情況真的很糟的人搭的，對吧？』我回答說，『是啊。』然後他又說，『那是給快要死的人搭的，對嗎？』我說，『嗯，有時候是。』他又接著說，『媽咪，我現在快要死了嗎？』我告訴他，『喔，不會的，你現在不會死的。他們只是想趕快把你送到波士頓，好確定你沒問題。』」

「今天在醫院，他發現要到波士頓來之後，有些醫師就順道過來看他。他告訴他們，『我知道我在波士頓的護士阿姨瑪莉很愛我喔。』他們回答，『這樣啊。』然後他又說，『你們想知道我怎麼知道她愛我嗎？』於是大家接口道，『你怎麼知道？』傑米就說，

『因為上次在那裡的時候，我病得很重，連眼睛都張不開，什麼都不能做只能哭，瑪莉就抱我坐著，一直等到他們把我送到加護病房喔。』然後我說，『可是，傑米，我們大家都有抱你啊。你都不記得了。』我們真的有；大家都輪流抱著他。」

「這個瑪莉嗎？就是今晚當班的瑪莉嗎？」

「沒錯，就是她。傑米在臨上直升機前，還叫我買一朵花給她，但是我今天晚上買不到。他還沒有向我要，所以我想他可能是忘了。」

就在午夜之前，我終於打斷她的談話，希望能夠讓她睡一下，然後我自己也可以做點記錄，結束這漫長的一天。在談話的過程當中，我得知傑米的父母離婚了。他和媽媽以及未來的繼父住在一起；兩個姊姊住在親戚家。他媽媽在週末的時候，擁有兩個小女孩的監護權，原本計畫要在星期天幫十一歲的小姊姊舉辦生日派對。當她在那個晚上打電話給她的女兒時，她告訴媽媽，最好叫那些醫生在週末前放傑米回家。

我離開傑米和他媽媽之後，混亂騷動的夜晚終於回復平靜。經過長時間深入的對談之後，我找到了內心深處的寧靜。我覺得我們之間有了聯繫。

隔天，傑米感覺比較有精神了。他們安排傍晚的時候幫他注射硬化劑。我在上午的時候去看傑米和他媽媽，和她討論一下這一天的計畫。我在遊戲間裡找到他們。傑米的媽媽把他放在一張木製推床上，並且在一旁拉著他的點滴支架。他的泰迪熊也塞在身邊。好幾位實習醫師和一位醫療小組的主治醫師圍著他。他才剛剛用綠色的馬克筆，在橘色的描圖紙上，描畫了一棵聖誕樹。「傑米，你的熊熊叫什麼名字啊？」有一位實習醫師問他。

傑米抱起小熊，研究著深藏在毛茸茸右掌裡的身分辨識環。「一樣的名字，叫詹姆士！一樣的名字，叫詹姆士！叫……」

「護士給小熊一個跟他一樣名字的辨識環，這樣今天他去治療時，他們才不會弄錯，把小熊還錯人了。」他的媽媽解釋道。

接下來的一整天我都沒有看到傑米。當我要離開醫院回家時，他還在開刀房裡。等我隔天早上進行預先巡房時，才知道硬化劑治療的過程進行得很順利。前一天晚上還有人餵過他馬鈴薯泥。我覺得很興奮。我希望最後他能夠及時趕回家，和姊姊一起慶祝生日。

巡房時間到了，我們敲他的門進去道早安。「你好啊，傑米。早安！」我從門口叫他。「大家都來看你囉。」

「不要！請走開。」他說道。

「那只讓我們兩個進來就好，好不好？我聽說你昨天可以吃馬鈴薯泥了耶。」我說道。

「是啊，我今天也可以吃！」

「馬鈴薯泥是你最喜歡吃的嗎？」

「馬鈴薯……泥、雞……翅、還有肉醬……汁，還有馬鈴薯……泥、還有雞……翅……」

「嘿，傑米，聽起來你好像好很多囉。」

「不，等一下，我還沒說完！馬鈴薯……泥、還有肉醬……汁……」

「好吧，我們等一下再談。」

下午的時候，我去查看傑米，發現他在睡覺，他媽媽則坐在一旁看娛樂頻道。「有時候，他喜歡邊睡邊聽音樂。」她解釋道。

我知道如果我想當個「好」醫學生，就應該去看看實習醫師有什麼需要我幫忙的，替小組分擔一點工作。但我想和傑米的媽媽聊聊，於是我就留在病房裡了。我很好奇傑米是如何上學的。

他媽媽告訴我，雖然傑米去年進了幼稚園，可是因為住院缺課太多，所以學校要他再讀一次。最後，因為病情惡化，體力也變差了，她乾脆就不讓他去學校，而是請家教來教。「他比較喜歡這種方式。他就是跟不上學校裡的小朋友。但是他的作業做得很棒。他在家裡學的是一、二年級程度的課程。」他媽媽說道。

我問他在學校裡有沒有很多朋友。「喔，有啊，」她說道。「你知道傑米的個性。他有好多朋友。很多跟他上同一所學校的小朋友，都跟我們住在同一棟公寓，他們都常常過來看他。」

「不過上學對他一定很困難吧，個子小，又常常生病。」

「是啊。那裡的小朋友都叫他狼人或狼人小子。他們以前還會追在他的後面，一直想要把他的衣服拉起來，好看看他毛茸茸的背部。去年，大概在他第一次出血前的一個星期，我正好去接他下課。我才剛到那裡，雖然我在一旁看著，可是一個六年級學生從山坡上衝下來，伸腳就往傑米的背踢過去。傑米來不及伸出手去防止自己跌倒，所以就重重摔下去壓在肚子上，手臂都磨破皮了。我知道不管怎樣傑米都是會出血的，可是在他的心裡，他出血是那個小孩造成的。他對我說，『那個小孩真壞，害我吐血。』」

「上學穿著尿布一定也讓他很難過吧？他一定知道別的小孩都不用穿尿布。」

「喔，傑米並不是一直都穿著尿布。這是最近才這樣的。他只有在病得很重的時候，才會在睡覺的時候穿。他晚上已經沒有辦法自己醒過來了，所以睡前要包尿布，午睡前，我也會幫他穿一件像褲子一樣的尿布。他很討厭包尿布，老是不停抱怨。可是我告訴他，『不過，傑米啊，這是為了治療用的。』然後他會說，『媽咪，你想我會不知道嗎？』」

到了星期五晚餐時間，我們已經可以停止傑米額外的用藥了。又經過十二個小時的觀察後，醫師讓他在星期六早上出院。他終於可以及時趕回家參加姊姊的生日派對了。

White Coat

第28章

愛滋病

我認為這個孩子只有選擇「放棄心肺復甦術」一途，選擇其他，會令我覺得很不可思議。他不能說話；他坐不起來；他不會牽媽媽的手；而且他一身是病。我們到底要搶救什麼？

我在小兒科服務的那一個月，隨時都至少有一個病人HIV（人類免疫不全病毒）呈陽性反應，通常會有兩、三個。我所見到的病人，都是出生時就感染了HIV病毒。他們表現出來的疾病範圍很廣；有些小孩病得奄奄一息，而有的則只是受到輕微的影響而已。但是有了新的蛋白酶抑制劑後，對某些小孩子來說，的確是又重新燃起一線希望。

瑪莉亞的吃藥過程很艱辛，才五歲的她還不會吞藥丸。雖然她很合作，也很想把最令人作嘔的indinavir吞下去，但是這種新的蛋白酶抑制劑卻是她的死對頭。

「等她可以吞下indinavir時，就可以準備回家了。」凱倫在早上巡房時，對她的護士阿嫚達說道。

「可憐的小東西，她真的已經很努力了，而且她很想要讓大家都高興，可是那實在是太難吃了。我試過把它混在其他的東西裡，什麼都試過了。」她的護士說道。

「巧克力糖漿呢？」有人問道。

「這種藥一劑要一百美金。從某個立場來說，我們也必須減少損失。藥吃不下去就丟掉，也不是個辦法。」有個正在打電腦的實習醫師說。

「你知道嗎?所有的味蕾都在舌頭的前面部分。（編按：舌尖、舌頭兩側和舌根都有味蕾。舌尖對鹹、甜味比較敏感，舌根對苦味比較敏感。）何不把藥混在可樂糖漿裡，然後用注射器直接噴到口腔的後面呢？」另外有人出主意。

「太聰明了。好，我知道該怎麼做了。」阿嫚達衝出房間。

十分鐘之後，阿嫚達手裡抱著瑪莉亞回到工作室。瑪莉亞笑得好開心，臉頰鼓得老高，把明亮的褐色大眼睛都擠成瞇瞇眼了。她的褐色長髮垂下來，披了半個背。她的手摟著阿嫚達的脖子。「瑪莉亞有件事要告訴大家。」阿嫚達說道。

「我把藥吃進去囉！」瑪莉亞眉開眼笑說道。

「你**什麼啊**？」實習醫師問道。

「我把藥吃進去了！」

「乖孩子！我真是太感動了！」

主治醫師走進工作室裡。

「你一定猜不到！」瑪莉亞對凱倫說道。「我把藥吃進去了。阿嫚達覺得我好棒喔！」

「我們全都覺得你好棒！還有你知道嗎？這表示你今天可以回家了唷。你想回家嗎？」

「想啊。」瑪莉亞說道，然後把頭埋在阿嫚達的脖子上。

瑪莉亞的外婆幾個小時之後來醫院接她。她身材高大，黃棕色頭髮有些已經灰白，剪了個已經不流行的法拉頭。她穿了一件舊舊的深藍色工作服，有三顆鈕扣，下面穿黑色的牛仔褲和髒髒的工作靴。「你們準備好讓她出院了嗎？」她問道。

「我們還有一些出院的文件要處理，而且在她回家之前，還要把ganciclovir的劑量弄清楚。所以，可能還需要至少一個小時才能真正離開醫院。」實習醫師德妮爾告訴她。

「我不知道新藥該怎麼給她吃。她早晚已經要吃AZT和D4T了，那這種新藥呢？我可以一次給她吃三種嗎？早上我已經沒辦法再多餵她一種藥了，因為我六點半就要出門去工作。那她中午的藥怎麼辦？我整天都要工作，要怎樣給她藥呢？天哪，真不知道這麼一大堆事我要怎麼弄。」她外婆說道。

「我們會先確定你找到了可行的辦法，才讓你回家。你現在身體健康嗎？還是你也有愛滋病？」德妮爾問道。

「你是什麼意思？我是她的外婆。我很健康。」

「好。當然，你沒什麼理由要生病啦。她媽媽還在嗎？」

「她媽媽什麼壞事都做。快克、可卡因、海洛因——叫得出名字的，她都沾過。而且不管你信不信，她現在還健康得很呢，一輩子沒生過一天病。她離家了，天曉得混到哪兒去了。瑪莉亞還有個十二歲的哥哥，也有愛滋病。瑪莉亞和我們住，他哥哥和舅舅住。簡直就是一團糟。」

十歲的安妮也有愛滋病，但是她並不知道。至少沒有人告訴過她。她是小兒科的常客。雖然大半的時候她都很健康，但是當她的CD4計數迅速下降之後，她的藥單就迅速增加了。CD4計數指的是某種白血球的數量，而HIV最先感染並加以消滅的就是這種白血球。CD4細胞的數目和疾病的嚴重程度成反比，是免疫系統運作功能一個粗略的指標。安妮住院的次數在過去三年裡緩緩增加，而這一次是她三個月來第二次住院了。這一次住院是因為胰臟受到感染，讓她出現劇烈的腹痛並嘔吐。其中一種抗HIV的藥物，可能是這次急性發作的罪魁禍首。腸道的細菌感染造成她排血便，也使她成為其他小朋友的感染源，所以她被限制只能在房間裡活動。

安妮和媽媽以及外婆住在一起，雖然外婆負責餵安妮吃藥，可是她媽媽堅持不讓外婆知道診斷結果。但是既然安妮媽媽自己的身體也愈來愈差，待在醫院的時間也增加了，那麼照顧兩人的重擔自然就落在外婆身上。安妮的家庭醫師莫洛，剛好也是負責帶領整個醫療小組的主治醫師，好幾年來都試著說服安妮的媽媽告訴她實情。

「每次話才講到一半，她就會強烈暗示我，我說太多了。我想幫她忙，可是她從不領情。」莫洛醫師說。

安妮是個安靜纖瘦的孩子，有著淡棕色的皮膚和黑色的眼睛。她的頭髮總是整齊梳成兩條蓬鬆的辮子。她的一口白牙有點咬合過度而顯得不太整齊，而長期發炎的唾腺，則讓她的臉看起來圓滾滾的。我們進去巡房時，她總是看起來很愉快也很合作，但我們永遠不能跟她說實話。

「真是太糟了。我沒有辦法照顧這個不知道自己病情的小孩！」德妮爾嚷嚷。「她媽媽怎麼可以不告訴她呢？她是怎麼想的？如果她問我她到底有什麼毛病，那我該怎麼辦？我們的策略到底是什麼？」

「基本的原則就是我們告訴家長，我們會盡力尊重他們的意願，但是我們沒有辦法做出保證。特別是醫療工作很忙，醫療人員又不是只有一位，隨時都可能漏口風。但是如果她問你自己到底有什麼毛病，你會怎麼回答呢？」凱倫回覆道。

「嗯，我想我只會告訴她，她服用的某種藥物讓她肚子痛，但是我們會讓她舒服一點。」德妮爾說道。

但是安妮待在醫院的一整個星期裡，她什麼都沒有問。

有天晚上我當班的時候，護士告訴德妮爾和我，安妮剛剛排便時大出血，她嚇壞了。護士希望能有個醫師去看看她，安慰她一下。德妮爾和我走進安妮的病房時，看到她坐在媽媽腿上。這個十歲的女孩，把自己長長的身體用力縮成一團，躲進媽媽膝上那一方小小的避難所。我們進去的時候，她不想看我們。她媽媽身材嬌小，及肩的直髮梳得整整齊齊的，看起來和她的深色肌膚很配。她焦慮地望著我們，棕色的臉龐把眼白襯托得分外白。幾年來的擔憂，把她緊緻的肌膚折磨出許多明顯的皺紋。我們再三要安妮放心之後，離開了病房。此後，我就再也沒有見過她的母親。

「你們覺得安妮真的不知道她得了愛滋病嗎？」某個早上，莫洛醫師在我們討論她的個案時問道。

「我覺得她知道，」我說道。「就算她不知道疾病的名稱，那是有可能的，至少她也知道自己病得很重，快要死了。」

「我同意，」莫洛醫師說。「我確定她一路走來，在某個時間點就已經發現自己得了愛滋病。有人針對罹患癌症的兒童做過相關的研究。即使他們的父母與醫療人員竭力隱瞞診斷的結果，但是其他的人也會講啊。孩子會猜出和他們一起在候診室裡的其他小孩得了什麼病，或是從病歷上看到自己的診斷結果，或者是無意間偷聽到別人的談話。但因為他們的父母把這事當成天大的祕密，所以他們不能把祕密戳破。他們覺得自己應該要照常玩耍，不要讓父母發現他們已經知道真相，所以，他們才會連問都不問。曾經有小朋友已經快要走了，可是還是沒有人告訴他們，而他們也還是沒有開口問。我想我讓安妮承受這股壓力已經太久了。她這次住院治療提醒了我，我這次真的要催她媽媽去告訴她。我也想再深入了解，為什麼瞞住安妮對她而言這麼重要。實在不能再這樣拖下去了。」他說道。

「還有她的外婆，」我的同學說。「她的外婆想必是媽媽過世後負責照顧她的人。她也應該知道。」

安妮的媽媽把整件事處理得這麼糟，實在令我很洩氣。我了解她害怕愛滋病的汙名，以及她想要保護安妮的心意。但是她怎麼能夠剝奪孩子用語言表達情感的權利呢？她怎麼能剝奪孩子獲得解釋的機會呢？我知道身為急症病人的醫療照顧者，我們與安妮或她媽媽的關係都不夠深，不應該插手這檔事。我知道安妮因為急性症狀入院時，不一定就是讓她知道真相的最佳時機；我承認我們的答案不一定都正確無誤。面對安妮，我們真的是無能為力。我們只能在一旁觀察，希望她媽媽最後能做出適切的決定，讓安妮從隱晦祕密的牢籠裡釋放出來。

五歲的強納森已經來日無多。他在兩個月大的時候就被診斷出有ＨＩＶ，並且感染了肺炎。當時，他媽媽告訴醫師自己是ＨＩＶ陽性，所以醫師才診斷出她兒子的病因。強納森八個月大時，正常的生長機制就完全停止。他永遠坐不起來；永遠學不會抓握；也永遠學不會說話。強納森羅患了HIV腦病，那是一種進行性的大腦退化現象。兩歲的時候，他得到了HIV心肌症，他的心臟因而日趨衰弱。現在活到了五歲，他的心智發展只相當於六個月大的嬰兒，而體型看起來也只有三歲大。他的身體因為肌肉不斷緊縮而變得非常僵硬，他整個人硬邦邦躺在媽媽的腿上，雙手雙腳向外伸展開來，而塞在嘴裡的紅色奶嘴，還隨著他吸吮的節奏上上下下擺動著。他最近四個月前的CD4計數是十七。CD4計數不到兩百即被定義為愛滋病，而CD4計數不到五十，表示免疫力極度低落，羅患感染疾病的風險極高。這一次他是因為肺炎住院。

「上個星期，我們到紐約去看親戚，大家都得了流行性感冒。我們回到家時，他還一切正常，直到兩天前，他開始出現輕微的發燒症狀。於是我就讓他服用Tylenol，可是今天他的鼻孔張得好大，每一次呼吸都發出呼嚕呼嚕的聲音，而且出現收縮現象。」他的母親告訴我們。

「哇啊，你真的很清楚呼吸道不適的各種症狀。」我說，印象十分深刻。

「喔，是啊。我們家的強納森已經有好多次這種經驗了。」他媽媽回說。

「跑來跑去，做這個做那個的。」他十歲的姊姊插嘴，一邊還躺在他的床上看「阿拉丁」的錄影帶。她是家裡唯一沒得到愛滋病的成員。

當凱倫、德妮爾和我進去檢查強納森時，他四肢向外張開，正好躺在媽媽的腿上。他用淡棕色的眼睛仔細盯著我們瞧。他稀疏的褐色捲髮因為出汗而有點濕，一身淡褐色的肌膚泛著亮光。看著他迅速起伏的胸腔，我們知道他呼吸非常吃力。他的頸部肌肉隨著每一次的呼吸而繃得更緊，以幫助呼吸道的肌肉發揮功能。當我們拿著聽診器湊上前去時，他舉起僵硬的手臂，奮力想要趕走我們。

「喔，對了，他現在口腔裡也有鵝口瘡，所以我想可能要開藥給他，叫flucon還是flucan什麼的。」

「Fluconazole？」

「對，就是那個。」

「嗯，我們先檢查一下他的口腔。」凱倫試著用壓舌棒打開他的嘴巴，但是強納森一看到那長長扁扁的木片，馬上就把嘴脣緊緊咬住。

「他不會讓你看的。相信我，他很固執，」他媽媽說道。

凱倫又試了一次。「你介不介意我們捏住他的鼻子？我們通常會用這個方法讓小傢伙張開嘴。撐到最後，他總是要呼吸的。我知道這樣聽起來有點殘忍，不過通常這也是最有效的辦法。」

「請便。你可以試試看。」她說道。

凱倫捏著強納森的鼻子。他的淡棕色眼睛變成了鬥雞眼，怔怔瞪著鼻梁的部位看。他掙扎著緊閉氣息。一直到再也憋不住時，他才咧開一個極小的縫隙讓空氣進去，然後又立刻箝緊雙脣。

「好吧，顯然他今天晚上是不想讓我們看了。我們明天再試試吧。」強納森、姊姊和媽媽三個人，現在住在中途之家。雖然他的父親積極承擔起照料強納森和姊姊的責任，但是並沒有和家人住在一起。強納森入院後的第二天，他的父親因為卡氏肺囊蟲肺炎而住院，這是一種普遍存在的病原體，但只會讓免疫力嚴重受損的人得病。

「你現在戒乾淨了嗎？還是仍然毒品不離手？」凱倫問強納森的媽媽。

「這是什麼意思？我從來不吸毒的！一樣都沒碰過！」

「喔，真是抱歉，我以為你們住在中途之家是為了訓練戒毒。」

「不是的，那是給正在找房子，需要暫時有個棲身之所的女性住的。」他媽媽說道。

「這樣啊，那你是如何得到愛滋病的？」

「性行為，我先生傳染的。」

「天哪，很抱歉。這實在是太可怕了。」凱倫的表情軟化了，而且這是訪談的過程中，她第一次傾身靠近強納森媽媽。頓時之間，這位母親立刻從喪盡天良的加害者，轉變成無辜清白的受害者。

我聽了這樣的對話，心裡很不是滋味。我覺得我們濫用了白袍所賦予的權力，肆無忌憚直搗她個人最私密的疆土。

「你先生吸毒嗎?」凱倫繼續問道。
「沒有,他也是透過性行為傳染的。」
「天哪。很抱歉。我真的覺得很抱歉。」
「是啊。不過,我們已經學會如何去面對。」
強納森這次住院需要處理的問題之一,就是確定他的急救原則。他目前的選擇是全力搶救,也就是說一旦生命垂危,就要用盡所有侵襲性的醫療程序與方法來延長他的性命。但強納森的情況惡化得非常快速,而且看起來好像也來日無多了。
剛開始的時候,我認為這個孩子的狀況只有選擇「拒絕心肺復甦術」(DNR, do not resuscitate)一途,選擇其他任何一種,都會令我覺得很不可思議。他不能說話;他坐不起來;他不會牽媽媽的手;而且他一身是病。我們到底要搶救什麼?我怎麼也想不通。當然,我知道這是他母親的選擇;我也知道她可能心裡還沒有準備好要放手讓他去。然而,我還是不能理解,她想要延長的到底是怎樣的生命。
等到我觀察這對母子幾天後,開始有了一些領悟。強納森住院的隔天下午,我到病房去為他做例行檢查。我看到強納森的媽媽和他一起躺在偌大的病床上。她沒有注意到我進去,一邊撫摸強納森的頭,一邊輕聲對他說話。強納森用圓滾滾的褐色眼睛盯著她看,嘴裡的紅色奶嘴還上上下下晃動著。他媽媽親吻他的額頭時,他還會發出「嗂唔」的聲音。
「強納森,你是我的好寶寶,是不是啊?我的好寶寶。」

又有一個下午，我進病房時發現她在睡覺，整個人蜷曲在強納森身邊。電視是開著的，可是沒有聲音。強納森眼睛睜得大大的，專心看著螢幕上快速變換的影像。當他注意到我走進病房時，兩眼疑惑地看著我。等我靠在床邊時，他便發出咿咿嗚嗚的聲音，眼睛又逐漸朝鼻梁靠攏，變成鬥雞眼。他媽媽突然驚醒，伸出手去撫摸他的額頭。「怎麼啦，寶貝？你怎麼啦？」

強納森出院那一天，我進病房時只看到他一個人。他那黑黑的小身軀枕在一堆白色的枕頭上。孤單的他，在大大的病床上顯得那麼渺小。電視開著，還是沒有聲音。我踏進病房時，強納森轉過來看著我。他的奶嘴動得更快了，而他的眼睛又變成了鬥雞眼。他開始嘟嘟囔囔。

「嗨，強納森。今天好不好啊？」我低聲問道。「你今天準備好要回家了嗎？媽媽咧？你自己一個人啊？你好勇敢喔。」

強納森知道我想幹什麼，完全不上當，叫得更大聲了。

「要不然我只要聽聽你的心臟就好，這樣好不好？」我拿著聽診器想要靠近他的胸部，結果強納森舉起彎曲僵硬的手臂擋住了我的手。

「嗚！」

我又試著把聽診器塞進他兩臂的空隙之間，可是他還是把我推開。最後，我從他手臂的下方繞道突襲，成功把聽診器放在他的胸腔上，安心地聽到了快速、規律的心跳聲。我移動了一下聽診器，希望確定他的肺部沒有雜音。「好了，強納森，結束啦。你真是個勇敢的小男孩，從現在起我不會再煩你了。」

最後，我終於懂了。我可以了解她為什麼還沒有準備好放手讓他走，還有她到底害怕失去什麼。

我被X光片的尺寸嚇了一大跳。相較於迷你X光片上的迷你肋骨和心臟，這一張成人尺寸的X光片看起來有點巨大。胸部陰影大得令人吃驚。

「這是誰啊？」有人問道。

「萊思莉。是我們十五歲的病人，先天HIV帶原者。已經排除肺炎的可能性。」德妮爾提醒我們。她之所以會住院，是因為她的家庭醫師擔心她的鼻竇炎可能會引發肺炎。

「嗯，我覺得X光片看起來沒什麼問題，」放射科醫師說道。「我看不出有肺炎的跡象。」

就萊思莉的年紀來說，她可以算是非常健康的。基本上，她沒什麼病，也從來沒有過跟愛滋病相關的任何症狀。她的CD4計數是四百，遠比被視為是愛滋病的兩百高出許多。

但是年僅十五歲的萊思莉卻已經有一個十個月大的女兒，以及一個未感染HIV的十六歲伴侶。據說她的男朋友知道她的狀況，而且他們和小孩一起住在男方父母家。他們之間的關係穩定，或者至少對十五、六歲的青少年來說，算是穩定的。

「太可怕了！她怎麼可以這樣？她怎麼能夠明明知道自己有愛滋病還跑去生小孩？簡直叫人噁心。」德妮爾發現之後大叫大嚷。「孩子呈陽性反應嗎？這是事先計畫好的嗎？」

「就我們的判斷，寶寶不是陽性反應，而且我想這是經過計畫的懷孕。不過我們還得問問她，因為我不確定，」凱倫說道。「但這是個很有趣的問題。你覺得她為什麼要這樣做？」

「我不知道。實在是很可惡耶。我真的不能想像她竟然會這樣做。」

「嗯，也許她只是想在生命裡面找到一點愛跟永恆，」凱倫說道。「有一大堆的研究指出，許多懷孕的貧民窟女孩，事實上只是為了找一個人來愛她們。」

德妮爾沉思了一分鐘。「也許她知道自己很年輕就會死掉，於是認為這是自己唯一懷孕生子的機會。在過去，一般人都是在十三歲就結婚，然後到了十六歲就有幾個孩子，因為他們二十幾歲就再見了。」

「十三、四歲懷孕和童年時遭性侵害有很大的關係。也許有某些社會問題讓她沒辦法做出好的決定，」我說。「或者因為一直以來她都很健康，於是她一直處於否認的狀態，不相信自己真的有病，或者認為不可能傳染給自己的小孩。」

「這一點很有趣，因為如果不餵母乳，你們知道傳染愛滋病的風險有多高嗎？大概只有二〇%到二五%左右，而且如果懷孕的時候服用AZT的話，整個比例更是降到八%到一〇%左右。相當低呢，」凱倫說道。「如果你和你的伴侶帶有囊胞性纖維症的基因，那麼把囊纖症傳給下一代的機會比愛滋病高多了。我們都看到很多家庭，他們的兄弟姊妹都得到這種病。而囊纖症基本上和愛滋病一樣會致死。事實上，有的小朋友帶著愛滋病，活了十年或十五年都沒有任何症狀，而現在有了蛋白酶抑制劑，更是給了這些小孩一線希望。反而是囊纖症小朋友幾乎是從一出生就生病了。正因為囊纖症是遺傳性疾病，所以有這個病的人想生小孩，我們一定會極力阻止。」

萊思莉為什麼選擇要生小孩，或懷孕是否經過計畫等等，我後來都沒有找出答案。只有鼻竇炎的她，是我們病人中最健康的，而且我們從來沒有被呼叫去探視她。她又住了兩天進行觀察，然後大家都覺得沒什麼問題，可以放她回家了。我只有在她剛準備好要離開的時候遇見她。她的男朋友陪她在病房裡。在換衣服的時候，萊思莉突然跑出房間，身上只穿著寬鬆的法蘭絨格子襯衫。她抓住我的同學，因為是他負責讓她入院的，當時他剛好走過萊思莉的病房。「你可以幫我開證明給學校嗎？」她問道。

「好啊，我現在就去開。」他說道。

「我得回去看寶寶，所以麻煩你快一點，可以嗎？」

六個星期的小兒科實習一晃眼就過去了，我迫不及待想要好好享受一下兩個禮拜耆侈的聖誕假期。上病醫課和同學聊起，才發現大家早就心不在焉，巴不得馬上把長時間工作、夜間待命，和擔心自己臨場表現不佳的焦慮全都拋開。

卡洛斯和我盡情揮霍這難得的假期。第一個星期，我們各自回家與家人團聚，而我則把時間都投注在這本書上。然後，我們在波士頓碰面一起過新年，兩個人在家裡享受了一個寧靜的夜晚，還開了香檳慶祝。隔天早上，我們就開車到佛蒙特去，安排一趟四天的越野滑雪之旅。

打從小時候住在西紐約起，我對越野滑雪的熱愛始終不減。從我家到附近的滑雪場只要十五分鐘的車程，而且雪量通常都很充足。但是在加州長大的卡洛斯卻恰恰與我相反。我總是夢想著能找到可以跟我一起滑雪的另一半，而卡洛斯願意努力去學，這一點令我很感動。他向我弟弟借了滑雪裝備，我很驚訝他竟然很快就抓到訣竅。白天的時候，我們在結了冰又蓋滿雪的湖上馳騁，周圍有成排的樹木和破敗的小木屋；到了晚上，就在小客棧裡慢條斯理品嚐美味佳餚。之前天天窩在醫院裡呼吸混濁的空氣，氣氛又緊張，現在能徜徉在大自然裡呼吸冷冬的新鮮空氣，真是讓人通體舒暢。在波士頓，我們忙得精疲力盡，幾乎沒有時間一起坐下來看看影片。我們發現休息過後，的確又為彼此的關係注入了一股嶄新的活力。雖然只有幾天的時間，我覺得整個人都煥然一新了。回到醫院，就算不能說是熱切想要扛起重責大任，至少是很興奮地想要去成人內科報到。

White Coat

第29章

內科

有了新的蛋白酶抑制劑，加上更完善的預防措施之後，愛滋病大體上已經變成是門診就可以處理的問題了。罹患愛滋病已經不再像過去那樣，好像是被判了死刑。

我一整年都在期待著內科實習的來臨。「那是你醫學院生涯的一個高峰。」實習過的一位同學告訴我。在各專科醫師的會診下，內科所涵蓋的醫療範圍很廣，從癌症到腎功能失調，從肺病到自體免疫系統的缺陷統統都有。二年級時，同學和我幾乎把時間都花在學習一般內科上。我們對各種疾病、該做的檢驗或可能的治療方式，有了比較清楚的概念。在醫學的各個領域當中，內科被普遍認為是和病人接觸最多的一個科別。我很確定這就是我一生中最想要做的事。

但是到了一月中，三個月的實習才過了兩個星期，我就已經痛苦無比。我和病人以及醫療團隊的相處有很大的困難。看到的個案或接觸到的人，都無法令我感到興奮。我已經油盡燈枯了嗎？會不會是我不喜歡內科呢？這和在小兒科時的熱切投入有很大的落差。想必我在小兒科的時候沒有這麼慘吧，難道不是？眼看著提出住院醫師申請的時間只剩下五個月了，決定專攻領域的最後期限已經迫在眉睫。這樣舉棋不定簡直就是自找麻煩。

在小兒科待過之後，我很訝異，成人的住院病人很明顯沒有HIV或愛滋病相關的併發症。在小兒科的時候，醫療小組一直都會至少有一位愛滋病人在接受治療，而且通常人數還更多。但在三個月的成人內科實習當中，我只看過一個愛滋病人。

有一位主治醫師認為，這個現象與新的治療愛滋病藥物有關。「你知道嗎？真的很神奇呢。有了新的蛋白酶抑制劑，加上更完善的預防措施之後，愛滋病大體上已經變成是門診就可以處理的問題了。另外，居家醫療照顧也進步很多，所以過去必須住到醫院來治療的病人，現在在診間或家裡就可以進行了。真是很神奇。」他說。至少對成人來說，除非是在家裡沒去治療的臨終病人，否則現在罹患愛滋病已經不再像過去那樣，好像是被判了死刑。

三月是我內科實習的第三、也是最後一個月，恐怕也是那一年中最難過的一個月。我整個月都在一家榮民醫院的病房裡工作。我簡直鬱悶到快要窒息，每天都把眼淚往肚裡吞，但是害我想哭的理由，卻都是些芝麻綠豆大的小事：沒有新的病人入院、看書看到厭煩、做簡報雜亂無章、回答問題錯失準頭。通常我會用一種比較正面的態度來看待這些討厭的瑣事，可是幾乎每個值班的晚上，我都會在三更半夜從醫院打電話給卡洛斯哭訴。

到了三月中的時候，我摸索出在醫院的生存之道，同時也對整個團隊和病人感覺比較自在了，鬱卒的情緒也就逐漸消失，我又能夠安心待在醫院裡了。不過，想到月底可以放一個禮拜的假，以及我即將可以逃離醫院，才是我渡過最後那幾個星期的最大支撐。

快要結束榮民醫院的實習時，很意外的是，我竟然有史以來第一次開始覺得對於治療有自信。雖然過去八個月來我不斷學習並執行各種簡單的醫療處置，但動起手來還是笨手笨腳。我怕弄痛了病人，更怕一次扎針失敗還得再扎一次。對於靜脈注射或抽血進行動脈血氣檢查時，到底該不該給lidocaine做為局部麻醉之用，引起許多爭議。有些人認為施打麻醉藥劑生效時的刺痛感，比針刺本身還令人不舒服。我個人是會用lidocaine的。也許它無法減輕病人的疼痛，但卻可以減低我的緊張，對我肯定很有幫助。

可是突然之間，我變得一點也不怕扎針會弄痛病人了。這些人身上的病痛，絕對遠超過小小的針刺。他們展現出堅忍的氣概，以無懼任何療法的態度聽任擺布，讓我在幫他們打針抽血時，不再顧忌那個小痛了。有了這層新的自信，我動起手來變得比較大膽、比較有把握。然後，一擊成功的比率也愈來愈高了。雖然我得承認胃還是不舒服，但是手卻比較不會抖了。經過一年跌跌撞撞的學習，終於感覺自己遊刃有餘，著實是一大解脫。我並不是真的覺得自己很棒，但是我總算能夠充滿信心放手去做，並隨時修正。

榮民醫院是另外一個世界，和以前我所經歷過的截然不同。雖然醫院離波士頓只有二十五分鐘的車程，但是要搭兩趟公車，通勤時間有時會超過一個小時。整個醫院是由一大群建築組成，就座落在鄰近社區的邊緣。當我坐著公車到達醫院的後面時，首先映入眼簾的就是高聳的喬治王朝風格的磚塔，屹立於幾棟用紅磚與混凝土建造的樓房之間。磚塔的白色木造穹窿下安裝了一個巨大的金屬鐘，而黑色的尖拱頂與風向標幾乎要接上低垂的冬日晴空。

從急診部的主要入口進去，燈光有些昏暗的寬敞大廳裡，擺放了一些破舊的淡紫色制式沙發與雙人座椅，圍成了一個一個的談話區。從早上七點到晚上六點之間，我總是會看到三三兩兩的老榮民把木杖杵在身邊，坐在沙發上聊天，或坐在各自的輪椅上跟人交談。他們多半是白髮稀疏的年邁男性白人，身上還有褪色的藍色刺青。幾台電視的頻道總是定在CNN（美國有線電視新聞網）或是遊戲節目上，但通常都沒人看，而且音量都調得很小。

有一部分的內科病房位於醫院的四樓，就在這一片等候區的上方。每個狹小的房間裡一般都有三張病床。隔間用的綠色舊簾子算是提供了隱私，但卻很少派上用場。他們比較喜歡聚在一起，每當我們進去要進行檢查或巡房時，他們不是在玩牌，就是在談話。另一部分內科病房是在醫院比較新的側翼。新的病房明顯大了許多，每個病人都擁有幾英尺見方的空間，地板上則鋪了棕色的油氈布。

不過，醫院的心臟地帶非吸菸室莫屬。因為那裡的病人幾乎每個都是老菸槍，所以禁菸的醫院也只好變通一下，提供幾個場所滿足他們的需求。權充吸菸室的是沒有暖氣、沒有家具的「日光浴廊」，窗框是那種廠房常用的褐色鋁框，地面只有水泥粉光而已，沒有鋪別的材料。如果在病房裡看不到人影，肯定可以在吸菸室裡找到他們。

因為政府正在重新整頓醫院系統，希望能夠提升效率、降低成本，所以已經關閉了許多比較小型的醫院。但政府並沒有裁撤在那些地方工作的護士，而是將他們另行安置。某個值班的夜晚，我一整天都看到同一位護士。早上七點半我剛到醫院時她就在那裡，到了晚上十點我下樓去檢查一個病人時她還在。「你今天的班好長喔。」我說。

「是啊。我今天上兩個班，各八個小時。我以前工作那家醫院關門了，所以我只好到這裡來。我住在一百二十英里外的鱈魚角，想到交通等麻煩問題，我寧可在每個週末連上三個雙班以減少通勤時間。」她說。

「真是了不起，」我說。「還有其他人跟你一樣嗎？」

「喔，沒有。這需要事先經過特別的評估。如果你一年內打電話來請病假超過五次，就不能提出這個要求。而且如果你在該上雙班時請病假，那這個資格也會被取消，因為很難臨時找人補你的班。這種班上起來非常辛苦，每到星期天我就累垮了，動不動就跟病人發脾氣，雖然我不是故意的。真是謝天謝地，到目前為止，我還沒有犯過醫療疏失，」她在胸前畫十字說道。「但我實在很害怕哪一天真的有疏失。」

榮民醫院的病房裡似乎總會發生許多怪事。我不確定這裡的病人是否和別的地方不太一樣，運作系統是不是比較複雜，或者兩者皆是，不過榮民醫院裡充滿了各式各樣幽默的故事，你在別的地方是絕對不可能聽到的。

卡洛斯也在這家榮民醫院進行內科實習，某天晚上值夜班時，帶他的實習醫師覺得自己聞到了煙味。「但她一向都是擔心這個擔心那個的，所以我們根本不把她的話當一回事。幾分鐘之後，我們就看到所有護士衝到走廊那頭的病房去。看來是有一位行動被限制的病人想要縱火自焚，幸好隔壁床的病人舉發此事。等我們趕到的時候，情況已經控制住。稍後我走過護理站時，無意中聽到一個護士對另一個護士忿忿不平說：『這是最後一次了。我再也不會給病人火柴了！』」

另一位同學值夜班時，她們小組的一個病人要求轉回先前住的精神病院。他在病房裡大吵大鬧，搞得整層樓的病人都不得安寧。從醫療的觀點來看，病人是可以回到榮民醫院的精神病中心，但是因為手續的處理一向牛步化，所以他已經在內科多逗留了四天。雖然他不是我同學的病人，不過她還是很想去安撫他一下。在解釋過自己實在無能為力之後，她準備要轉身離去。當她正要走出病房時，感覺背後好像有什麼東西，於是她轉過身去，竟然看到病人拿著餐盤上的刀子從背後作勢要刺她。幾個男性護理員馬上衝進去制止病人，所幸我同學並沒有受到傷害。隔天早上，他們第一件處理的事，就是把該名病人送回精神病房去。

在我服務期間，我們有一個嗜酒如命的七十幾歲病人，他的糖尿病控制得很不好。左腿因為糖尿病的併發症，從膝蓋上方截肢。然後他又感染了壞死性筋膜炎，那是一種鏈球菌的皮膚感染，和我在外科實習的病人羅傑是同樣的症狀，不過情況沒那麼嚴重。這個病人已經在醫院裡住了好幾個星期，等著要動手術把發生病變壞死的組織與骨頭切除。但因為某種我們也不是很清楚的原因，他的精神有點錯亂。有一天早上，住院醫師和我進去巡房，感覺上他好像比平常清醒一點。他正在看電視，我們進去時，他還向我們道早安，那是他以前從來不會做的事。

因為受到鼓舞，所以實習醫師決定要再重新測試他的精神狀態。「你叫什麼名字啊？」他問道。

「傑．藍諾（Jay Leno，譯注：一個夜間脫口秀節目主持人）。」

「別這樣，說真的，」實習醫師笑道。「你叫什麼名字？」

「傑．藍諾！」他說，藍色的眼睛露出忿忿不平的目光。

「那麼，你在主持一個夜間節目囉？」

「你說什麼？」他問道，一臉疑惑。

許多住在榮民醫院的病人，都已經走到生命的尾聲。透過之前安寧療護的經驗，我已經非常熟習其中的某些狀況。不過，安寧病房的病人來找我，是因為他們知道自己即將死亡；而在榮民醫院，是由我診斷出病人得了不治之症。我也第一次碰到我有個病人意外地就走了。病人病危時，我會和家屬坐在一起，聽他們討論該為病人做些什麼，並且針對是否該採取侵襲性的急救措施提出建議。我們有些病人自己無法做決定，也沒有家屬可以幫他們做選擇，我覺得自己有責任協助病人做出適當的選擇，但並不是每一次都知道該如何拿捏。比起從前，現在的我更感受到醫病關係力量的不平衡。

White Coat

第30章

大虎

有時候正確的選擇並不是那麼顯而易見的。在短短幾個月的醫學訓練過程中，我學到的是，在半夜裡看起來再正確不過的事，在大白天裡可就不是那麼回事了。

哈維先生大約七十歲出頭。每天早上我們進去病房時，都會看到他醒著躺在床上，和鄰床之間的綠色破舊簾子通常都是拉到一半，他的視線就從簾子的邊緣射出來，褐色的眼睛盯著走進去的我們。哈維先生是個又高又瘦的人，深銀色的頭髮框出了他的臉，嘴很小，嘴唇又薄，在他的長臉上很容易就被略過。他把白色的棉毯拉到胸口一半的地方，手臂放在毯子外面，細長的手指來回摩挲毯子褶皺的地方。因為生病，他的手變得很瘦，肌肉深陷在骨頭之間。手臂上鬆垮的皮膚布滿褐色的老人斑，肘部到手腕之間的長骨頭明顯可見，有如淺浮雕一般。結婚金戒鬆鬆地套在他左手的無名指上，當他比手劃腳表達意見的時候，還會上上下下滑來滑去。

哈維先生是在二十年前中風的，影響到他腦部負責語言組成的布洛卡氏區（亦稱語言運動區），而控制語言理解與創造的部分並沒有受到破壞。他什麼都知道，但卻幾乎無法與人溝通。

這是十八個月以來哈維先生第八次因為腹痛而住院。每一次的症狀都是因為腸道局部阻塞造成的。他的肚子脹得讓他疼痛不堪，而且解不出大便，但是沒有人可以很有把握指出，何以此事一再發生。經過靜脈注射補充水分，以及停止從口腔進食幾天之後，阻塞的問題就可自然解決，然後哈維先生就又回家去，直到下次出現相同的症狀再度入院。

「早安，哈維先生。今天早上感覺怎麼樣？」資深住院醫師問道。我們的資深住院醫師亞當是個沉著冷靜又很隨和的人。他對我們醫學生的角色幽默以對，而我非常感謝他那麼看重我以及我個人的意見。他常常會坐下來和我聊天，有時候會特別談到某個病人，但是大部分的時候，只是聊聊醫院或整個團隊一般的問題。

「呃，我後面我。我、我、我，」哈維先生說。他的褐色眼睛盯著亞當，希望他能了解。「後面我我沒有。」他知道我們聽不懂，於是很沮喪地用手指著自己的肚子。「耶穌基督，耶穌基督啊！」

亞當拉下毯子，掀開醫院棕色的睡衣露出哈維先生腫脹的肚子。肚子上平滑蒼白的皮膚被脹大的腸子繃得緊緊的，有一道亮亮的粉紅色疤痕，從肚臍一路直直延伸到他的鼠蹊部。

「耶穌基督！」他的手作勢指向肚子。「喔，耶穌基督！」

亞當把他的睡衣又往上拉了一點，想聽聽看他的心臟和肺部。他薄薄的皮膚貼著肋骨凹凹凸凸的。當亞當傾身靠近哈維先生，把聽診器放在第二與第三根肋骨之間的凹陷處時，他那藏青色有渦紋圖案的領帶自然向前下垂，滑過破舊白毯的摺層。

為了更進一步了解哈維先生腸道阻塞的狀況，我們安排他進行腹腔電腦斷層掃描。這次的觀察可以讓我們詳細看到腹腔的軟組織與骨頭的結構。我們告訴他，早上晚一點的時候，要送他到樓下的放射室去。

「耶穌基督！耶穌基督！」哈維先生看著我們，攤開雙手聳聳肩。

那一天下午，主治醫師曼斯菲爾德、實習醫師盧斯和我，到放射室去看哈維先生的腹腔電腦斷層掃描影像。我第一次見到曼斯菲爾德醫師時有一點怕他。他是榮民醫院裡的名醫之一，同時也負責住院醫師與醫學生的實習課程。在大型會議中，他總是快人快語，直言不諱。他的身材中等，紅褐色的頭髮理得短短的，下巴還留了一撮山羊鬍。他蒐集了許多七〇年代用色與圖案都十分搶眼的領帶，想必是在當住院醫師時期積累下來的。雖然復古風再度吹起，但還是很難說他那些領帶是符合潮流的。

但我很快就適應了他的風格。雖然有時候曼斯菲爾德醫師對我、我的小組同學或其他醫療人員太過嚴厲，但是當他展現充滿愛心、熱心助人的一面時，我也很能夠欣賞那樣的他。在所有一起工作的主治醫師中，到頭來他是最照顧我，也是最有興趣教我的人。我非常感謝他對我的關照與額外的指導。我們甚至有時候會對如何處理某個特別的病人，有善意的爭論，而且我很喜歡特地多做一點研究來證明我的觀點，或者應該說，大多數時候其實證明了他的觀點。

雖然曼斯菲爾德醫師對小組裡每位病人都很照顧，不過他對哈維先生特別擔心，實在不理解為何一再發生腸道阻塞，所以很急著想要知道這一次斷層掃描的結果。幫我們評估掃描影片的放射科醫師，又是醫院裡另外一位名聞遐邇的人物。只要約翰醫師看過的片子，沒有人會對他的判讀有第二句話。

約翰醫師是個圓胖型的人。他的頭頂一片光明，而濃密的褐色鬍髭在脣上鋪出一片寬寬的長方形。他雙臂交叉抱胸站著，離燈箱有段距離，認真研究片子。「你們看這裡。」他指著片子上攝護腺左側一個巨大的突起。

「看看這個；再看看這裡骨髓的空隙，」約翰醫師指著一處空洞的灰白區塊，就位於骨盆外圍、密實的骨皮質白白亮亮那一塊的中央。「這裡應該是黑色的。」他又仔細觀察了一遍。「這個很令人擔心。轉移性攝護腺癌就可能會出現這個現象。」

他在厚厚的一疊X光片裡翻了一下，又抽出幾張片子。「看看這裡的脊椎骨；還有這個不規則的形狀。情況很麻煩喔。」

約翰醫師抽出一張一年前照的腹腔電腦斷層掃影像來比較。雖然當時骨髓的空隙也是呈模糊的灰色，但範圍比較小。當時骨頭中央黑色的部分比較多。

「這一點讓我很擔心。當然，還有其他的原因會造成這個現象，但是我愈來愈覺得這個病人得了轉移性攝護腺癌。我沒辦法百分之百確定，這是當然的，不過這是我的主要診斷。」

當我們走出放射室時，盧斯說：「可惡。我真希望不是轉移性攝護腺癌。」他沉思了一分鐘，想想哈維先生憔悴的身影，「他的確看起來像是這樣。」

隔天，哈維先生的PSA（攝護腺特異性抗原）達到一一七三，那是攝護腺癌的一個指標，正常值的上限是六。

那天傍晚，盧斯和腫瘤科醫師與哈維先生、哈維太太和女兒見面，一起討論他的治療方式。哈維先生與家人決定，要把侵襲性治療減至最低的程度，不採取任何激烈的措施。他希望能夠盡快回家。他與家人也決定要把病危時的急救選擇，從「全力搶救」改成「拒絕心肺復甦術、拒絕插管」（DNR／DNI）。

在知道哈維先生有轉移性攝護腺癌之前，我們已經事先安排了腸胃科的會診，現在他們也在追蹤這個個案。腸胃科醫療小組的醫師希望哈維先生做結腸鏡檢查，以確定他的腸子裡沒有惡性腫瘤會造成間歇性的腸道阻塞現象。雖然已經有攝護腺病變的證據可以解釋一切症狀，但是醫師還是擔心腸道裡另有一個惡性腫瘤。

就算發現另外一個惡性腫瘤，我想他的治療計畫恐怕也不會有什麼太大的差異。哈維先生會選擇複雜的切除手術嗎？我想他不會。不過我們把這些議題先擱置一邊，因為腸胃科醫師希望能夠進行這項安全又沒有什麼痛楚的程序，而且哈維先生的家人也同意了。

做結腸鏡檢查的那天早上，我們進到病房之後，發現哈維先生特別不舒服，看起來悶悶不樂。「耶穌基督！」他指著自己的肚子，再指房門。「耶穌基督！」他又指了一下房門。

亞當掀起哈維先生的罩衫，他鼓脹的肚子上蒼白的皮膚又繃得更緊了。他的情況很明顯比前一天早上還糟糕。為了將腸子裡的糞便清除乾淨以進行結腸鏡檢查，哈維先生已經喝了一加侖的GoLYTELY，那是一種有鳳梨味道、清洗結腸用的藥劑。雖然他很努力喝掉將近三分之二壺的藥水，但卻還沒開始解出大便或排出尿液。GoLYTELY還塞在腸子裡的某個地方。

「耶穌基督。喔，耶穌基督！」他呻吟著。

那天傍晚的時候，我們拿到了檢查結果。除了糞便與GoLYTELY堵在大腸裡之外，其餘的結腸鏡檢查正常。

我在榮民醫院實習的時候，我們有好幾位病人處於不同的瀕死階段。雖然我們想要盡可能全面、適當、謹慎地為他們治療，但是碰到的問題實在很複雜。對於那些要求不要

「太過努力」去搶救的病人，我們該如何決定何謂太過？我們該花多少的心力去確認最後的診斷？就每個個案而言，我們很難知道自己做的到底對不對。我想大部分的時候我們是對的，但是有時候，我知道我們並非如此。

在我值班的某個晚上，馬力諾先生很晚才被送進來。「你確定你要收這個病人？」亞當問我。「你不一定要接的。聽起來好像結果會很難過。急診部的人說他的情況很糟。」

兩年前，馬力諾先生被診斷出罹患肺癌。當時他一直拒絕進行診斷性的檢查，以確認到底是哪一種肺癌以及該進行何種治療，現在則因為呼吸愈來愈困難、聲音變得愈來愈沙啞而入院。一個星期前的電腦斷層掃描顯示，原本在右肺的腫瘤已經大幅擴散到左右兩邊的肺葉。腫瘤壓迫到他的氣管，而且有點阻礙到右邊的主支氣管，那是空氣進出的主要通道。他最有可能的狀況是背部中段的脊椎骨發生轉移性病變。

「沒錯。我很確定要接。」我告訴亞當。在安寧病房工作過後，我愈來愈喜歡接觸走到生命盡頭的病人。在醫院裡，幾乎沒有醫療照顧者會很積極想要導引瀕死病人接受安寧療護，所以我想我可以藉由強力鼓吹自己的病人，來改變這種狀況，這麼做既是為了病人，也是為了整個團隊。但最重要的一點，生命所剩無幾的病人，通常都會希望有人可以聊一聊，而身為醫學生的我，是醫療小組裡唯一時間多多的人。因此我當然要接下馬力諾先生。

所以，在晚上九點三十分，盧斯和我去找馬力諾先生進行病史的記錄與身體檢查。盧斯是那一年裡我遇到過最好的實習醫師之一。他有一雙深褐色的眼睛，還有一種病人都很喜歡的和善氣質。他的知識淵博得難以想像，我可以問他任何問題，而他也願意花時間來為我解答。盧斯常會特地跑來找我，然後提醒我在巡房時，可能會被拷問的一些細節。

我們兩個去找馬力諾先生。最後，在哈維先生的病房找到他，他是哈維先生的新室友。哈維先生在拉簾的保護下幽閉於晦暗之中，當我們走進病房時，他一直看著我們。

「嗨，哈維先生，」我邊走邊向他打招呼，「你好不好啊？」

他舉起手來又聳聳肩。「耶穌基督。」

馬力諾先生那一半病房的光明，和哈維先生這一邊的昏暗形成強烈對比。馬力諾先生坐在輪椅上，背對著我們。輸送氧氣的細長透明管線繞著他的墨綠色輪椅，一直向上連到他的灰白短髮上。氧氣管蜿蜒到馬力諾先生的正面，然後又在肩膀上出現兩條半透明的帶子，一邊一條。這兩條帶子各自繞過兩邊的耳朵，然後又失去了蹤影，因為又繞到正面的頰骨上去了。

靠近房門口站了一個人。他正忙著和護士說話，叮嚀她一定要仔細記錄馬力諾先生的用藥與劑量。那個人相當年輕，頭髮還是深褐色的，鮮綠色polo衫上面的條紋繃得緊緊的，一直延伸到他兩臂的二頭肌上。還有一個人坐在靠牆的一張橘色塑膠椅上，深灰色的頭髮，鼻子上架了一副紫褐色的大眼鏡。他戴著一頂藍色的棒球帽，身上穿了一套尼龍慢跑裝，腳上蹬了一雙白色的球鞋。他靜靜坐在椅子上，看著那個年輕人跟護士講話。

我繞到輪椅的前面，向馬力諾先生自我介紹。他那亂亂的灰白眉毛，讓淡藍色的眼睛看起來更小了，而圓圓長長的鼻子上，在鼻梁左側有一顆灰褐色的痣。他沒有穿上衣，八個月來雖然瘦了六十磅，可是大大的肚子還是垂在膝上。他的右前臂上有一個已經褪色的藍色刺青，身上穿了一件舊舊的海軍藍寬鬆運動長褲。「馬力諾先生嗎？我是艾倫，我們是負責照顧你的醫療小組成員。這位是盧斯，也是我們小組的。」

「嗨。」他低聲道，不屑地朝我們揮揮手。他抬起濃密的眉毛，把目光從我身上轉移到坐在塑膠椅的那個人身上。從後來的談話，我知道那兩個人是他的兒子。

「你今天晚上覺得怎麼樣？」我問他。

「非常火大！」

「為什麼？你煩什麼呢？」

「他們騙我！」他小聲說，可是掩不住怒氣。

「怎麼說呢？」

他看著我一分鐘不發一語，似乎覺得我應該能夠體會才對。「他們說我的肺病更嚴重了！但是以前他們說沒什麼啊。要不是戒酒，我也不會到這兒來了！」他低聲說。我從記錄上得知，馬力諾先生長期酗酒。

「你是什麼時候開始戒的？」盧斯問道。

「大概是一個多月以前，喝了最後一次，」他的大兒子說道。「對吧，大虎？」
「沒錯！」馬力諾先生應聲道。
「你覺得如果繼續喝酒，你現在就不會生病住到醫院來是嗎？」我問道。
「沒錯！」他看著我，睜大藍色的眼睛，揚著毛茸茸的眉毛，不敢相信我竟然會質疑他的理論。
「所以，你很生氣，因為你以為自己的肺已經好多了，可是現在你卻發現事實上是更加惡化了？」盧斯問道。
馬力諾先生把輪椅轉過去，瞪著盧斯看。他揚著眉毛盯著他。「換作是你，你不會嗎？」他惱怒低語。
「這個消息聽了令人很不舒服。你絕對有理由生氣，」我告訴他。「但是為了今天晚上能夠幫上一點忙，我們需要了解你的狀況。不然你告訴我們，前幾天發生了什麼事，還有今天晚上為什麼會來住院好了？」
「我說不出來！」他生氣回答。
「我看得出來。這個情況有多久了？」
「我不知道。幾天了吧。」
「告訴我上個禮拜的情況怎麼樣。你有咳嗽或發燒嗎？」
「我一直都在咳嗽⋯⋯」他小聲咕噥，然後就變得很沮喪。他轉向還在跟護士談話的小兒子，不耐煩地招手要小兒子過來。

「怎麼啦，大虎？我們都叫他大虎，那是他的暱稱。」他的兒子解釋道。

馬力諾先生指指我和盧斯。「告訴他們！」他小聲說。

「我們只是想知道他過去一個星期的情況，以及他今天晚上住院的原因。」我告訴他的小兒子。

「嗯，事實上我也不是很清楚。我並不是每天都會看到他，但是居家訪視護士每天都去。他住在一棟老人安養公寓裡。這個月來，他的病情愈來愈嚴重，以前他都還會去買日用品，到外面去走走，可是現在連這些事都沒辦法做了。」

「那呼吸呢？他呼吸的狀況如何？」

「嗯，他一直都有使用氧氣。但是他的呼吸愈來愈困難了。」

「我以前都用助行器走路。但是用了這個該死的氧氣之後，我就沒辦法同時用助行器。我連要去該死的浴室都到不了！」馬力諾先生打斷兒子的話。

「但是他有咳嗽或發燒嗎？」

大兒子也湊過來。「他呼吸困難已經有很長的一段時間了，而且已經咳了一個月了，但是一直到這個月之前，情況都還算不錯。」

對話在原地踏步，我完全無法掌握整個情況。不管是兒子還是爸爸，沒人可以提供適切相關的病史。有時候，還會同時出現三組對話：當我努力想要解讀馬力諾先生的低語時，盧斯和他的大兒子談話，而他的小兒子則忙著詢問護士。其他人的對話讓我分心，思緒也不能集中。

「我只是想知道情況到底有什麼改變，還有是什麼原因讓你決定今晚要到醫院來？」我告訴馬力諾先生。

「我說不上來！我不能像這樣過啊！你要我怎麼樣？我自己住耶。如果我連打電話叫人來幫我都辦不到，我怎麼能住在家裡呢？」

「是，我們會盡力讓你的聲音能夠發出來。但是我得知道過去幾個星期你發生了什麼事，這樣我們才能給你最好的醫療照顧啊。你過去幾天能吃能喝嗎？」

「不行，他不能吃東西了，」小兒子告訴我們。「他一直有吞嚥的困難。」我擔心這種現象表示他的肺癌擴散了。

「好吧，馬力諾先生。你身上還有哪裡會痛嗎？你有背痛或頭痛嗎？」盧斯問道。

「他最近有背痛的情形。」小兒子說道。

「都是坐這麼久害的，該死。如果是你，你的背也會痛！我得躺下來。」馬力諾先生小聲說。他向兒子打手勢。

「怎麼啦，大虎？」

馬力諾先生指指床鋪。

「你想要我扶你躺下嗎？」

馬力諾先生又生氣地指一指病床。

「好、好、好，大虎。我們扶你起來。你要不要告訴他們，為什麼我們叫你大虎呢？」

馬力諾先生吸了一大口氣，伸手緊緊抓住綠色輪椅的手把。他雙手用力推，掙扎著要離開輪椅。他離開了幾英寸，又跌坐了回去，然後又撐起來，幾乎快站直了。他的兒子接住他，扶著他走了兩步到床上去。馬力諾先生重重跌坐到床上去，然後便大口大口喘著氣。

「我們小時候，有一次有隻狗跑過來咬了我爸一口。他可不肯善罷干休，反咬了那隻狗一口，而且還咬著不放。所以從此我們就叫他大虎。再沒叫過他爸爸了。」

「喏，大虎，給你。喝一點柳橙汁吧？」他的大兒子說，從床頭櫃上拿起一杯插了吸管的果汁給他。馬力諾先生輕啜了一口，馬上就嗆到咳了起來，隨後便吐出一口橘色的痰液，蒼白的臉漲得通紅。他不停咳了幾分鐘，好不容易才呼吸平順，罵了句「該死」，這是個不好的徵兆。他吞嚥的動作無法協調，而柳橙汁已經順勢流到他的肺部裡了。

當我們開始進行身體檢查時，大兒子告訴我們：「你知道的，他一直都會不小心漏出來，所以現在都穿著尿布。」

「是啊。」馬力諾先生輕聲應道。

「大小便失禁？」盧斯問他兒子。

「沒錯，兩種都有。」

馬力諾先生的身體檢查沒什麼特別問題，但是病情確實已經惡化了，這一點可以由電腦斷層掃描的結果，和孱弱的身體狀況得到證明。他頭部有明顯凸出來的淋巴結，可能四頭肌的力量會因此而受到影響。他的肺部聽起來很清晰，沒有肺炎或肺氣腫的徵兆。馬力諾先生經過急診部與我們一個晚上的折騰，已經累壞了。等做完神經系統檢查，他已經打起盹來。

我們跟他的兒子解釋，他的症狀十之八九是進行中的肺癌所造成的。我們在早上會召集腫瘤（癌）科進行會診，之後再決定該採取哪些療法好讓他舒服些，在家裡也可以方便一點。他的兒子眼看著他的病情過去一個月來每況愈下，心裡早有準備。

「我們不希望採取任何激烈的急救措施，」小兒子告訴我們。「他一向不接受自己有腫瘤這個診斷，就是因為害怕化療。他已經看了太多朋友過世，而他們都覺得化療非常恐怖，通常治療後不久就走了。他不想要任何跟化療沾得上邊的治療。」

盧斯和我離開他的兩個兒子之後，就回到了工作區去。現在已經將近晚上十一點，護理站一片靜悄悄。我們呼叫亞當，幾分鐘之後，他就出現和我們一起討論馬力諾先生的狀況。

「那麼，你有什麼想法呢？艾倫？」盧斯問道。我剛剛才向資深住院醫師大概報告了一下馬力諾先生的病史與身體檢查狀況。

「嗯，我不知道。我覺得他好像沒有肺炎或急性感染的症狀，而且身體檢查時，印象中也沒有氣喘或肺氣腫。不過，我會把他當作肺氣腫來治療，給他抗生素、噴霧治療，還有低劑量的類固醇，讓他可以呼吸。除此之外，我想我們該進行緩和醫療了，或甚至讓他住到安寧病房。」

「關於肺部的情況，我同意你的看法，不過我很擔心轉移性脊椎腫瘤壓迫到脊髓的問題，」盧斯說道。「那是三大腫瘤緊急狀況之一，不管什麼時候有任何病人進來，只要出現未曾有過的大小便失禁現象，你第一個就應該想到可能是脊髓受到壓迫。這些人需要馬上做磁共振影像掃描（ＭＲＩ）、給類固醇，以及做放射線治療，否則他們可能在一週之內全身癱瘓。我也很擔心他吞嚥困難的情況。」

「脊髓受到壓迫的情形到底有多嚴重呢？你覺得他今晚真的需要做ＭＲＩ嗎？」亞當問盧斯。當天晚上要做ＭＲＩ可不是件小事。那是唯一可以評估脊髓受壓迫程度的診斷性檢驗，但是在本地榮民醫院系統中，唯一的一部磁共振機在另一家醫院。馬力諾先生必須由救護車送到三十分鐘車程外的那家醫院去做。

「嗯，我不知道。近期才出現的大小便失禁很令人擔心。不過除此之外，他的神經系統檢查並沒有什麼問題，這一點又稍微讓我可以放心。近端的肌肉有出現無力的現象，不過還很輕微，以肌肉力量五分為滿分的系統來評估的話，他大概是四分多一點。所以，我想就整體而言，脊髓壓迫的問題不是那麼迫切。他今天已經很累了，而且情緒很不好。我想應該可以等到明天吧。」他說。

「艾倫，那你覺得呢？」亞當轉向我。

「嗯，我不是很了解。我以前從來沒有聽過脊髓壓迫的狀況，所以我不知道進展會有多快，或有什麼其他相關問題。但是如果你覺得等一等無妨，那我也沒什麼意見。」

「我同意。聽起來好像還不需要那麼擔心，」亞當說道。「我想他是可以等的，而明天早上的第一件事就是腫瘤科的會診。」

「那今天晚上要不要給他一劑類固醇呢？」盧斯問他。在初期的階段，類固醇已經證實可以控制對脊髓的壓迫，並維持其功能。

「喔，如果脊髓壓迫的可疑程度很低，而他今晚又不需要做MRI的話，那麼我想類固醇也可以緩一緩。」

我們又花了半個小時討論馬力諾先生的用藥與治療計畫，然後在亞當再度被呼叫前，簽下所有的醫囑。

盧斯坐著寫完他的記錄以及其他一些處方，而我則開始處理入院文件。「我真的很擔心這位老兄，艾倫。這實在是讓我很不放心。一個實習醫師是絕對不應該放著脊髓壓迫的問題不處理而去睡覺的。如果我們是在布里根（Brigham，哈佛的另一家醫院），那他今天晚上肯定就會做MRI，毫無疑問。但是在這裡，問題就不是這麼簡單了。我們只能提醒自己記得，明天一早就召集腫瘤科會診，這樣他才能早一點看。」

牽腸掛肚的盧斯，由於隨時都有再被呼叫的可能，所以先離開去搶個幾小時睡眠。我又坐了幾個鐘頭，一邊整理筆記，一邊查閱有關肺癌的資料。我知道曼斯菲爾德醫師會希望我檢查他的痰液，找找看有沒有細菌的證據，讓我們的抗生素治療更名正言順，但每次我進到馬力諾先生的房間，他都睡得很沉，我沒有膽量把他叫醒，要他吐口痰到無菌杯裡。在看過了脊髓壓迫以及相關症狀之後，我也開始操心馬力諾先生了。

隔天早上，我起了個大早去病房取馬力諾先生的痰液，這樣到了早上巡房時，我就可以有結果向曼斯菲爾德醫師報告。我發現馬力諾先生醒著躺在床上，還是沒穿衣服，只穿了條深藍色的運動長褲。他的心情非常惡劣。

「早安，馬力諾先生。我是艾倫。我們昨天晚上見過，記得嗎？」

「這裡真是該死的熱！我整個晚上都睡不著。耶穌基督啊！」他小聲說，學著室友哈維先生的口氣。

「昨天晚上呼吸順暢嗎？」我問他。「我知道你一整晚都很不舒服。但是情況是好一點？更糟？還是和昨晚入院時一樣？」

「可能有好一點。氧氣有點用。」

「很好。那你的背呢？」

「簡直快痛死了！」

「你有吃Tylenol嗎？」

「有，不過沒用。」

「如果Tylenol沒效，我們會開其他止痛藥給你。你有吃其他的東西嗎？」

「沒有。」

「嗯，你的背部沒有理由會痛。我們可以開點藥給你。如果沒有效，你要記得告訴我們。」

我聽著他的心臟和肺部。「不知道你可不可以咳點痰到這個小杯子裡給我？」我扶他坐起來，然後他咳出了一大湯匙的棕褐色痰液，直接吐到小塑膠杯的底部。我拿著杯子，告訴他腫瘤科醫師待會兒會過來看他，然後就朝著實驗室走去。

小小的實驗室裡，白瓷製的水槽因為長年傾倒溶液，上面滿是粉粉紫紫的汙漬，而黑色的工作台上則放了一台老舊的顯微鏡。舊的載玻片和用過的吸量管散得到處都是，一瓶看不出是什麼東西的人體分泌物，放置在一個有紅色蓋子的塑膠容器裡，就放在高高的垃圾桶上，垃圾桶上面標誌著「生化廢棄物」。我很快找到了被翻爛的操作指南影印本，翻到了鑑定痰液或其他分泌物細菌的格蘭染色法。上一次我做格蘭染色法大概是一年多以前的事了，所以我沒什麼把握。我製作了載玻片，然後試著去鑑定，還把裝痰液的杯子和載玻片放在一張標有「馬力諾，3/97」的紙巾上，以防萬一我需要回來重新再做一次檢驗。

我做完載玻片鑑定後，就通知腫瘤科進行會診，但是醫師還沒進來，所以我得等到巡房過後。巡房完，我回覆呼叫，很快便找到了腫瘤科醫師，並且向他解釋我們對於脊髓壓迫的疑慮。雖然腫瘤科醫師認為要延緩病情，恐怕還是少不了化療或放射線治療，不過他也了解和馬力諾先生及家屬見面的目的，應該是討論接下來的幾個月，他願意接受多激烈的醫療手段。

我到病房去告訴馬力諾先生，晚一點腫瘤科醫師會過去看他。我一到病房，就看到哈維先生躺在推床上，正準備送去進行另一個療程。當我擠過推床進到病房時，哈維先生看著我，還把手抬起來。「耶穌基督！」他說，眼睛骨碌碌轉著。

我看到馬力諾先生坐在床邊有扶手的綠色塑膠椅上。

「這是什麼鬼地方嘛？」他一看到我立刻抱怨道。「他們叫我起來坐在這張該死的椅子上，然後就丟下我不管了，我根本爬不起來。他們以為他們在幹嘛？榮民醫院跟以前不一樣囉。耶穌基督啊！」

「需不需要扶你回到床上去，馬力諾先生？告訴我該怎麼幫你。」

他指指他面前的地板。「站這裡！」他小聲說。我走到他指定的位置，看著他把手撐在椅子的扶手上。他雙手雙腳都使勁撐，撐到臉都漲紅了。他撐離了椅子幾英寸遠，然後又跌坐回去。他又試了一次，希望在跌下去之前，能撐得更高。當他終於從椅子上站起身來時，我很想抓住他，但是我這個小矮個兒實在撐不住他的龐大身軀。有個護士幫我把椅子推向床邊一點，這樣他不需要走路，就可以從椅子直接挪到床上去。馬力諾先生靠兩手撐著，臀部離開椅子，危危顫顫晃了好一陣子，兩隻腳還維持九十度的姿勢，不過最後終於站了起來。他立刻轉身，重重跌坐在床上。看著他從椅子上站起來的樣子，我比前一天晚上更擔心脊髓壓迫的問題了。他的衰弱是脊髓壓迫的早期症狀，看起來似乎比前一天晚上我所認定的還要更顯著。

「還有那他媽的電視。遙控器死到哪去了？我根本搆不著！」

我發現白色的遙控器用一條線懸吊在床邊，和病床的護欄糾結在一起。「你想打開嗎？」

「**要！**」

我壓下紅色電源的按鍵，電視應聲打開。但是當我的拇指鬆開之後，按鍵卡在「開」的位置。電視畫面從「夢見珍妮」跳到新聞，再跳到「莎莉・潔西・拉菲爾」，然後關掉又開起來，來來回回不斷重複。

「這個該死的地方。沒有一樣鬼東西能用！」

「我想這個遙控器不是我能修的，不過我出去的時候，會問一下護士。我進來主要是想告訴你，腫瘤科醫師等一下會過來看你。他會跟你談談所有會讓你舒服一點的治療方式。到了這個地步，我們沒辦法把你的癌症完全治好，但絕對可以幫你過得舒服一點。我知道你早就決定不要做切片檢查跟化療，不過腫瘤科醫師今天還是會跟你談談這些療法的可能性。但我想告訴你，最重要的一點是，一切都由你來決定。」我說。

「好。」他點點頭。

「喔，我得走了。」電視還是繼續停不住亂跳。「我會去找護士，看看要怎麼弄那個遙控器。」

我在走廊看到了他的護士。「喔，是啊。那一台一定是壞掉了。有人出院時，我們就一床換過一床。」她說，說完就離開了。

馬力諾先生是病情最複雜的一個病人，我們巡房時第一個討論的就是他。曼斯菲爾德醫師對我們前一天晚上的處置很不滿意。「你們找錯會診了。昨天晚上就該找神經科來會診，看看脊髓是不是受到壓迫，而不是今天早上等腫瘤科來會診。可能你們對自己的神經系統檢查很有信心，覺得沒有脊髓壓迫的疑慮，不過換作是我，我就不會那麼有自信。不管什麼時候，管他是凌晨兩點也好，我一定會把神經科醫師從被窩裡拉出來，替這個病人作檢查。還有，類固醇是怎麼回事？一劑類固醇又不會要了他的命。最起碼他在昨天晚上就應該服用類固醇啊。這個人的脊髓也許沒有受到壓迫，但是可能性並沒有排除啊。這一點不能不考慮。這是很嚴重的併發症呢。」

我對曼斯菲爾德醫師的反應還有我自己，都感到十分挫折。半夜裡研擬醫療計畫不是件容易的事，特別是當病人的問題錯綜複雜，而護士又在一旁催著，要我們趕快寫處方好讓她們去配藥。雖然大多數的時候，我們的確是可以讓病人捱到隔天早上不會有問題，但有時候，何謂正確的決定很難說。在短短幾個月的受訓期間，我學到的是，在半夜裡看起來再正確不過的決定，在大白天裡可能就不對了。對於馬力諾先生的處理方式，我知道我們並不完全坦然。那天晚上我的確認為我們做了最實際的選擇，可是到了隔天早上，我又不那麼篤定了。

那天下午我得提早離開，前往每個星期二下午固定會去的基層醫療診所工作。我不想離開馬力諾先生，因為我覺得他的問題還沒解決，我希望留下來和腫瘤科醫師與神經科醫師一起討論，看看接下來幾天或幾個月怎麼做比較好。

在等計程車送我到診所時，我滿腦子想的都是馬力諾先生。他已經把生命賠給了酒精。從病歷以及他兒子的說法來判斷，他這一生都沉溺在酒精當中。在此死神即將降臨的時刻，馬力諾先生似乎還沒有修復與兒子的關係，或為自己的生命找尋出口。他的生活從來不圓滿，我猜想他的死也不會安詳。我為他和他的家人感到難過。

那天晚上很晚的時候，我在榮民醫院的一個同學麥特打電話給我。「你聽到我的留言了嗎？」他問道。「我想你有一個病人今天下午經過急救之後走了。」

「馬力諾先生？是馬力諾先生嗎？」我問道。

「我想是吧。是在四樓嗎？」

「是啊。」

「我沒有看到很多。等我到的時候，整個房間滿滿的都是人。簡直一團亂。血噴得到處都是。他們試著幫他插管，不過並沒有救回來。整件事都很糟。你聽了還好吧？」

聽到馬力諾先生走了我很難過，不過倒是覺得可以放手讓他去。看著他與家人的互動，讓我想起了安寧療護的經驗。在我接觸過的病人之中，有些人一生情感豐富，與家人朋友關係非常密切；他們活著的時候很幸福，死的時候也很安詳，不管有沒有我們在身邊。另外有些人生活很不正常，對自己不了解，人際關係也搞得一塌糊塗；大多數的情況是，儘管我們竭心盡力，但他們還是走得很淒涼。另外還有一種人，他們願意突破現狀，透過別人協助，打開人際關係的問題癥結，因而獲得內心的寧靜。馬力諾先生似乎是第二種人。做為一名醫療照顧者，我的目標是盡量讓他感到舒適，並且幫助他同時能夠掌握身體方面與精神方面的生活。我並不認為我必須要挽救他的性命或讓他走得漂亮，我只希望能幫他走得有尊嚴。

「是啊，還好，」我告訴電話那一端的麥特。「很遺憾他走了，不過我想這是最圓滿的結局。」

隔天早上，整個醫療小組都在等著我，盧斯一看到我就走過來。「你昨天有收到我的留言嗎？我一直在找你。」

「我忘了聽答錄機，不過我知道馬力諾先生的事了。我和一個同學通過電話，他昨天晚上有參加急救工作。」

「真是很慘，艾倫。我大概是第一個到現場的人，因為我正在四樓寫處方，準備把他送到另一家榮民醫院做ＭＲＩ。整個場面實在很血腥，到處都是血——整個身體、病床、地板都是。他突然大出血灌進了肺裡，就這麼淹死了。我們想幫他插管，管子也插進氣管裡了，可是卻聽不到通氣的聲音。他才剛剛決定選擇放棄急救，不過我們還沒來得及處理書面作業。急救過程很短，因為我們很快就看出沒有用了，而且他和家屬都說過他們不要強力的急救措施。真的很可怕，艾倫。你應該慶幸自己沒有在現場。真是謝天謝地，我們要送他去做MRI的動作慢了一步，否則他很可能會死在救護車上。」

馬克是我們小組裡的另一位實習醫師，他找到我的時候告訴我，昨天晚上大家都很擔心我聽到這個消息會有什麼反應。雖然他們有很多面對死亡的經驗，但是馬力諾先生的死特別恐怖，讓他們都心有餘悸。癌細胞很可能已經侵蝕到他的某一條動脈，進而造成大出血。身為醫學生的我們，並沒有親眼目睹太多死亡的場面，他們擔心這麼慘的死狀會是我的第一次。馬克帶了一封他以前寫給病人家屬的信來給我看，讓我參考他是如何處理這種情況的。那是他當醫學生時，在加護病房照顧過的一個個案。

那天早上巡房之前，我走到學生實驗室去，收拾前一天我留在那裡的化驗用樣本。我走進窄小的房間，在亂成一堆的黑色工作台上，找到我的紙巾。「馬力諾，3/97」。我找到裝著棕褐色痰液的杯子，以及沾了紫色垢漬的載玻片。藉著棕褐色的痰液來回憶一個已經不在的人，實在有點詭異。那不能算是有紀念價值的遺物吧。我踩住標示著「生化廢棄物」的紅色大垃圾桶的踏板，等蓋子掀開後，把塑膠杯丟進桶子深處。

那天傍晚的時候，我和曼斯菲爾德醫師、盧斯與馬克，去看馬力諾先生的屍體解剖。我們一起走到病理部去。我不知道該期待會看到些什麼。我想他們會把馬力諾先生的遺體放在解剖台上，我不知道到時候我會有什麼反應。我曾經閃過要看解剖的念頭，不過很快又改變了心意。我很怕情況會像是在解剖實驗室那樣，只是還要加上人際情感的責任與負擔，一年級在解剖實驗室時，我很努力想要創造這一部分，不過現在卻很慶幸能夠避免。

通過雙扇的金屬門之後，我們進到一間冰冷的大房間。金屬門對面的牆上掛著一個黑底的牌子，上面有白色的小字「停屍間」。房間裡有三張鐵灰色的金屬解剖台，每一張都附有一組手術室用的活動燈。左邊牆面被一個霧面的金屬櫃占滿了；右側牆壁則是一排三個灰色水槽的金屬工作台，上面堆滿了紙張、書本和肥皂盒。兩位穿著綠色手術衣的病理科醫師，在手術燈投射出的黃光下，站在第三張解剖台旁。當我走向解剖台時，看到黃色光線下的台面上空無一物，並沒有躺著一個蓋著屍布、有高低起伏的人體，著實鬆了一口氣。

個頭比較小的病理科醫師自我介紹叫維肯。他走向金屬櫃的那一面牆，拉開一扇門，拿出一個大大的四方形金屬容器放在桌上。他拿開金屬蓋，露出幾乎要滿出來、帶有甜味的深色溶液。他把手伸進金屬容器的底部，抓了幾塊肉出來，然後把它們放在桌上的一個金屬托盤上。「幾個小時之前，我們才把這些浸到福馬林裡去，」維肯解釋道。「我們不能讓這些組織暴露在空氣中太久。這就是為什麼沒有先擺出來等你們的原因。」

「那麼，你們發現了什麼？」曼斯菲爾德醫師問道。

維肯轉過去看著比較高的病理科醫師，他點點頭。「嗯，冷凍過的肺部切片顯示，他的肺部有鱗狀細胞癌，」維肯說道。「除此之外，從身體器官看起來，他可以說是十分健康。如果沒有抽菸的話，應該可以活得久一點。」

維肯指著肉豆蔻色的半英寸肝臟切片。「請看這個。你們再也看不到比這個更好的標本了。就連被膜——也是完美的。你把手套戴上，感受一下那個被膜平滑的觸感。」

我戴上手套，伸手去摸那個肝臟切片。我感覺到整個組織的平滑與冰涼堅實。肝臟外圍結締組織的被膜非常光滑。

「還有心臟……」維肯的手又移到紅褐色的心臟上。他翻開垂直的切口，一一展示四個心室。「這不是個退伍老兵典型的心臟。他沒有任何長期高血壓所造成的心室肥厚現象，也沒有慢性酒精中毒的心室擴張或心室壁變薄的情形。他的瓣膜幾乎沒有老年人鈣化的跡象。」

我用食指與大拇指感受著心室壁肌肉的堅實。我戴著手套的手指滑過像紙一樣薄的白色纖維瓣膜，順著薄薄的白色韌帶連接到紅色的肌肉壁上。

「不過，現在我們來看看肺部。」維肯指著托盤的右邊，那裡放著幾塊從肺部切下來一英寸左右的氣管與淋巴結。肺癌通常會擴散到淋巴結。「好在淋巴結很容易辨認，特別是有抽菸的人。所有吸到肺裡去的碳，不管是住在城市裡吸入廢氣，或者像這個個案是抽菸，都會積存在淋巴結上。」

我看到乳糜狀腫大的白色淋巴結上，布滿了細細小小藍黑色的斑點。我看著粉紅色的氣管，伸出手去感受一下軟骨的堅硬。軟骨的功能就是支撐氣管，然而長癌的斑駁淋巴結既有彈性又堅硬，把氣管都壓迫得只有正常直徑的一半了。我想像著這些器官在不到二十四小時前，是如何組合成馬力諾先生的。這顆心臟在他的胸腔裡跳動，把血液輸送到身體各個部位，而頑固的腫瘤耗盡了他的生命。我認識這些器官原來的主人，拿著這些組織切片，讓我覺得毛毛的。然而很奇怪的是，在我的腦海裡，又覺得器官與人是毫不相干的。這些沒有生命的標本，和我所認識的馬力諾先生一點關係也沒有，它們就只是標本而已。

「那脊髓壓迫的情形怎麼樣？」曼斯菲爾德醫師問道。

「我注意到你提出過那個問題，所以我用手指摸過整根脊柱，並沒有任何變窄的印象。我們也沒找到任何可能會導致那種脊髓壓迫的病變。不過，當然啦，那應該只是臨床診斷而已。」比較高的病理科醫師說道。

維肯把所有的切片組織放回裝著黑黑甜甜福馬林的金屬容器，曼斯菲爾德醫師對他們的報告表示謝意。大夥兒魚貫走出停屍間，我停下來在其中一個灰色大水槽洗手。我特別多用了一些肥皂搓手，之後又再洗了一遍，然後才用粗粗的褐色紙巾擦手。我跟在曼斯菲爾德醫師以及實習醫師後面，走出冰冷的金屬解剖室。用這種方式結束與馬力諾先生之間的關係，實在很詭異。

又一個禮拜過去，哈維先生還住在醫院裡。他和家屬都希望能夠回家，但是他腹痛與腸道阻塞的症狀還是沒有消除。每天早上，他都會指著腫脹緊繃的肚皮，然後又指指房門。「耶穌基督。喔，耶穌基督！」他抱怨著。

終於，整個醫療小組、腫瘤科醫師與腸胃科醫師決定，哈維先生在目前的狀況下可以回家了。變通的方式是居家訪視護士要增加探訪的次數，以協助家屬解決他複雜的醫療需求。家裡的一切都布置妥當，而救護車也安排好在隔天早上把他送回家。可是就在當天晚上，哈維先生突然發高燒到攝氏三十八．八度。胸部X光顯示，他罹患了肺炎。於是，醫師為他打點滴給予抗生素的治療，救護車取消了，家屬也接到通知。哈維先生又得在醫院多待上好一段時間。

現在是我在榮民醫院實習的第四個、也是最後一個星期，哈維先生待在醫院的時間和我一樣久。經過幾天由靜脈給予抗生素治療之後，高燒退了、呼吸道的狀況獲得改善，而從X光片看來，肺炎也沒有再惡化。所以，我們決定讓他回家，繼續以口服的方式完成抗生素的療程。我們提醒他的太太與女兒，一個星期之內，他的病情很有可能再惡化，到時候可能還是得來醫院。不過，他們實在很想讓他回家，而他自己也很渴望出院，所以決定賭賭看。我幾天後就離開醫院了，並沒有看到他再回去。

White Coat 第31章

絕望

卡洛斯的室友說得好：「我討厭自己老是像隻哈巴狗跟在住院醫師屁股後面轉來轉去。但問題是，我們雖然厭煩目前的角色，但卻還沒學到可以走到下一步的本領。」

九個月密集實習下來，我快受不了了。第一個月剛接觸病房時的熱情與幹勁已經消失殆盡，我已經不想幫住院醫師或主治醫師代勞，也不想去適應不同的醫療小組。我對醫院極為厭倦，我的同學也有同感。

在不同的醫療小組與科別之間不停輪調，實在很煩。我幾乎每個星期就換個單位，得馬上摸熟這批人的脾性、猜測他們對我有何期望，還得消化一大堆全新的資訊。等我剛調整好步調，開始適應某個地方某個科別的例行程序時，又得換地方了。對於該汲取的訊息，我從沒有得心應手的感覺，對於變動的環境，我也無法從容以對。升上三年級，也是醫學院裡最難熬的一年，我曾以為最大的挑戰就是必須吸收大量資訊，以及身處高度壓力下的疲憊。但是快速輪調、沒有常規可循，以及得隨時保有熱情，才是難上加難。

卡洛斯的室友說得好：「我討厭自己在醫院裡老是像隻哈巴狗跟在實習醫師和住院醫師屁股後面轉來轉去。但問題是，我們雖然厭煩目前的角色，但卻還沒學到足夠的本領可以走到下一步。」

我在內科門診實習的那個月，有次在有氧舞蹈課時恰巧遇到安蒂亞。雖然我們都在同一個健身房，而且都練得滿勤的，但是上一次在健身房看到她已經是幾個月前的事了。下課後我們聊了一下，她說：「我不知道該怎麼說。我現在在青少年內科實習，照理說我應該會很喜歡才對，因為這是我一直想走的科。可是我簡直慘透了！雖然我每晚都可以在家裡睡個好覺，但還是覺得精疲力盡。即使到現在，我還是找不出固定時間來健身，而這已經是最好的狀況了。我到底是怎麼回事？你有這種感覺嗎？還有，不停的評量簡直就快把我逼瘋了。評量結果好壞大大影響我的心情，這點讓我很沮喪，因為我認為自己並不是個沒有自信的人，不過也許我是吧。」

評量結果的武斷與多變，也讓人困擾不已。有時和小組裡某個人互動不良，就會讓整個評量結果豬羊變色。「產科實習結束時，我到科主任那裡去看評量結果，」某天下午上完病醫課後瑪夏告訴我，「這是我滿想走的科，而我自認這一個半月的表現還不錯。我滿心歡喜走進去，感覺上有點像是『嘿，我來拿評量囉』，可是結果被擺了一道。那是我有生以來第一次得到負面的評價，那簡直就是在毀滅一個人的人格嘛。我崩潰了，徹徹底底崩潰。我並不覺得我跟別人的互動有那麼糟啊。而讓我最嘔的是，三年級學生和大家的關係怎麼可能像一般同事那樣？我們是隨時隨地都在被打分數的，階級完全分明。」

卡洛斯在小兒科的實習評量，前後有很大落差，他也被打敗了。他計畫將來要朝小兒科發展，所以實習和成績對他非常重要。在期中評量時，各科主任對他的表現都讚譽有加。他們告訴他，他在學科上的表現有多好，以及整個團隊和病人有多喜歡與他共事。他們鼓勵他往小兒科發展，甚至建議他也許可以到同一家醫院當住院醫師。但是到了實習的最後兩個星期，他和帶他的實習醫師發生了一些齟齬。雖然他覺得彼此的工作關係還不錯，不過他很清楚他們合不來。到了期末評量時，科主任只注意他最近的表現。

「他們說，有人告訴他們，我這個人不能虛心接受批評，而且有點拿翹。他們說，『這不會影響到你的成績，不過放春假的時候，你應該要好好反省一下。』我能說什麼呢？我簡直就是進退兩難。從來沒有人對我這樣說過。但是如果我反駁他們的批評，不就正中他們的下懷。我能怎麼辦呢？」

瑞努在悲慘的外科實習之後，心情一直無法平復，二月的時候，她決定要繼續延長病假。她再也沒有回來上我們的病醫課。

四月的時候，有一位資深外科住院醫師自殺了。他是外科的明日之星，而且明年就會升住院總醫師，那是莫大的榮耀啊。我是在另一家醫院進行外科實習的，所以並沒見過這位特別的住院醫師，不過我有很多同學都認識他。他們說，他是唯一一位願意教醫學生的外科住院醫師，而且也很照顧醫學生，時時激勵他們，是許多同學的良師益友。

那位住院醫師自殺的方式，是先請一位實習醫師為他打上點滴，然後當天稍晚，他再自行注入混和好的致命藥劑。那位實習醫師對幫他打點滴不以為意，因為這對外科醫師是司空見慣的事，當他們生了病還得硬撐八小時動手術時，通常都會自行打點滴來補充水分。

這個消息很快就在當地各大醫院傳開。有一整個星期，所有的同學、住院醫師與主治醫師都在談論那一樁自殺事件。大家都說這真是太悲慘了：他就快要功成名就了，多麼不幸啊；他是那麼出色的外科醫師，實在太悲情了；他就快要榮登住院總醫師的寶座了，真是太想不開了。後來我們才知道，當時他正要離婚，而他走上絕路的那一天，許多朋友剛好要來幫他搬家，搬到自己一個人住的公寓去。

凱特也在同一家醫院進行外科實習，所以她認識死去的那位住院醫師。後續的幾個禮拜，我們倆還常常談到這件事。「大家都說那真是一個悲劇，因為他真的是個很好的外科醫師，」凱特說道。「但是如果你的私生活一團糟，就算你是個好醫師又怎樣。而且在外科，工作艱難、時間又長，你慢慢被榨得精疲力竭，很容易就會失去人生的方向。哪一個外科住院醫師有時間去精神科門診掛個號的？在外科，你不可能突然消失一個小時。完全辦不到。好，就算可以，在那種氣氛下，你永遠無法開口說，自己需要請假去看醫師。比較悲哀的是，他是那麼沮喪，卻沒有人注意到，而且他也沒有可以求助的對象。那才是真正令人哀慟的地方。」

那位住院醫師死的時候，安蒂亞剛好在他的小組裡。「沒有人說半句話，」安蒂亞說道。「感覺就像是某一天，他突然沒來上班，大家都閒晃著等他來。那一天，我聽到有一、兩個人在談這件事，然後一切歸於平靜，好像什麼都沒發生過。每個人工作得更賣力了，除了自己本來的工作外，還分攤了他的病人與其他責任，整個氣氛很詭異，就好像根本沒發生過那回事。」她說道。

White Coat

第32章

終身大事

回家後，有個人可以真正了解我在外面一天的遭遇，那種感覺真的很好。卡洛斯和我常為了臨床上的兩難或生離死別徹夜長思，總是要想到甘願了才肯放下醫院的紛紛擾擾。

我和卡洛斯訂婚了。

當我結束了內科實習，而他完成小兒科實習時，我們跑到加州去過了一整個星期的春假。訂婚對我來說是個大驚喜。我知道他在小兒科實習時很拚，所以根本不知道他哪來的時間計畫訂婚事宜。事實上，當他告訴我他準備了一個戒指時，我根本不相信。原來他一個多月前開始小兒科實習時，就已經買好戒指了。

早在訂婚之前，我們就已經決定要以配偶身分參加住院醫師訓練地點的電腦分發。以夫婦名義申請，電腦在分發訓練地點的時候就會同時考量兩個人，這樣我們就可以在同一個地方一起接受住院醫師訓練了。我還記得剛剛開始臨床實習的時候，我很緊張，深怕排得不理想的時間表會阻礙我們感情的發展，讓兩人漸行漸遠。我想，如果我們可以通過這個考驗，就一定可以克服雙雙行醫的婚姻生活。二年級考完醫師執照考試，從希臘回來之後，開始實習的前一晚，我們還徹夜長嘆，苦思何以我們會選擇這種職業。我們這麼喜歡膩在一起，為什麼會選擇這種長時間聚少離多的工作呢？

我們三年級的實習時間配合得相當好。我們把放假時間都排在一起，雖然沒有在同一科一起實習過，不過可以說是患難與共，相互扶持。我們只是醫學生，各科實習主任根本不在乎我們哪個晚上值班，只要總時數符合要求就好了，所以我們用了一點技巧，只有最後大概幾個月的時間，我們的值班時間配合得不太好。那段日子還真難捱。有好幾個星期，我們幾天都見不到一面，而當我們終於擠出了幾個小時見面時，兩個人卻都已經累癱了。

可以一起渡過三年級真的是很特別。回到家之後，有一個人完全能了解我在外面一天的遭遇，那種感覺著實美好。醫院的生活非常緊張，卡洛斯和我常常為了臨床上的兩難或生離死別徹夜長思，總是要想到甘願了才肯放下醫院的紛紛擾擾。甚至連睡眠時間一致這麼簡單的事對我們來說都很重要。卡洛斯和我都得在早上六點以前起床，到晚上十點半左右，兩個人早已累得說不出話來。我們常常在黎明破曉前，共享十分鐘的快速早餐，然後分道揚鑣衝到各自的醫院去。一起渡過三年級，並沒有如我先前所害怕的，把我們分得更開，反而讓我們靠得更近。

卡洛斯和我會是班上第二對訂婚的班對。第一對在訂婚幾個月後就分手了。我聽說有幾對也在籌畫中，不過就我所知，我們是少數幾對之一。

一、二年級時威力強大的八卦網，因為三年級的各奔東西而有點停擺，儘管如此，我們訂婚的消息還是迅速傳開。我們從加州回到波士頓已經是星期日的晚上，來不及打電話給親朋好友。但是等我們星期二出現在病醫課時，幾乎全班的人都知道了。同學都很為我們高興，很多人都嚇一跳。我們的小組討論還因此延遲了，因為大家都急著想要知道我們訂婚的過程、結婚計畫，以及住院醫師計畫等等。

實在很湊巧，訂婚後的那一個月，卡洛斯和我剛好安排在同一家醫院當內科準實習醫師，那是一種更深入的一般內科實習。我們得在內科病房工作一個月，和之前三個月的內科實習不同的是，我們現在每個晚上得收更多病人，獨自負責更多照顧病人的工作。在我們實習的那家醫院，四個醫療小組大約要照顧一百名左右的病人。通常每個小組會有一位準實習醫師，以及一、兩個正在進行三個月基礎實習的醫學生。在我們開始實習的前幾天，卡洛斯的室友看到了下個月住院醫師與醫學生的小組分配名單，他不經意地說起：

「嘿，我好像看到你們倆的名字排在一起喔，你們應該是在同一個小組吧。」

剛開始，我也不太清楚兩人同組會有什麼感覺。念了三年的醫學院，不管是個案輔導、小組實驗或分科實習，我從來沒有和卡洛斯同組過。卡洛斯是個聰明又認真的學生，我害怕交往這麼些年之後，他到最後才赫然發現我是個很差的學生。他會以我為恥嗎？如果我們不適合在一起工作怎麼辦？雖然因為實習科別不同必須分隔兩地很令人沮喪，但要被綁在一起那麼久，會不會讓人感到窒息呢？

卡洛斯沒想那麼多。打從聽到我們有可能分到同一組開始，他就滿心期待。如果兩個人不喜歡一起工作怎麼辦？他說，根本不會有這種事；就算我們不喜歡在一起工作，兩個人還是可以當對好夫妻啊。

「嗯，」我說，「等小組成員發現之後，他們一定會覺得很有趣。」

當我們星期一早上九點到達醫院，拿到小組分配名單之後，果真發現兩個人被分到同一組。

「我希望你們倆還在交往，」在我們要去會見小組成員的路上，一個同學偷偷對我說。她顯然是少數幾個不知道我們訂婚消息的人之一。當我保證我們還在一起時，她回答道：「那就好。要不然可尷尬了。」

卡洛斯和我覺得沒有必要特地宣布訂婚一事，不過我們也不打算刻意隱瞞。我們想看看大家多久才會發現，那一定很好玩。後來事實證明，這時間還不短呢。小組成員都工作過頭了，雖然大家相處和睦，不過私底下都沒什麼來往。帶領小組的住院醫師一直到為期一個月的實習結束之後才發現呢。

儘管之前有諸多疑慮，不過等到實習的第一天，我又很興奮可以和卡洛斯同組。雖然還是有點緊張，但我很高興最後能夠出現這樣的安排。我們決定當天晚上我先值班，可是等我們動身去找指定的小組時，我已經開始對這漫長的一日沮喪起來。卡洛斯沖淡了我的壞心情，我知道他很同情我。

有位主治醫師和實習醫師站在走廊上談話，當他們一看到我們四個人好像迷了路一樣，主治醫師便對我們大聲招呼：「你們是新來的醫學生嗎？誰是B組的？」

就是卡洛斯和我。

我們跟著主治醫師與實習醫師進出一間又一間的病房。因為還沒找到置物櫃，我們還揣著各自的背包。腦袋裡灌進一堆扼要的病史，可是我們都拼湊不出完整的訊息，實在是很慘。半個小時之後，另外兩位實習醫師和負責督導的住院醫師加入我們，開始正式的巡房。

督導我們的住院醫師保羅，目前正在接受為期四年的內科—小兒科住院醫師訓練，準備將來同時取得成人內科與小兒科的檢定資格。他身高中等，有著淡棕色的頭髮與稜角分明的五官，說起話來輕聲細語，不過卻很果斷。在那一個月當中，他對病人的尊重讓我印象深刻，在那個工作量超出負荷的系統下，要建立密切的人際互動是很不容易的。

巡房結束後，當我們在值班室裡放背包時，保羅叫住我們。「是這樣的，我們大家處得還不錯，而且會互相幫忙。通常要值班的實習醫生，會替剛值完班的人帶咖啡和早餐進來。所以，如果你們兩個願意互相幫忙買早餐的話，那就再好不過了。」

我笑盈盈轉頭看著卡洛斯。「那麼，你明天願意幫我帶早餐來嗎？」我問。「我想我們沒問題的。」我告訴保羅。

我愈來愈喜歡和卡洛斯同組了。雖然我們之間免不了還是會有競爭，但卻不構成困擾。我們通常都會分攤彼此做不完的工作。如果我的時間比較多，我會用電腦幫他找出病人的檢驗結果，好讓他在巡房時可以報告。如果他比較有時間，他會幫我完成沒寫完的病歷。如果他要值班，而我在下班之前必須傳真一些文件，那他就會接手好讓我先回家。

身為醫學生，大家都期待我們在早上巡房時，能做出比實習醫師更完整的病歷報告。雖然講得太過簡短一定會被罵，但那些實習醫師實在都累到根本不想聽。在巡房時他們通常都在打瞌睡；如果沒有，那就一定在回覆呼叫。這七到十分鐘的報告通常沒有半個人在聽，但是我知道至少卡洛斯會聽我的報告，而我也會聽他的。

我們也樂於分享彼此照顧病人的心得。因為我們喜歡討論醫學問題，所以回家之後還會興致勃勃繼續探討病人的問題與醫療處置。我們會分享巡房時的趣事，也會抱怨荒謬或煩人的事。如果我對自己回答問題或陳述病史的表現不滿意，我會聽聽卡洛斯的看法，接受他的觀點。

剛收到實習成績，發現卡洛斯的表現優於我的時候，我有點驚訝，而且相當失望。我知道卡洛斯是班上最有才華的學生之一。他有超強的記憶，我都不記得曾經看過的文章，他卻可以道出每個細節，而且考試本領也比我強。儘管我很清楚自己不應該，也不能以他的標準來衡量自己，可是就是做不到。過去幾科的實習結果，我們大致旗鼓相當，我並不覺得在準實習醫師階段，我們的能力或程度有什麼差異。考試成績跟臨床成績比起來是微不足道的，所以在這個月的實習中，大家認為我們能力有差，讓我特別難過。但卡洛斯還是一如往常支持我，他認為我倆在醫學上能力相當，他的態度終於讓我釋懷，接受了這些成績。

在這個月裡，我遇到了一位以前也和先生一起接受住院醫師訓練的資深住院醫師。「我們非常滿意，」她告訴我。「他們讓我們有一樣的班表，那真的差很多。即使只是早晚一起搭車，這十或十五分鐘都能增加我們在一起的機會。我們從來沒有在同一個小組待過，所以即使在同一家醫院，要碰面也很難。我想，如果兩人都排在同一組可能又太過了。我們在念醫學院的時候就有過一次經驗，靠得太緊了會覺得彼此的空間不夠，不太舒服，不過，還沒到幽閉恐懼症的地步啦。值班時，有時看見他在吃宵夜，兩人就趁機聊聊。當然，一起接受住院醫師訓練的結果，就是社交圈沒有辦法往外拓展。不過對我們而言一切都很好，我們真的很幸福。」

和她談過之後，讓我放心不少。我並不認為卡洛斯和我沒辦法一起接受實習醫師和住院醫師訓練。但我實在聽過太多醫師夫妻分道揚鑣的故事，家庭生活毀於一旦。我想起二年級時，在座談會上現身說法的幾對醫師夫妻檔。聽起來，他們都好像只是勉強渡過了這段住院醫師訓練期。我還記得有位女士，形容他們夫妻倆當住院醫師頭幾年的婚姻生活是「莫名其妙的不快樂」。現在聽到有人既能和先生一起當住院醫師，又能夠同步成長，的確令人精神為之一振。

雖然要承擔兩人同時當住院醫師的壓力不容易，但另一半不是醫師也不見得就美滿幸福。有位實習醫師的太太從事廣告業。「你知道嗎？雖然有時候回到家，我們可以好好聊聊醫學以外的話題。可是也有些日子，我值完班累得要命，腦子裡面都是醫院的事，我們根本就無話可說。」他說道。

另一位實習醫師感嘆，從商的先生一點都不了解她的工作。「他實在不懂為什麼我回到家時會累成那樣，還有為什麼我不能隨時放掉工作，跑去接女兒。我試過跟他解釋，不過他就是搞不懂。」

「除非親身經歷，否則他永遠不可能體會，」資深住院醫師回應道。「不可能，絕對不可能。」這位資深住院醫師在念醫學院的時候有過一段婚姻，很快就以離婚收場。「有同學想在晚上開檢討會，我說我沒辦法，因為我得回家做飯給先生吃。一位同學說：『那你還在這裡幹嘛？』就在那個當下，我知道我的婚姻就要結束了，」她說道。「我想，這是我對醫學憤恨難平一個很大的原因。」

然而，還是有很多人喜歡與圈外人交往所帶來的多樣性。他們發現，兩人的關係如果離不開醫學，實在既乏味又嚴肅。到底對象是醫師比較好，還是該選個圈外人，這個話題大家永遠討論不完。

「我無法想像，做同樣事情的兩人要怎麼相處，」安蒂亞說道，她先生是個律師。「要同時面對兩種班表，真不知道要如何招架。而且那種生活一定會讓人悶死。兩個人除了醫學之外，就沒別的好談了。」她說道。

卡洛斯和我確實花了很多時間在談論病人與醫學的問題。雖然我們還有別的共同興趣，不過，我們都在病房工作，醫學的確占據了我們生活中很大的比重。我們發現，花在討論醫學問題的時間，跟我們與波士頓的距離成反比。只要出門旅行，我們的焦點就比較少放在醫學上；但是準備打道回府之後，逐漸又三句話不離本行了。等到離波士頓只剩下一、兩英里路時，我們的話題又離不開班表、實習，或是一直想要看的醫學文章了。

分享醫學的一切，對我和卡洛斯而言不成問題，但是其他人為何會受不了，我也可以理解。

White Coat

第33章

鳥人

看著鳥人一次又一次搖頭拒絕插管，我的喉頭不禁哽咽了起來。身為醫療照顧者，不經過一番奮戰就放棄病人，實在不容易做到。死得有尊嚴，在醫院裡並不常見。

鳥人又回來了。他前一天晚上從加護病房轉到我們小組負責的普通病房來。所有的住院醫師都認識他。

當他們提到鳥人時，我以為我聽錯了。負責指導我們的住院醫師保羅和實習醫師在樓梯間談論他，而卡洛斯和我照例跟在後面。等我一回到普通病房時，我才知道自己沒有聽錯。響亮的啾啾聲在通道上迴盪，傳遍整條走廊。沒有人知道為什麼他會一直啾啾叫。大家找不出醫學上的原因，而且只要他想，他就可以叫個不停。護士說每當他想引人注意時，就會不斷發出鳥鳴聲。

鳥人是個四肢麻痺病人，只有四十一歲的他，因為七年前的一場摩托車車禍，頸部以下完全癱瘓。幸運的是，他還保有呼吸的能力，不必藉助呼吸器。他的太太一直都在家裡照顧他，兩個月前才把他送到慢性病照護機構。他在新環境裡過得還不錯，不過兩個星期前，他的體溫突然從正常的攝氏三十六度半左右，降至不到三十三度。嚴重的脊椎損傷，會影響血壓與體溫的調節功能。受到感染時，核心體溫是有可能下降的，然而大部分人的體溫會急遽升高。事實上，鳥人已經被診斷出是源自於膀胱的血液感染。即使已經給他抗生素了，他的體溫和血壓還是不穩定，於是被轉到加護病房進行嚴密的監控。

在加護病房裡，鳥人的體溫還是一直上上下下，而且不知道什麼原因，他的呼吸停止了，醫師幫他插上呼吸管。在借助呼吸器二十四個小時後，他可以自己呼吸了。隔了一天，呼吸再度停止，於是又接上呼吸器好幾天。雖然之前鳥人決定住院期間要放棄急救，不要插管，但是當他和太太被問到願不願意暫時插上呼吸管時，他們都同意了。

等他被送到一般內科那一層時，呼吸狀況已經趨於穩定，也可以自己呼吸了。他的體溫還是偏低，但抗生素似乎開始發揮效果。

鳥人不再啾啾叫了。他躺在一張大床的中央，為了避免產生褥瘡，有一台機器不斷讓氣墊床內的空氣循環，嗡嗡的低鳴聲充滿整個房間。鳥人個子一定很高，因為他的身子伸展開來幾乎和病床一樣長。他的臉色慘白憔悴，萎縮的四肢彎曲著，一雙淡藍色的眼睛直盯著我們看。他深褐色的頭髮剪得很短，是典型的美國式小平頭。他對我們笑了笑，細薄的嘴唇蒼白無力，看他嘴型，好像說了幾個字。

指導我們的住院醫師保羅用聽診器仔細聽鳥人的心臟與肺部。結果似乎還不錯，保羅告訴鳥人他恢復得很好。

就在鳥人接受我們醫療小組照顧的第四天早上，當我們巡房快結束時忽然被呼叫到九樓去。鳥人出現呼吸困難的現象。當我們進到他病房時，裡面已經圍了幾個護士，而紅色的急救推車也已經被拉到病房門口。推車的抽屜裡有急救所需的藥品和醫療設備。鳥人躺在床上，綠色的氧氣面罩蓋住了他的口鼻。他的藍眼睛看著我們，額頭上冒出的小汗珠讓臉色看起來更蒼白。保羅和三位實習醫師站到病床旁，卡洛斯和我則站在角落裡。我們的主治醫師站在我後面，那天早上他剛好跟我們在一起。

「你呼吸困難嗎？」保羅問他。

鳥人點點頭。

「他排便了。」某位護士說道。

保羅掀開床單，露出了一坨黏稠的黑色糞便。「那是血，」有位實習醫師叫了出來。

「做糞便潛血反應。」她說道。

有一位護士拿出一張紙片去測試糞便，看看有沒有潛血。但是她找不到顯影劑的瓶子，於是派我到下面去拿。

當我回到病房時，鳥人的情況惡化了。糞便潛血反應證明的確有出血。雖然戴上了氧氣罩，可是他的血氧濃度還是不斷下降。他的呼吸變長了，而且愈來愈吃力。

「我們需要做ＡＢＧ（動脈血氣體分析）。」保羅大叫。護士遞給他注射包，他立刻在鳥人的鼠蹊部尋找股動脈，以便測血氧濃度。試了幾次之後，暗紅色的血灌入注射筒裡。和原本鮮紅的動脈血相比，那個顏色暗得有點不吉利。

鳥人的情況持續惡化，接著護士便呼叫值班的麻醉科醫師過來。因為麻醉科醫師最有經驗，所以每當病人情況不佳時，他們便會被叫進來替病人插呼吸管。幾分鐘後，兩位麻醉科醫師進到已經擁擠不堪的病房裡，他們拿著一個黃色的大袋子，裡面裝滿了器械。

就在他們進入病房後，ＡＢＧ的數據也出來了。結果顯示血氧濃度嚴重不足，比我們預期的還要糟糕。麻醉科醫師在黃色袋子裡快速翻找插管的工具與藥品，準備動手替病人插呼吸管。

「你現在呼吸困難，」保羅對鳥人說道。「你血液裡的氧氣濃度不足。我們得幫你插上呼吸管。你要插管嗎？」

鳥人搖搖頭拒絕。他看著保羅。

「我們很擔心你。這次很可能跟上次在加護病房時一樣，只需要插上呼吸管幾天就好了。我們可以替你插管嗎？」保羅又問了一次。

鳥人還是搖搖頭。

「打電話給他太太。」保羅對主治醫師說，因為他剛好和我們一起巡房。病人拒絕插管或放棄急救的決定，需要主治醫師簽名才行。高瘦的主治醫師立刻快步走出病房。

「我們必須幫這位老兄插管了，」其中一位麻醉科醫師說。「他的血氧濃度顯示我們現在必須動手。他已經無法自己呼吸了。」

「我想要再多等一下，看他可不可以自己恢復，」保羅說道。「他不想插管。」

「我不知道你在等什麼。他現在就需要立刻插管。」另一位麻醉科醫師反駁他。

「我們再做一次ABG。」保羅說道。

護士又遞給保羅另一個注射包，他再次將針插入鳥人的鼠蹊部。試了幾次之後，他抽出的血液樣本是深褐色的，看起來完全不比第一次好。

幾分鐘後主治醫師回到病房。「他太太說，如果他不願意，就不要幫他插管。」

「你要插管嗎？」保羅再問他一次。

鳥人搖搖頭。

麻醉科醫師愈來愈不耐煩了。「我們不能整天都耗在這裡。這個傢伙需要插管啦。」其中一位說道。

幾分鐘後血氧值出來了。這次更糟，證明鳥人的確需要插管。其中一名麻醉科醫師拿出一個橡膠黑色面罩，上面連著一個黑色氣囊，用來把氧氣擠進病人的肺部去。

「你需要插管，」保羅又對鳥人說了一次。「你血液裡的氧氣不夠了。可能只需要插管幾天就可以了。你要不要做呢？」

鳥人看著保羅，搖搖頭拒絕了。

「你知道我在問什麼嗎？你可能會這樣死掉啊！」保羅問道。

鳥人點點頭。

「好吧，我們決定不插管了。把他轉到加護病房去，那裡可以用氧氣面罩。如果他的代償機能更衰退了，那裡的設備齊全，要插管也不成問題。」保羅說道。氧氣面罩不具侵襲性，而且對加護病房裡的醫療人員來說，插呼吸管的技巧他們也很熟練了。

「但是這傢伙需要插管。我們不能這樣把他轉送出去，他的情況太不穩定了。」麻醉科醫師抗議道。

「在送他到加護病房的路上，我們可以用氣囊幫他打氧氣。他不想插管，我們必須尊重他的決定。」保羅說道。他們可以持續用黑色氣囊，把氧氣打進他的肺裡。

最後保羅贏了。鳥人躺在大氣墊床上被推了出去，麻醉科醫師跟在一旁，規律擠壓黑色氣囊，而保羅則走在另一邊。

看著鳥人一次又一次搖頭拒絕插管，我的喉頭不禁哽咽了起來。不管病人先前選的急救原則如何，當出現真正危急的狀況時，他們通常一心只想要活下去。但是鳥人絲毫不為所動。我眼睜睜看著他選擇死亡。聽任他做出這樣的決定很痛苦，因為我們心裡很清楚，插管可以讓他輕易渡過眼前這個暫時的難關。同時，我也對保羅在處理這個危機時對病人尊嚴的維護感受深刻。他讓鳥人有機會拒絕插管，讓鳥人到臨死之前都還能保有自主權。不管麻醉科醫師如何急於替鳥人插管，保羅還是不為所動。這是我頭一遭在醫院裡，感覺到我們好像做了一件正確的事情。在保羅的帶領下，我覺得我們更人性化了。

身為醫療照顧者，實在很難不採用可以救命的技術，而讓病人只接受簡單、非侵襲性的急救方法，然後死亡。不經過一番奮戰就放棄病人，實在不容易做到。死得有尊嚴，在醫院裡並不常見。

那天早上稍晚，光纖照相機顯示鳥人因為胃潰瘍出血導致血便，不過他並沒有大量失血。鳥人在加護病房裡漸漸復原，也不需要插呼吸管。幾天之後，他又可以回到普通病房了。

幾天之後，卡洛斯和我要去吃中飯的時候，碰巧遇見了保羅和我們的主治醫師。我們到的時候，他們正在談論著鳥人。

「保羅，我真的很佩服你，你讓鳥人有機會拒絕插管，並且支持他的決定，尤其是多數人都主張幫他插管。」我說道。

「其實，加護病房裡的人說，我們早就該幫他插管的，」保羅說。「儘管他和太太入院前就決定病危時放棄急救，也不要插管，但是住院期間，對於要不要插管這件事，他們的心意已經改變過兩次了。這表示他們兩人都很矛盾，不知道自己是不是已經準備好要放手。只要確定插管是暫時的，他就應該要插管。這家人需要時間冷靜下來，好好想清楚他們的狀況，重新評估先前的急救聲明。」

我很失望。我第一次覺得我們做了一件完美又正確的事，可是後來卻聽到，我們的決定有可能是錯的，我有種幻滅的感覺。也許當病人的生命有可能被延長時，死得有尊嚴這件事就變得完全不可能。然而，加護病房醫師的論點也很有道理。我們要給病人選擇生命的機會。是否急救這個決定很複雜。我們怎麼可能每一次都對呢？一般大眾常常會批評醫療人員不當延長病人的生命。但如果無法確定病人已經準備好要走了，我們又怎麼能坐視他們這樣死去呢？

幾天之後，正當我們在看一個病人的時候，接到洗腎部門的急救呼叫。有個病人快死了。我們全部衝過去，當我們到達時，已經有一堆人圍住病人，有人忙著注射腎上腺素，有人開始按壓胸腔，試圖搶救衰竭的心臟。突然有一名護士衝進來，用力揮舞雙手並大喊：「快停！他不要急救！快停！他是DNR（拒絕心肺復甦術）的！」

我們必須採取行動，因為我們根本沒有時間可以思考。查閱急救聲明或是徵詢家屬意見所花的時間，可能就會讓病人沒命。而且如果不只是我們，病人本身甚至是家屬都還沒有準備好要面對死亡，那就更難處理。我們還是必須盡力搶救每一個人，希望有天真的能救了一個真正還不想死的人。

這一層體會讓我對於醫療照顧者的角色感到難過。有了安寧療護的經驗之後，我深信應該讓病人走得單純些，也不要有任何外力介入。我很珍惜與病人及家屬討論各種選擇的機會，傾聽他們決定何時自己準備好要離開人世了。但身為一個醫師，我會被迫成為一個沒有時間多想的角色。我永遠也無法確定我的決定是否正確，只有在知道自己做的是那種情況下唯一能做的醫療選擇，心裡才能稍微舒坦一些吧。

White Coat

第34章

精神科

「如果你在地上撿到一片玻璃，你會怎麼做？」心理醫師問她。桂塔想了一下，然後用呆滯的藍眼睛直視那位心理科實習醫生。「我會割我自己。」

醫院裡，一棟棟的建築彼此相連，好像迷宮陣一樣。成人精神科病房就在右邊最遠那棟建築的頂樓。病房是封閉式的，但並不是一開始就是這樣。幾年前，那裡還是開放式的；病人自願住進去，而且隨時都可以離開。但在管理式醫療體系下，保險公司認為如果不需要把病人鎖起來以確保安全，那麼這樣的病人根本就不用住院。為了保住財源，原本的開放式病房被迫在所有門上加裝金屬大鎖。現在，這家醫院精神科病房的所有設施都上了鎖，跟州裡其他醫院的大多數病房一樣。小兒科病房的大門甚至還貼了一張影印告示，上面用笨拙的黑色字體寫著：「小心開溜！」下面還有一群笑咪咪的卡通人物。

乘坐電梯上四樓，映入眼簾的是一個小門廊，牆上有扇厚厚的玻璃窗，往裡面望去可以看到成人病房。一扇粉紅色的金屬門分隔了內外世界。粉紅色的門廊裡再沒有其他的門或走道了。一旦我後面的不鏽鋼灰色電梯門關上，就沒有別的選擇，只能去精神科病房。透過窗戶，我看到裡面的走廊與護理站。有幾個病人在走廊上來回踱步；有一個人停下來，拿起護理站前小桌子上的薑汁汽水來喝。有一位高挑的女性站在護理站前，一頭褐色捲髮，上身穿著復古式的寬鬆罩衫，下面穿著小喇叭牛仔褲。她的手臂下夾著一個筆記板，手腕上套了一個用粉紅色塑膠線圈做的鑰匙環，上面只掛了一支銀色的鑰匙。我按了電鈴，厚厚的玻璃擋住了鈴聲，不過可沒擋住那位女士傳給我的微笑，她用手上的銀色鑰匙打開門。「需要幫忙嗎？」她問。

精神部很小，房間沿著L形的走廊排列，護理站位於L形轉角中央，病房入口正對著護理站。臥室、娛樂室、五間小會議室和兩間大會議室從一條狹窄的走廊分支出去，從頭走到尾不用一分鐘。病房的十八名病人被侷限在這小小的空間裡；只有獲得特別許可，他們才能享有非常短暫的自由。除了臥室外，每扇木門都上了灰色的鐵鎖，門上都有個小小的玻璃窗。每五分鐘，工作人員就會透過玻璃窗，密切監視病人在裡面的一舉一動。

每個臥室門外都掛了一張硬紙板，上面寫著居住者的名字：卡洛琳、湯姆、吉姆、蜜雪兒、潔西卡、娜塔莉。空蕩蕩的房間裡有一到三張白色病床，醫院的白色棉毯胡亂攤在床上。單格的木製置物櫃排放在房間角落裡，上面也掛著厚紙板名牌。除此之外，房間裡空無一物，沒有相片、卡片，或其他可以凸顯個人特質的小擺設。

娛樂室是病房區唯一沒有上鎖的房間，病人隨時都可以使用。裡面有一張和房間差不多等寬的長桌，以及幾張木椅。周圍還放了幾張舒服的淡紫色塑膠椅子，較長的那面牆整片開了窗。牆角有一架大電視，隨時都開著，而右邊角落裡則放了一架破舊的直立式鋼琴。病人都會在娛樂室玩牌、聊天或看電視。到了用餐時間，娛樂室就變成餐廳。每天早上八點、中午十二點，以及下午五點的時候，門鈴聲響起，送餐點的人就會推著裝滿自助餐盤的金屬餐車進來。有個妄想狂病人認為自己的餐點被下了毒，跑去拿其他病人的餐盤，因而引起一陣騷動。幾天之後藥效發揮，這個問題便迎刃而解。

隔離室在走廊的盡頭。有時候，當病人無法控制自己情緒，出現激烈行為時，他們會自願到那個房間；不過他們也有被迫進入的時候。我在這裡實習的一個月，不只一次見到身穿藍色制服的警衛被叫進來制伏病人，然後送入隔離室。雖然這間隔離室常常在我們的討論中出現，但我從未親眼目睹過。那是完全屬於病人的空間。

經過將近一年的實習後，我已經很習慣總是面對不同的病人與醫師。雖然外科、內科、產科與小兒科之間有很大的差別，但與病人有關的例行公事基本上是大同小異的。我們每天早上巡房會討論病人的問題，並重新評估治療計畫。雖然每種專科重視的訊息稍有不同，但每天面對的不外乎監測各種生命徵象（心跳、脈搏、呼吸、血壓）、處理突發事件，以及調停斡旋等，我都已經非常熟悉了。然而，精神科似乎是個集大成的地方。

晨間報告時，護士會給其他醫療人員一份資料，上面有病人在過去二十四小時的起居狀況。「愛德華昨天比較有精神，比較常在外面走動。下午待在娛樂室的狀況也比以前有進步。」「昨天下午，有人看到藍德爾外出回來後在後面的樓梯間爬行，後面還拖著輪椅。如果哪一位能和他談談這件事，我們很感謝。」這些報告裡也包括前一天參加團體治療的病人名單。「娜塔莉、潔西卡、布萊恩與愛德華參加職能治療做了幾件T恤。珍在她的T恤上畫了一朵黑玫瑰，但不願意透露代表什麼涵義。娜塔莉為女兒做了一件T恤，也談到她有多想念孩子。整個過程很輕鬆愉快，每個人都很高興。」除了具體的生命徵象、實驗室數據與檢驗結果之外，我大概花了半個月左右的時間才聽習慣這些例行日報，也才了解所有這些聽起來瑣碎甚至可笑的訊息，其實意義重大。

在其他科巡房時，我們都是在走廊上討論，然後進到每位病人的房間去，但是在這裡，病人要到團體治療室和他們的基層醫療照顧者進行簡短的訪談，醫療團隊也會在場。在談話中，基層醫療照顧者會問病人他們的症狀、藥物有無副作用，以及當天的治療目標等等。另外，病人也可以申請外出特許。

桂塔是個非法入境的二十六歲奧地利女性。狀況好的時候，她會把一頭棕色捲髮仔細編成辮子；狀況不好的時候，則是把油膩膩的頭髮隨便紮個馬尾。她的手臂上滿是斑點，兩隻手的手腕布滿了一道道淡粉紅色的疤痕。桂塔小時候曾受過嚴重的身心虐待。她明亮的藍眼睛常常在剎那間就變得陰沉、空洞，彷彿靈魂脫離了軀殼。「桂塔！桂塔！」心理科實習醫師大叫，還一邊踢她的椅子。「桂塔！」然後，就像她突然去神遊一樣，桂塔立刻回過神來，眨了眨眼，繼續回答醫師剛剛的問題。

「我今天可以放風嗎？」她照例用帶點腔調的流利英文問我們。

放風是指病人可以單獨到醫院範圍內的任何地方去，一次大約十五分鐘左右，如果事實證明他們表現良好，時間還可以延長。桂塔有長期自殘的記錄，即使是這麼短的時間，她都能把刀片藏在陰道裡夾帶進來。

「如果你在外面受不了，害怕了，你要怎麼辦？」心理醫師問她。

「我會回來。」

「如果你在地上撿到一片玻璃，你會怎麼做？」

桂塔想了一下，然後用呆滯的藍眼睛直視那位心理科實習醫師。「我會割我自己。」

「很好。你很坦白。我們會再討論看看，待會再告訴你。」

「我們會再討論看看」這種答案通常讓病人感到困惑。「但是，」當我們起身送他們出房門時，他們會說：「你現在不能告訴我嗎？我今天不能放風嗎？」他們現在就想知道答案。不過，我猜他們也會擔心，因為會有十二個人坐下來，在他們背後論斷他們的狀況以及適應能力。或許，這是我不自覺將個人情感投射在病人身上，憑自己的感覺，對病人的擔憂做出錯誤假設。不過，想要裁定病人狀況或連病人最小的事都要管，即使對病人不構成困擾，也肯定攪得我心裡很不安。這種對病人施行嚴密控制的體系，向來被描繪成「把『超我』的責任接掌過來」。病人進入上了鎖的病房後，會覺得失控、失落。「超我」在正常的情況下，會提供一個架構，讓人的行為能夠有所依循，但是在這裡，他們的「超我」被削弱了。精神科醫療人員除了給予病人心理治療與藥物外，還會給他們一種外在架構的概念，指引他們重新組合、調整自己的生活。醫師之所以能正大光明限制病人行動，也是從這個概念衍生而來：突然無法控制個人行為的病人，會渴望藉由外在環境的限制，來避免毀滅性行為的發生。然而，不管我多麼確信某人需要我幫他控制生活上各種最細瑣的事，我還是不能接受這種論調。每次只要有一個病人沒有得到具體回答而離去時，我的心情就惡劣無比，覺得自己好像跟大家串通好了一起背叛他們。

精神科就像小兒科，大多數的醫師都不穿白袍，希望能讓病人放鬆些。不過我想，把白袍扔到一旁，對醫師來說何嘗不是也輕鬆一點。相較於我所接觸過的所有其他科別，在精神科病房裡，病人與醫師所擁有權力的差異更加明顯。病人住在與外界隔絕的病房裡，我們可以給病人放風特許，也可以不給；我們也可以開藥改變病人的心智功能，感覺上，我們控制了他們生活上所有的事。法律上有許多保護條款可以捍衛病人的自主權，同樣也有許多保護條款讓我們在一個更自在的體制下放手工作。然而，落在醫療照顧者肩頭的那份權力，實在讓人輕鬆不起來。痛苦的是，只要一看到那件已經泛黃的白袍，不安的感覺就襲上心頭。

White Coat

第35章

潔西卡

我覺得自己被困在這個小房間裡。她不讓我離開，我不知道她會做出什麼事。我背對著大門，所以看不到到底有沒有人照往常一樣五分鐘巡一次。我心裡很怕。

潔西卡是這個樓層最年輕的病人。她只有十九歲，而這已經是她第二次入院了。七個月前，她因為突然精神病發作而住進了本地的另一家醫院，當時她出現幻覺與妄想的症狀。她的精神科醫師認為有可能是思覺失調症。但是後來用藥之後，她的情況好轉了，回復到先前的運作功能。

不過，潔西卡和她母親都很討厭服藥的副作用。她媽媽抱怨說，服藥之後，潔西卡就變得呆呆傻傻的。雖然醫藥可以減緩幻覺與妄想的症狀，卻也同時讓人變得遲鈍。因為潔西卡復原得很好，所以她的精神科醫師同意她停止用藥。上次潔西卡是第一次爆發精神病，所以醫師希望她並不是真的患有思覺失調症，也想幫她的精神病症找出其他的解釋。思覺失調症很難診斷，需要觀察好幾個月，而且預後狀況也很不好。儘管接受治療，但是大多數的人發作過一次之後，以後就很難完全痊癒，好發年齡大概是在十七到二十五歲左右。

起初，潔西卡沒有服藥還能繼續維持正常。她在一家藥妝店工作，同時還在當地的社區大學念書。她花了很多時間準備期中考，一心希望能夠有好成績。但是考試結果不如預期，考得極差。她媽媽說這次的失敗引發了她的憂鬱。這次住院前的幾個星期，潔西卡變得比較沉默寡言，常常自己一個人關在房間裡。住院前幾天，潔西卡下樓來，一直做投球與接球的動作。「你在做什麼？」她媽媽問她。潔西卡告訴她，她週末到紐約去，而且還吻了一個男孩子，不過她媽媽很清楚，那幾天她都鎖在房間裡足不出戶。接下來的幾天，潔西卡的精神狀態更混亂了，而且失去了判斷力。她很擔心住在公寓樓上的人會折磨她媽媽。到了星期一，潔西卡的媽媽帶她去看精神科醫師，而醫師直接就把她送到急診室去了。

潔西卡被強制住院。因為精神科病房是要上鎖的，病人得簽署同意書，表示願意接受該部門治療，以及住到精神病房。但就像其他急性發病的病人一樣，潔西卡並不認為自己需要住院。急診室的人員通常會想辦法說服不願意住院的病人，告訴他們需要進一步的治療，而且鼓勵他們自動簽署同意書，答應住進上鎖的病房。如果病人不簽，急診部的人就會訴諸法規中的第十二項條款。大家比較熟知的名稱是粉紅條款（pink slip），該條款讓醫師有法源的依據，可以強迫病人住院。非自願性住院有嚴格的標準，目的是要避免虐待並保護病人的權利。如果急診部的醫師認為病人會自殘、傷害他人，或行為能力受損無法照顧自己，那醫師就可以依法強制病人入院十天。十天以後，如果病人還不能出院，而且也還沒有簽署自願住院同意書，那醫師就可以訴請法院的許可，在違反病人意願的情況下，繼續把病人留在醫院裡。

以潔西卡的例子來說，她一直聽到有聲音叫她殺了自己，所以急診部的醫師擔心她會有自殺的舉動。潔西卡身材高挑纖瘦，褐色的長髮油油結成一綹一綹的，而金黃色的皮膚也閃爍著油光。她一到精神科樓層，似乎就激動了起來。每次她凝神細聽腦袋裡的聲音時，一雙褐色的大眼睛就會怔怔呆住半晌。她穿了一件暗粉紅色的絨線針織短袖毛衣，下面則搭了一件舊的牛仔褲。住院的第一天，大部分的時間她都待在臥室裡，拒絕踏出房門一步。

在病房裡，潔西卡拒絕吃藥，但是那些藥可以讓她從妄想症狀中解脫出來，同時擺脫腦子裡似有若無的聲音。她不吃也不喝，於是勸她吃藥的任務便落在我的頭上。

雖然粉紅條款讓醫師可以合法把病人硬關進精神病房裡，但病人還是有權決定是否服藥。不上法院，醫師就沒有權利強迫病人服藥，除非他們有立即傷害自己或他人之虞。藥品的作用是「化學性約束措施」。把病人關在上鎖的病房裡，是為了監視他們，確保他們的安全，這種舉措雖然有點激烈，但卻不具侵襲性。而強迫別人服用會改變心智的化學物質所隱含的力量，才讓人困擾。

再說，要告知病人，讓他們做出適切的選擇，病人得先了解藥性、可能的危險與副作用，以及不服用會有什麼後果。我想許多被迫入院的病人，應該不太可能對治療的選擇有詳細的了解。但是選擇藥物治療的病人就會得到應得的藥物，不管他們是否真的有能力判別。只有拒絕服藥的病人，才會正式接受行為能力的評估，並且送交法院處理。我覺得很奇怪，醫師可以違反病人的意志強迫他們住院，正式宣告這個人沒有能力照顧自己，但為什麼卻還堅信，同一個病人會有能力做出合宜的治療決定？也許從下面的假設來切入，就不難理解上述的看法：病人只有權利選擇把控制權交給醫師與其他醫療照顧者，可沒權利選擇要不要服藥。

我在臥室裡找到潔西卡。她的白色被子胡亂蓋在身上，不過並沒睡著。我問她願不願意和我談個五或十分鐘；她笑了笑同意了。我給她幾分鐘的時間起身整理一下，但是她立刻拉開被子，原來已經穿戴整齊：包括粉紅色毛衣、牛仔褲，和醫院提供的綠色保麗龍拖鞋。她很快站起來，跟在我後面，一起出去找個安靜的地方。

音樂教室沒有上鎖。我從來就搞不清楚那個地方為什麼要叫音樂教室，因為裡面根本沒有樂器，甚至連台錄音機都沒有。那只是一間小小的會談室，有幾張柔軟的塑膠椅、一張大桌子，和一張小茶几。房間很狹窄；潔西卡選了靠窗的一張椅子，左邊是張圓桌，我坐在她的斜對角，靠著側面牆壁。我有點擔心這樣坐不妥，因為我知道面對面的談話，對妄想狂的病人而言，會有對抗與脅迫的感覺。他們比較喜歡坐在訪談者的旁邊，兩個人都直視前方，盡量減少眼神的交會。潔西卡弓身坐在椅子邊緣，兩隻腳小心併攏；她脫掉拖鞋，放在身邊的小茶几上，全神貫注觀察自己的赤腳，兩隻光溜溜的腳丫很有節奏地輪流打拍子。

「潔西卡，你好不好啊？」我知道這樣打開話匣子可能不是很好。妄想狂病人通常對問答式的訪談會很有威脅感，可是我想不出還可以說些什麼。

潔西卡抬起頭來，好像想開口，可是只是把眼睛張大了些，露出有點呆滯的眼神。她直視著我，看進我的眼睛裡。「潔西卡？潔西卡？」我叫她。她還是光瞪著我看。

經過大約幾分鐘的光景，她眨了眨眼睛，很快掃視了整個房間。「你剛剛問我什麼？」她開口道。

「潔西卡，剛剛你怎麼了？你聽到什麼聲音了嗎？」

她又以空洞的眼神瞪著我看。我開始覺得有點緊張。我完全不知道她的腦子裡到底在想些什麼。終於，她點頭。

「他們跟你說些什麼呢？」我問她。

她又失神了，跟我直接四目相交。我移開目光，因為不確定自己該迎著她的逼視，還是該躲開。她又彎下身去盯著打拍子的腳丫看。然後，她又抬起來看著我。突然間，她倏地跳了起來，先是維持半站的姿勢，然後完全站直身子。她從房門上的小玻璃窗看出去。

「你是不是覺得不舒服？你想要出去嗎？」我問她。

潔西卡看著我。「對。」

「好吧，那我們就出去。」我鬆了一口氣。她讓我覺得不寒而慄。我可以感覺到自己的心跳加速，腋下和手掌心都頻頻冒汗。我起身走向門口。

「坐下。」潔西卡說道。

「你想留下來？」

潔西卡點點頭。我坐下之後，她也坐了下來。我覺得自己被困在這個小房間裡。她不讓我離開，我不知道她會做出什麼事。我看看手錶。我們進房間已經十五分鐘了，比我早先計畫的五分鐘長了許多。因為房間沒有上鎖，我並沒有告訴任何人我們要去哪裡。我背對著門，所以看不到到底有沒有人照往常一樣五分鐘巡一次。我心裡很怕。

「我怕我再也沒有機會可以像這樣和你說話。」她說道。

「不用擔心，」我告訴她。「我到這裡是來照顧你的，我每天都會來和你聊一聊。」

我說話的時候，潔西卡的眼睛又瞪大了，直視的兩眼又變得呆滯無神。

「你又聽到聲音了嗎？」我再次問她。

經過很長一段時間，她才眨眨眼睛，並點點頭。

「他們說什麼？」我又問她。

潔西卡沒搭腔。停了很久之後，她轉過來看著我。「你想家嗎？」她問道。

我知道她是在說自己，可是我不確定怎麼回答才好。「現在我不會想家，不過你可能會。自己一個人到這個新的地方來，一定很害怕吧。」

潔西卡露出茫然的眼神，然後又開始瞪著我看。「是啊。」隔了很久她才接口。

我愈來愈不自在了。我的汗開始冒出來，在靜悄悄的房間裡，我可以聽到血液奔流的脈動。我巴不得趕快結束這場訪談。「這個聲音叫你傷害你自己嗎？」我問她。

她搖搖頭說不是。

「他們告訴你去傷害別人嗎？」

潔西卡點點頭。然後，她的眼神又陷入呆滯，直直定在我的眼睛上。「我餓了。」潔西卡說道。

「你想不想出去找點東西吃？」我問她。

潔西卡搖搖頭。

我極力想要逃離那個小房間，幽閉恐懼症襲上了我的心頭。我知道這些病人腦筋通常沒有清楚到會計畫進行攻擊，不過我還是小心防著她。她鐵定是比我高大，可是我想應該還是可以和她僵持一陣子。

「潔西卡，我想我們現在應該談得差不多了。不過我很關心你聽到的那些聲音。你看起來好像很害怕。我們可以給你一些藥，吃了藥就可以趕走那些聲音，你就不會這麼害怕了。你覺得這樣好不好？」

潔西卡看了我一分鐘。「好。」她說道。

「那我想我們就談到這裡。我們兩個現在要站起來走出去。我們到外面去拿點藥給你。然後我會再回來，看看你的狀況是不是有改善。」

「好。」潔西卡還是坐在椅子上。

我站起來。「我們一起走吧。」我說道。

潔西卡還是坐著。

「我打開門先走出去，這樣會不會好一點？」

「會。」

現在她站了起來，但還是靠在椅子邊不動。我走了幾步到門邊，然後把它打開。潔西卡拿起綠色的拖鞋，朝我走了過來。我走出去，然後幫她拉著門，她走過來接手扶住房門，也跟著走出了房間。當我踏上走廊，看著大家在身邊穿梭，馬上有解脫的感覺。我安全了。

「來吧，潔西卡，我們去拿點藥。」

「我聽不到你說話。」她對我說。

「那些聲音擋住你了嗎？」

「我還是聽不到你說什麼。」她說道。

「等一等。」她用雙手摀住耳朵。

過了很久之後，我問道：「現在好一點了嗎？現在聽得到我說話嗎？」

潔西卡點點頭。

「你看，這就是我為什麼這麼擔心你的原因。我想這些聲音對你的干擾太大了。吃了藥就可以趕走那些聲音。這就是為什麼吃藥這麼重要了。」

潔西卡跟我走了一段路到護理站去。

比爾是那天下午負責的護理人員，我很喜歡他。他很年輕，說話有濃濃的波士頓口音。他從來就不會對病人傲慢或施捨憐憫，而是以尊重與同理的態度去對待病人。我很放心有他可以幫我處理潔西卡的問題。

「比爾，潔西卡決定要吃藥了。」我告訴他。

「太好了！潔西卡，真的嗎？你決定要吃藥了嗎？」他問她。

潔西卡點點頭。

比爾走進後面的醫藥室，然後把一顆褐色控制精神病的藥片放進小塑膠杯裡。他回來時手裡拿著小塑膠杯，然後把它遞給潔西卡。

「這給你，潔西卡。這個藥會讓你覺得好一點。」

潔西卡把塑膠杯拿到嘴邊，然後又原封不動把它拿開，只見藥片還好好躺在塑膠杯底。

「潔西卡，還記得幾分鐘之前，那些聲音吵得你連我說話都聽不到了嗎？吃了藥，那些聲音就會消失。吃掉它對你來說很重要。我很擔心你喔。」我告訴她。

潔西卡又把塑膠杯拿到嘴邊，斜斜的杯子把藥片滾到她的下嘴唇上，她停了下來，又瞪著我看。

「潔西卡，那些藥可以幫助你的。」我又告訴她一次。

她又把頭稍微向後仰了一下，小小的褐色藥片就滑入打開的嘴巴。她又轉過頭來看著我。

「她沒有吞下去。」比爾對我說。「潔西卡，你要不要喝杯水？」

潔西卡搖搖頭。

「潔西卡，我們不可以在這裡玩遊戲哦。要不你就把它吞下去，不然就吐出來。」比爾告訴她。

「潔西卡，吃藥對你有好處。它可以解決聲音的問題。」我又對她說了一次。

潔西卡還是把藥片含在舌頭底下。

「潔西卡，你現在要決定。看是要吞下去，還是吐出來，」比爾說道。「我想它可以幫助你，不過如果你不想吃也沒有關係。可是現在你得決定，看是要吞下去，還是吐出來。」精神科過去發生過一些麻煩的事，就是病人把藥藏在兩頰囤積起來，事後再一次全部吃下去造成用藥過量，或是再把那些藥分給其他的病人。

「潔西卡，那些藥可以趕走奇怪的聲音。那個藥很安全，你可以吃的。」我告訴她。

潔西卡轉過來看著我。她做了一個吞嚥的動作。

比爾轉向我。「我想她沒有真的把它吞進去，藥片還在她的舌頭下。」

我很驚訝。我還以為她把藥一仰而盡了。

「潔西卡，你到底要不要吃藥？我們不可以在這裡玩遊戲。你要不要吞下去？」

潔西卡搖搖頭。比爾拿起垃圾桶，於是潔西卡傾身，把褐色的小藥片吐出來。她轉身離開，沿著走廊走回去。

「可惡，我以為她真的想吃藥了。她真的需要吃藥。」我對比爾說道。

「我知道。太可惜了。不過就快了。她正在考慮。也許晚一點她就會吃。」

潔西卡走了之後，我有一點時間可以想想我們剛剛的互動，我覺得自己這麼害怕實在是很蠢。長時間直盯著我看，是多麼挑釁的姿態啊，我覺得深受威脅。我很清楚她並不是真的故意要這麼咄咄逼人，而是受制於腦袋瓜裡鬧哄哄的聲音。可是我還是忍不住起了反應，光是和她一起坐在那個小房間裡就花了我不少精力。我無法想像每天都要跟這類病人坐在一起的日子，實在是太痛苦了。

很不幸的是，潔西卡並沒有像我們所希望的那樣把藥吃下去。那天一整天，甚至是隔天，她都沒有吃藥。她的褐色頭髮愈來愈油亮，一綹一綹愈來愈明顯。她長了兩顆大青春症，一顆在額頭上，另一顆在臉頰上。她還是穿著那一身粉紅色的毛衣和牛仔褲。她的妄想症狀還是沒有消退，仍然拒絕一切飲食。

到了星期四，潔西卡出現脫水的現象。她的心跳急遽加快，原本濕潤的眼睛與嘴巴也變得異常乾燥。醫療人員擔心她如果繼續抗拒喝水，脫水會變得很嚴重，因為會造成電解質不平衡。

「我想如果今天她繼續堅持不喝水，或拒絕吃藥的話，我們就要幫她打針了。」帶我的住院醫師尼爾告訴我。為了讓她接受藥物治療，如果她還是不肯吃，尼爾想要利用肌肉注射的方式把藥打進去。

尼爾和我與一位精神科主治醫師討論整個情況。「嗯，」他說道，「如果你認為她的精神狀態問題嚴重，而且很有可能因為拒絕流質食物而導致脫水，造成進一步傷害的話，那我想今天幫她進行肌肉注射是很合理的。我也會毫不猶豫幫她打針。」

尼爾轉向我。「你來跟她談談吧？你去找負責的護士——我想今天是凱文——而我去準備藥品。然後，等我進去了之後，一切就交給你了。可以嗎？」

「好的。」我說道，接著就離開去找凱文。我很緊張。我從來就沒有看過強迫治療的場面，不知道會是什麼樣的情況。我該說什麼呢？我又該有什麼反應？

當我找到凱文時，他很高興我們終於決定要替她打針了。「喔，很好。她真的需要治療。打針之後她會舒服很多。我去多找幾個人，這樣可以壯大聲勢。」他說道。

「為什麼要『壯大聲勢』？」我問道。

「呃，我們喜歡叫一群人到病房裡去。這樣一來，病人就知道我們是來真的，而且比較有可能答應治療。如果他們還是不願意，那人手多一點，要壓制病人也比較容易。基本上，我們是很多人一起把病人押在床上，就像制伏一個小孩子一樣。」

凱文是愛爾蘭人，說起話來節奏非常輕快活潑。我喜歡聽他讀晨間報告，而且我也覺得他是個很棒的護士。如果凱文認為潔西卡應該立刻治療，那我絕對相信他的意見。

然而，我還是覺得這樣的方式很不妥當。「壯大聲勢」令人很不安心，感覺上好像我打算要以多欺少脅迫潔西卡一樣。雖然我百分之百同意她應該治療，不過總覺得我要參與的這件事很醜陋。

我們一行五個人聚集在護理站旁邊，一位護士拿了一個裝了藥片的塑膠杯給我，然後遞給尼爾一個灌滿透明液體的針筒。藥片還包在銀色的鋁箔包裝裡，因為沒有人真的認為她會吃。

我們成群結隊向潔西卡的房間走去。她躺在床上，不過並沒有在睡覺。我站在潔西卡的床頭，其他人則圍在床邊。

「嗨，潔西卡，」我招呼道。「如果我們打擾到你的話，實在很抱歉。」

潔西卡直接盯著我看。

「潔西卡，大家都很擔心你。我很擔心你腦子裡不斷出現的聲音。我看你好像非常害怕的樣子。我們想給你吃一點藥，幫你把那些聲音趕走。這個藥對你很重要。你現在想不想吃藥呢？」

潔西卡點點頭。

「真的嗎？你真的要吃藥？」

潔西卡又點點頭。

「很好，你看。我手裡拿的就是藥。」我說道。我舉起一片銀色包裝，準備把藥片推出鋁箔紙的包裝。我的手有點顫抖。「你要吃藥了嗎？」

潔西卡搖搖頭。

「不要？」我問道。

潔西卡又搖搖頭。

「我知道你對吃藥這件事一直很猶豫。要吃這些藥，你一定覺得很害怕。我向你保證，這些藥很安全的。而且大家都很擔心你，我向你保證，這些藥一定會有效的。因為我們非常擔心，而且很確定這些藥一定會有幫助，所以你現在一定要把藥吃下去。你別無選擇。你可以選擇吞藥丸，也可以用注射的。隨便你，不過你得選擇其中一樣。」我告訴她。

「好吧，打針。」她說。

「你寧願打針？」我問她。「很好。」

「沒錯，打針。」她又說道。

尼爾準備拿著針筒走上前來。

「不要，都不要。」潔西卡說。

「我們很擔心你耶。你必須選一樣。你現在就得用藥。如果我們一點都不擔心的話，根本不需要這樣做。」我說。

「都不要。」潔西卡又說道。

「那麼，好吧。那我們要幫你打針。」我告訴她。

護士走上前來，尼爾把針筒交給她。「潔西卡，小甜心，請你躺下來，翻過去趴好。」

護士把針筒的套子拔掉。潔西卡還是穿著粉紅色的毛衣，不過她已經把牛仔褲換掉，穿了一件藏青色的寬鬆運動長褲。潔西卡聽話地躺在床上，而且翻過去趴著。護士拉下她的運動褲和內褲，用酒精棉擦拭了她的右臀，很快扎針，壓下唧筒，然後又抽出來。

「謝謝。」潔西卡說道，她的聲音有點被枕頭和棉被蒙住了。

當我們走回護理站時，我和尼爾談了幾分鐘。任務達成，而且這麼順利，實在是讓我鬆了一口氣。「你知道嗎？我真的覺得很有趣，我們幫她打完針之後，她還謝謝我們。之前我想她是因為做不了決定才會手足無措，」我告訴尼爾。「依我看來，到底要不要用藥的選擇真是難倒她了，她需要我們幫她排除『做選擇』這個難題。」

接下來的整個下午，潔西卡都在睡覺。四點三十分的時候，她終於醒了。外面天氣灰濛濛的，病房裡已經籠罩了傍晚的昏暗。因為她還是沒有喝任何東西，所以尼爾和我想到房間去，看看是不是可以勸她喝點水什麼的。潔西卡坐在床上，床邊的一張小茶几上放了一個淡紫色的塑膠水壺、一瓶半滿的薑汁汽水，還有一疊免洗紙杯。

「嗨。」我們走進房間時，她向我們打招呼。

「你覺得如何？」尼爾問她。

「好多了。」她說道。

「你還會聽到一些聲音嗎？」他問道。

「還有一點點。你們不坐嗎？」潔西卡指著床尾，還有房間角落的一張椅子。

「謝啦。」尼爾說道，一邊在床上坐下來。我把椅子拉過來。「你知道嗎？」他說道，「看到你好多了，我真的很高興。不知道你記不記得，你前幾天的狀況真的很糟。你一直聽到很多聲音。」

潔西卡笑著。「不知道，我真的不記得了。你們要喝點東西嗎？」她把那壺水給我們。

我們兩個都說不要。「是這樣的，雖然你現在覺得好多了，可是我們還是有點擔心，因為這幾天你一直沒怎麼喝東西，」尼爾說道。「我們希望你可以喝點什麼，就算為我們喝的。也許我們可以幫你倒杯水。你想不想喝呢？」

潔西卡聳聳肩。

「你會擔心這裡的食物嗎？」尼爾問她。「你是不是害怕會被下毒？」

潔西卡點點頭。

「這樣啊，要不然我們大家一起喝好不好？三個人都喝。這樣可以嗎？」尼爾問。

「好。」潔西卡笑了。

「想喝什麼？水還是薑汁汽水？」

潔西卡想了一分鐘。「薑汁汽水。」

「好，你要喝這一瓶？還是我再去幫你拿新的？」

「拿新的。」潔西卡笑道。

幾分鐘之內，尼爾手裡拿了一瓶新的薑汁汽水回來。他打開汽水，而我在一旁遞杯子。尼爾坐在床邊，潔西卡則盤腿坐在床頭。她披著一頭長髮，運動褲的褲管捲到膝蓋上，肩膀上則圍著白色的棉布毯。和早上比起來，簡直判若兩人。雖然她還是蓬頭垢面，但是眼神已經不再呆滯。她已經比較清醒，也很能溝通。我坐在椅子上，三個人圍成了一個圈圈。房間裡還是很暗，不過沒有人想去把燈打開。

「我們來乾杯吧？用薑汁汽水乾杯。」尼爾說道。潔西卡咯咯笑著。他把潔西卡的杯子倒滿，我們的則是半滿。「好，」尼爾說道，「我們要說點祝福的話。怎麼樣？潔西卡，要不要你來說？」

潔西卡又笑了。「祝大家愛情順利、快樂、幸福美滿。」她說道。我們在昏暗的房間舉起紙杯互碰，然後喝下薑汁汽水。潔西卡大口大口一飲而盡。

「換你。」她對尼爾說道。

尼爾又幫大家倒了汽水。「敬愛情。」尼爾說道。我們又再度乾杯。

當尼爾又幫我們添滿時，這次輪到我說話了。「敬正面思考。」我說道。

「敬正面思考。」潔西卡和尼爾同聲說道。我們第三次碰杯，然後喝掉薑汁汽水。我們在寂靜昏暗的房間裡默默坐了好幾分鐘，誰也沒有開口，不想打破這一刻。我充滿平和的感覺。在醫院的病房裡，我們為彼此打造了一個愉快的空間，用薑汁汽水祝福乾杯。我們玩得不亦樂乎。我們連在一起了。

「好吧，現在你已經有一瓶安全的薑汁汽水了，」尼爾終於打破沉默說道。「接下來的幾個小時，你要盡量多喝一點。」他把瓶蓋蓋回去，小心把它放在床邊的茶几上。「這一瓶是你的。而且你隨時都可以到廚房去拿一瓶新的。」

隔天，潔西卡繼續接受藥物治療。她自願的。當藥效開始發揮作用時，她和其他病人在一起的時間也多了。有好幾次，我看到她在休息室裡玩牌，而中餐的時候，我看到她和其他病人一起坐在長桌上吃一盒餅乾，她和大家有說有笑。

那天下午稍晚的時候，我們要開全體工作人員的週會，而我遲到了幾分鐘，當我走進休息室時，大家都很認真在討論潔西卡打針的決定。

「說真的，如果是擔心脫水的話，既然她不肯口服藥物，那比較適當的治療方式，應該是為她打點滴補充水分。精神狀態的問題其實比較次要。」有一位住院醫師這麼說。

「也許你們早該上法院，」精神科的一位社工人員說道。「她並沒有出現暴力行為；她只是安安靜靜坐在病房裡，完全沒有干擾到同一層樓的其他病人。」此時有位病人打開會議室的大門。她的嘴上塗了大紅色的口紅，而且還塗到嘴脣外面去，眼睛四周還上了厚厚一大片藍色的眼影。她的頭上戴了耳機，把一頭蓬亂的褐髮往後箍住。「克利斯，我需要和你談一談。你說我可以出去，可是他們——」

「現在不行，」精神科主治醫師告訴她。「我們正在開會。他等一下會去看你。」

「可是他說——」有一個實習醫師站起來，把她推出會議室外，並且用力把門關上。雖然她很聽話，可是還是不死心，於是她跑到可以看到休息室裡面的那一扇窗戶去，一直在外面看著我們開會。

我很驚訝，大家竟然對我們的決定有這麼負面的看法。我們原本一直認為這麼做是對的。之前，我並沒有真的考慮過打點滴。那天下午我所想到的是，問題的癥結點在潔西卡妄想的精神狀態，而脫水只是這個基本問題引發的一個症狀。如果能夠解決基本問題，那麼脫水的症狀也會一併消失。那一天，我們以潔西卡的精神狀態為基礎來看待整個問題，並不認為單單處理脫水就好，而我們給藥的方式，看來似乎是一種合理的介入。我並不認為我們濫用了特權。但是現在，聽到了這些看法，我擔心也許我們當時太急著解決問題了；也許我們侵犯到她拒絕治療的權利。看著潔西卡思考能力有明顯的改善，焦慮也逐漸消除，但同時又要下結論說我們做錯了，這似乎很違背我的直覺。不過也許我們真的錯了。也許是我錯了。

通常我對於自己做的事會想得很仔細，特別是要進行某些療程或藥物治療之前。本來我一向對侵入式的干預是有偏見的，但是這次我卻沒有想到要從另一個觀點來看這件事。

事後，尼爾與我討論那一場會議。「你知道嗎？這實在有點奇怪。剛開始的時候——你錯過那部分了——我們才剛提到發生了這個情況，大家立刻就表示贊同，一副『理應如此，連想都不用想』的樣子。但是到最後，當所有的問題都浮出台面，又變成大家都一面倒說那個決定錯了，」他說道。「但是你知道啊，那怎麼看都是正確的啊。」

我後來走開去處理別的工作時，看到潔西卡在走廊上走動。也許我們做的不是最合乎道德的決定，不過如果我是處在她的位置，而事先知道我現在所了解的狀況，我會希望照顧我的醫療人員，用盡一切方法把藥送進我的體內。我無法想像，生活在她的內心所創造出來的地獄裡會是什麼樣子。

潔西卡持續服藥，我很訝異她竟然可以恢復得這麼快。星期五我離開的時候，認為她的狀況已經很棒，等到我星期一去醫院的時候，看到的更是一個全新的人。潔西卡為早上的巡房寫了一份書面聲明，描述她有多高興可以在週末的時候，享有幾次外出的機會。

她離開房間時，尼爾問她：「潔西卡。你記得上個星期見過我或是艾倫嗎？」

潔西卡回頭看著我。「我有點記得你，不過真的不記得她了。」

「你記得很多上星期的事嗎？你也可能不記得吧，因為你真的過得很辛苦。」

潔西卡搖搖頭，而且有點尷尬笑著。「不會，還好啦。」

「那你記得什麼呢？」

「嗯，我記得打了一針。不過其他就不太記得了。」

潔西卡待在醫院裡的最後幾天，我又問了她好幾次，想請她告訴我對於我們幫她打針的感受。

「我不知道。你是指什麼呢？」當我問她的時候，她說道。

「你有什麼感覺？會害怕嗎？還是會痛？還是覺得鬆了一口氣？」

「不知道。還好吧。」她一直無法描述自己當時的感受。

我們為潔西卡做的事正確嗎？我知道她很需要那些藥。也許我們應該訴請法院，以確保做出公正的決定。不過儘管有諸多對立的論點，看著回家之前的她，我真的深信我們做對了。

雖然在那個月當中，我一直無法對精神科醫療照顧者的身分感到自在，可是離開的時候，我卻對精神科有了更深的敬意。其他科別的醫師常常會拿精神科開玩笑，認為朝九晚五的上班時間太容易。沒錯，上班時間是比較短，不過要和這些病人坐在一起，同時要協助他們找到生命中的寧靜，這股壓力可不是那麼輕輕鬆鬆就可以排解的。

第36章

White Coat

問問題的力量

有個小朋友來看喉嚨痛，但是在問問題的過程中，我發現他們家即將面臨斷電或停話的危機。或者有些家庭有吸毒或家庭暴力的問題；另外還有中輟生的問題。

瑪莉梳著兩條長長的辮子，垂過肩頭的部分自然捲成臘腸狀。她褐色的眼睛大而明亮，靦腆的笑容一閃而逝。瑪莉和她媽媽只會說西班牙語，他們是非法移民。那一天，瑪莉到診所來做一般性的身體檢查。做完檢查時，我給了她一枚寶嘉康蒂公主的貼紙（譯注：迪士尼動畫「風中奇緣」裡的印地安公主），她躊躇了一下才收下來。「那個女人是誰？」我用蹩腳的西班牙文問她，還用錯了「女人」這個字，說成「那個東西是誰？」

她看著媽媽，然後又看看我。「寶嘉康蒂。」她終於開口。

但是瑪莉的腳還是很痛。就在兩年前，瑪莉和媽媽住在一棟老舊的公寓，在一次例行的篩檢中，瑪莉的鉛濃度又回到八十一，比上限十一高出許多。血液中的鉛濃度超過六十，就可能損及智力，但是因為瑪莉和媽媽沒有電話，也不會說英語，所以多花了一個月才追蹤到他們。後來還是有人直接跑到他們家去才找到人。瑪莉住院進行螯合治療，以去除身體裡的鉛**（編按：螯合劑可與金屬結合，以減低身體囤積的重金屬量，加速重金屬的排出）**。X光片顯示她腿部骨頭的病變，症狀和嚴重的鉛中毒一樣，這很可能是造成腿部疼痛的主要原因。

唯一避免鉛再度累積在她血液中的方法，就是把公寓裡含鉛的油漆清除掉。不過因為她和媽媽住在那裡並沒有經過合法的簽約，所以房東拒絕履行義務。瑪莉和媽媽被迫住進了庇護所，可是庇護所的規定嚴格又繁瑣，讓他們無法去看診。經過長期奮戰之後，這家診所終於強迫房東把公寓裡含鉛的油漆去除，而瑪莉和媽媽剛好及時可以在聖誕節前返家，不過這已經是一年以後的事了。現在，在還是沒有合法租約的情況下，瑪莉的媽媽提不出居所證明，以致瑪莉無法在即將到來的新學年到幼稚園註冊上課。

「你不能讓她進幼稚園？可是她應該要去上啊。這一點很重要。」山慈醫師用腔調很重的西班牙文告訴她。山慈醫師是診所裡少數不是拉丁美洲裔的醫師之一，但是幾年下來，她已經學會了西班牙語。她身材高挑，古道熱腸，頂著一頭精心梳理的金髮，身上還戴著閃亮的珠寶。她對於社區的需求很敏感，而她的病人都很喜歡她。

瑪莉坐在檢查台上，用連珠炮式輕快活潑的西班牙語，滔滔不絕對我這隻牛彈琴。

「你有去找家長會嗎？」山慈醫師問道。

「有啊，不過他們向我要租約，可是我拿不出來。」她媽媽說道。

「你有和其他人同住，而那個人有公寓的租約嗎？」

「沒有。我們沒有租約。」

山慈醫師拿起檢查室裡的電話，立刻打到家長聯誼會去。她一手握著話筒，一邊問瑪莉的媽媽：「你現在可以過去嗎？去找法蘭西斯卡。我向她提起你的情況，她現在在那裡等你，她會協助瑪莉入學。不過你得快一點，因為他們再四十五分鐘就下班了。」

瑪莉的媽媽迅速幫她穿好T恤和背心裙，然後朝我們點頭微笑之後便離開了診間。

「謝謝、謝謝。」瑪莉媽媽說道。

瑪莉和媽媽住在波士頓市郊一個大部分由拉丁裔居民組成的社區，我在那裡的基層小兒科診所進行選修的實習課程。自從冬天在小兒科病房實習過後，我就一直對小兒科很著迷。已經六月了，住院醫師選科就快到了——我得在兩個月內提出申請程序——而我還在小兒科與成人內科之間搖擺不定。我知道在這兩種專業裡我都可以怡然自得，所以並不擔心最後的決定。我只是不知道該如何做選擇罷了。

現在升上了四年級，我已經完成了大部分必修的實習課程，所以有時間可以選擇臨床的選修課。選修實習和我剛完成的基礎實習不同，選修的時間只有一個月。有的像是加護病房的實習，必須要長時間工作，而且要值夜班，不過大部分選修實習的要求，大體上來說是比基礎實習要來得寬鬆。同學和我可以在任何有興趣的專業科別進行選修實習，而我們通常也會利用這幾個月，來摸索各科的工作生態，做為將來選擇醫療生涯走向的參考。

雖然我喜歡在醫院照顧重症兒童，但卻沒有把握自己是否同樣喜歡接觸健康的小朋友。我自己推斷，如果我對小兒科門診也樂在其中的話，那肯定可以當個快樂的小兒科醫師。我需要根據這個月的經驗來檢視自己是否喜歡門診。

這個拉丁裔社區有許多非法移民。也因為在這個社區西班牙語通行無阻，所以很多移民根本就不學英文。有個會說英語的媽媽告訴我，她把五歲的兒子送到雙語學校，這樣他就可以聽懂雜貨店的人講什麼，然後翻譯給她聽。我們常常會碰到病人來到診所，而他們的父母或祖父母之一完全不會說英語，事後卻發現這些家庭已經移民美國十幾二十年了。這裡許多就業人口都說西班牙語，甚至連公立學校都提供幾乎完全以西班牙語為主的基礎課程，或為剛入學，本來說英語的人開「補救班」，教他們認識簡化過的字彙。

我服務的這家診所規模很大、設備很現代化。它的門診包括成人內科、小兒科、婦產科、精神科，也有基本的急診服務。在小兒科門診的醫師，幾乎全部都能說上一口流利的西班牙語，而診所裡所有的祕書、護士和其他的工作人員全都是在地人。我從來就沒有上過西班牙文課，不過為了和卡洛斯的家人溝通，我曾經試著利用錄音帶來學西班牙語。開始實習之前，我先學了身體各個部位的名稱，希望靠著一招半式就能夠捱過一個月。那個月快結束時，我已經可以用西班牙語，以是非題的方式來拼湊基本的病史，不過只要病人開始嘰哩呱啦講一些非預期中的訊息，我就會被搞得一頭霧水。

對於來到這個診所的病人而言，醫療問題一般並不是最重要的難題。有個小朋友來看喉嚨痛，但是在問問題的過程中，我發現他們家即將面臨斷電或停話的危機。或者有些家庭有吸毒或家庭暴力的問題；另外還有中輟生的問題。這個月讓我印象最深刻的是詢問的重要性，因為我完全不知道我會聽到什麼。通常我發掘到的問題，比起讓他們來到醫院的病症還迫切。念醫學院一年級時，我被引領而體認到醫病關係中的那份親密感，也知道去了解病人人性化那一面的重要性。但是上了二、三年級，我則沉迷於把普通人都看成病人，希望藉此提供最適合他們的醫療需求。這個月的實習提醒了我，在承擔這個角色的同時，不僅要把小朋友和他們的家屬當作病人來看，更要把他們當作一般人來對待。

幫派與毒品暴力在這個社區十分猖獗，而且並非只限於青少年。我們有一個病人的媽媽是個拉丁人，一頭染過的金髮，嘴上塗了鮮亮的唇膏，指甲上了火紅的蔻丹，腰上還繫了一條鑲滿假鑽的皮帶。山慈醫師照顧這位女士的孩子好幾年了。她曾經嫁了一個混幫派的男人，兩人生了一雙兒女。她後來愛上了追緝她先生的一名聯邦調查局幹員。她在先生啷噹入獄時離婚了，然後改嫁那個調查局幹員。幾年前，她的前夫出獄了，她擔心他可能會來糾纏她或小孩，不過就山慈醫師所知，到目前為止還都平安無事。那天下午，她帶著十一歲的兒子和八歲的女兒，來做學校安排的體檢。

在檢查室裡，她的兒子和女兒分別坐在她的左右兩邊。她的兒子很輕鬆和我們交談，告訴我們有關學校和朋友的事。要開始檢查時，他自動跳上檢查台，把襯衫脫掉。不過，他的妹妹卻極為害羞。當我們走進檢查室時，她蜷縮在媽媽身邊，而且用那一雙深褐色的眼睛小心翼翼凝視著我們。她不願意和我們說話。她母親提到她在學校裡有點適應困難。一年前，他們搬到比較富裕的社區，那裡的學校比較好。有一次她女兒的老師寄了一封通知到家裡來，因為小女孩不願意自己一個人去上洗手間。

輪到要檢查小女孩時，她跑去躲在門邊的角落，一直盯著我們的一舉一動，直到她媽媽把她帶到了檢查台上。她不願意脫掉衣服，而當我們威脅要幫她脫時，她反而把自己環抱得更緊。最後我們終於哄到她願意脫掉衣服，可是當我的聽診器碰到她時，她明明看到我慢慢放到她的胸口上，卻還是嚇了一大跳。

山慈醫師安慰她媽媽：「她還真是個內向的小孩。不過轉了那麼多次學，她不敢自己一個人去上洗手間，我並不意外。換做是我，我也不敢去啊。過一陣子大概就會好了吧，不過，這個情況如果持續下去的話，我們可能就要進一步仔細去了解一下了。」

我看著這個小女孩，實在有點擔心。我懷疑她是不是受過什麼侵害。她盯著我們看的那種高度警覺性，瑟縮在一旁時的恐懼，以及對聽診器強烈驚恐的反應，對我來說都很不尋常，那比較像是有創傷後症候群的人會有的反應。我很懷疑她為什麼特別害怕上洗手間。她曾經遭受過性侵害嗎？可是她的身體檢查一切正常，身體上沒有異常的疤痕或淤青，而生殖器也沒有受過性侵害的跡象。出了檢查室之後，我把自己的擔憂告訴了山慈醫師。

「我想我並沒有認真考慮過這一點，因為她有一個這麼好的媽媽。不過的確是很有可能，既然你提到了，我想她的行為舉止很可能是一種暗示。下次他們來的時候，我再深入了解一下。」山慈醫師說道。

我看過這個社區裡很可怕的虐童個案。虐待兒童並非專屬於窮人或移民的問題，所以我們沒有理由認為這個社區的虐童個案會比其他地方來得多。不過，他們的家庭結構相當複雜，大部分的人都與親戚同住，因為初來乍到，所以還需要經過一番奮鬥才能自立。父母親通常都要長時間工作才能讓家庭的收支相抵，相對就是小孩子會有好一段時間沒人照管。有些小兒科醫師推斷，這些極端的社會壓力塑造出一個混亂至極的環境，才會讓亂倫、虐待或疏忽有機會發生。

有一個媽媽手裡推著嬰兒車，身後跟了兩個小蘿蔔頭，一行人匆匆忙忙走出醫院，差一點和我撞個正著。山慈醫師把我拉到一邊告訴我他們的故事。「你看到了那個太太和她的三個小孩嗎？他們總是在預約時間過了幾個小時之後才來，根本趕不上樓上精神科門診的約。他們家老二有注意力缺陷症，幾年前，他從三樓的窗戶摔出去，頭蓋骨骨折，在加護病房裡待了一個月。意外發生後大約一年左右，她便開始到我們的診所來。」

「不過，幾個月前，她來看診時都帶著老大和老么，唯獨不見老二的蹤影。所以我就問她老二在哪裡，然後她就說，『喔，我今天不能帶他來。他起不來。』我問她，『你說起不來是什麼意思？』然後她告訴我前一天晚上，他爬到一棵樹上去，結果摔了下來，硬生生卡在鐵柵欄上。所以，我當然就立刻叫救護車，並且通知社會服務部。結果他的骨盆腔骨折，陰囊裡大量積血。他們把陰囊裡的血抽出來，可是無法縫合，只能留待它自己痊癒。所以那個小朋友必須每天洗澡，保持那個部位的清潔，以免受到感染。今天，我問那個小朋友有沒有洗澡，他回答說沒有。於是我就問他媽媽，結果她說她叫不動。我提醒她這件事的重要性，可是她卻說，『喔，那你要我怎麼辦？打他嗎？』」

山慈醫師告訴我她最慘痛的經驗。有個母親帶著她十四歲的女兒到診所來，因為她胃痛。這個媽媽在一旁抱怨，女兒最近一直胖起來。山慈醫師看著這個女孩子，馬上就知道她是懷孕了。她花了好一番功夫想要支開那個媽媽，最後只好以檢查為由強迫她出去。女孩脫掉衣服躺在檢查台上。「你知道嗎？你懷孕了，而且已經很久了，」她告訴她。「你有男朋友嗎？」

「沒有，」女孩答道。「我媽媽不讓我交男朋友。」

「那你一定曾經有過男朋友。」山慈醫師說道。

「是我爸爸。」

「我不是指你的爸爸。我是說，男朋友。你以前一定有男朋友。」山慈醫師重複道。

然後那個女孩又告訴她一次，「是我爸爸。」

「她連續說了三次，我才恍然大悟是怎麼回事。我實在太震驚了，非得要離開診間去靜一靜，想想看接下來該怎麼說。當我走出診間時，她的媽媽就坐在外面，她看著我，臉上一副『我現在可以進去了嗎？』的樣子。我實在很想吐，」山慈醫師說道。「詢問的結果是，媽媽要工作到五點，但是爸爸三點就回家。每天下午女兒放學之後，他就對女兒性侵害。」

布萊恩是個十三歲的男孩，正處於身高急遽抽長、看起來笨手笨腳的尷尬期。他的金髮帶有紅色，五官有稜有角，身上穿了一件黑色T恤，以及低腰的牛仔垮褲。他很討人喜歡，不過有點喜怒無常，一下子調皮搗蛋、活蹦亂跳，不是玩壓舌棒就是弄眼底鏡，一下子又深沉陰鬱，繃著一張臉瞪著某個角落看。他幾年前被診斷出有注意力缺陷症。那天下午，他和父母來到診所，因為他們家處於危機中，法院公聽會正在進行為他安排寄養家庭的事。

布萊恩的父母離婚了，而他媽媽的男朋友討厭布萊恩。他們吵得很凶，所以他不再讓布萊恩住在他們家。十八個月來，他一直和爸爸與姊姊住在一起。布萊恩有嚴重的氣喘，可是他今年開始抽菸了。他從爸爸和姊姊那裡學會了這個壞習慣，他們還給他菸抽。抽菸極有可能會引起氣喘的發作。一個星期前，布萊恩就因為嚴重的氣喘發作而住院，在急診室時，醫師才發現他過去一年來都曠課。很明顯，布萊恩早就決定不去上課，而他爸爸也隨他待在家裡整天打電動。因為某個不得而知的原因，學校也沒有追查他缺席的原委。布萊恩曾經在十二月的時候來找山慈醫師看診，不過出於難得的疏忽，她並沒有問他有關學校的事。

「我真不敢相信我會這麼蠢。我一向都會問的，這次竟然疏忽了。真是糟糕。也許我本來可以扭轉這件事的。」她說道。

那一天，布萊恩被安置到寄養家庭去，而星期一他又回到診所來，剛好可以趁機了解一下他週末在寄養家庭過得如何。當我們進到檢查室時，他就坐在檢查台上，煩躁地玩弄著眼底鏡，一雙手不停把上面的燈開了又關，關了又開。

「大致上還不錯啦，」他告訴我們。「那有很多小孩子，不過羅菈要我們做很多家事。我們下午都會打籃球，很好玩。」

山慈醫師認識羅菈。「她是一個不錯的寄養媽媽。很嚴格，但是能夠掌控孩子，並且確保他們的安全。我很高興他可以到那裡去。」雖然沒有明訂他待在寄養家庭的時間長短，不過看來他會無限期和羅菈住在一起。社會服務部安排布萊恩在秋天的時候開始念八年級。

所有這些小孩都需要他們的醫療照顧者主動出擊。他們需要我們去發掘，他們在家裡到底發生了什麼事。有些時候我們還沒機會問就出事了；有些時候我們因為粗心大意而錯失了良機；可是也有些時候，我們的詢問與鼓勵確實扭轉了乾坤。

有一天下午，莎菈來看山慈醫師，要拿治療青春痘的處方。她非常嬌小，比我還矮上一截，那天她穿著套裝。「哇！很好看耶。」山慈醫師說。

莎菈頓時笑了開來。「我還太瘦啦。」她得意洋洋展示手上那顆心形的鑽石戒指給我們看。「我訂婚了，」她告訴我的指導醫師。「他在一家修車廠工作，我們打算明年結婚。」

「恭喜啊！」山慈醫師說道。「還有我聽說你要到這裡來當祕書呢。什麼時候開始啊？」

「今天是我第一天受訓。我會到這裡工作，就在小兒科。」

「那你妹妹呢？」

「她很好，剛從觀光學校畢業，也在市區的一家律師事務所找到工作。她每天都通車到波士頓。」

莎菈只需要簡單的處方，所以我們沒有多耽擱她的時間。

「我在三年前認識了莎菈和她妹妹，」山慈醫師說道。「當時她們本來該念高中的，可是都輟學在家，和父母住在一起。那棟公寓是親戚的。他們沒人有工作，經常三餐不繼。但是這兩年來她們發憤圖強，扭轉了自己的命運。她變得跟之前完全判若兩人。」

我很喜歡待在小兒科門診的那一個月。門診的醫療問題，大致上沒有我在醫院遇到的那麼複雜，不過也有它的挑戰之處。在醫院裡，病童隨時可以獲得立即的支援；而在門診的環境裡，錯誤的決定所造成的後果卻可怕多了。

我特別喜歡處理社會問題。這些病人需要他們的醫療照顧者充當軍師，確保他們的基本需求得到滿足。年紀太小或經驗不足的小朋友無法保護自己，所以需要一個聲音來替他們說話；希望給小孩最好的照顧，可是又對政府的規定沒有概念的父母親，需要有人來教他們看懂那些規定，以及有關接種疫苗、飲食、定期健康檢查等問題的相關訊息。我使盡渾身解數來照顧這些小朋友：身為醫療專業人員的能力、身為護衛者的權限，以及做為一個人的愛心。

這個月的經驗讓我定下以小兒科為未來職志的決心。就某方面來說，我認為自己對人生百態的偏好凌駕於醫學之上。我在處理醫療問題時，有時會放棄在某些複雜的醫學迷宮裡找出路，反而比較著力於探討病人問題的社會面及其演變的過程。有趣的是，另外兩位曾寫過自己念哈佛醫學院經驗的裴麗．克拉斯及克莉兒．麥卡西，她們的住院醫師訓練都選了小兒科。而為美國全國廣播公司撰寫電視影集「急診室的春天」劇本的哈佛畢業生尼爾．貝爾也是一樣。這讓我不得不認為，正是基於對生命故事的信奉，促使我們四個人都選擇了一個重視個人與家庭生命歷程的職業。

White Coat

第37章

哈薩德

我很驚訝地發現，不管是在波士頓還是哈薩德，貧窮對健康所帶來的影響其實是很類似的。兩地的窮人家都很難接觸到基層的醫療照顧，因此普遍為常見的疾病所苦，例如糖尿病。

我們在醫院的第一天，卡洛斯和我在護理站附近轉，想要看看在哪裡可以幫病人寫處方。有個穿著細條襯衫、打紅領帶的年輕人一直朝我們這邊看，手上還一邊把藥分配到每個病人的托盤裡。最後，他走過來自我介紹。當我們告訴他我們是醫學生時，他說：「我也是這麼認為。你們是哈佛醫學院的學生，對嗎？大家都一直在說你們要來。你們知道嗎？我真的忍不住要問一下，因為大家都很好奇。你們為什麼會選擇來到哈薩德（Hazard）？」

哈薩德位在東肯塔基州的阿帕拉契山區，它是該區的第三大城市，人口將近七千。再過去一點的一個鎮叫提波（Typo）。哈薩德建在群山之中，沒有明顯的谷地，平坦的地段在這裡奇貨可居。我們有一位住院醫師是這樣描述哈薩德的：「那就好像是某人走累了，一屁股坐下去說，『就是這裡了。打死我也不走了。就在這兒安厝吧。』」

卡洛斯和我會到哈薩德，完全是個意外。我向來就對鄉村生活有一種憧憬。我小時候很喜歡動物，對吉米．哈利（James Herriot）非常著迷，有好長一段時間，我一直深信有朝一日，自己會變一個鄉村獸醫，而且專治大型動物〔註：吉米．萊特（James Alfred Wright）是非常有名的獸醫，以吉米．哈利為筆名，就他的行醫生涯寫過許多膾炙人口的書，許多年輕人因為他的書而決定攻讀獸醫學〕。等到我開始念醫學院，當獸醫的夢想早就不知道跑哪兒去了，可是住在農莊裡養一堆動物的念頭卻從未消失。這讓我想起了維濟斯（Abraham Verghese）醫師的書《我的國度》（*My Own Country*），裡面詳細描述了他在阿帕拉契山區照顧愛滋病人的經驗。那本書是我兩年前看的，可是裡面的人物與故事令我久久不能忘懷，而且我還思忖著，也許我也會喜歡在那樣的環境下工作。

在我的印象中，維濟斯醫師在肯塔基州工作。我找了國立鄉村保健中心（National Center for Rural Health）的電話號碼，透過層層查問（若要我循原路退回，我肯定沒輒），我終於撥通了電話，聯絡到這家位於肯塔基州哈薩德的家庭診所。我也幫卡洛斯買了一本維濟斯醫師的書，這樣他才會跟我一樣躍躍欲試。卡洛斯把書翻到背面，看了封底上的第一行字：「座落於東田納西州炊煙裊裊的山野叢林間，這個強森城的小鎮，摒除了現代生活的焦慮……」

「嘿，」卡洛斯說道，「那不在肯塔基州，是田納西州啦。你根本搞錯地方了！」我們一開始就出師不利。

七月底，我們進行了一趟從波士頓到肯塔基州的兩天一夜之旅。我們行經哈薩德的入口處時，看到一座高塔，上面有一個很大的標誌寫著「哈薩德：山區的皇后城！」主要的街道穿過市區中央，這是由兩條平行的路所構成，長約四分之一英里左右。一排排老舊的一九二〇年代磚造建築傍街而立，有些掛著褪色的塑膠路標，看起來像是五〇年代加上去的。以前，哈薩德是座人聲鼎沸的煤礦城，但是現在大部分的店面都已經人去樓空。有張一月時用手寫的牌子，還貼在櫥窗上，敬告顧客該店已經遷移到新的地點。大部分的商家都搬到小鎮外圍的購物中心去了，新興的商圈就建在廢棄的礦脈帶上。

卡洛斯和我從來就沒有住過這麼小的小鎮，這裡和波士頓有天壤之別。整個培利郡連家書店都沒有，而哈薩德只有一家非連鎖餐廳。這裡的商家每天下午四點半就關店，而週末的時候更是家家戶戶打烊休息。有個星期六早上，當地的大眾廣播電台進行了四個小時的現場轉播，播報了沃爾瑪大賣場開學大拍賣的實況。

我剛剛結束了拉丁社區診所的工作，所以興致盎然想要比較一下城鄉貧窮的經驗。我預期兩地的醫療環境，一定就像風景一樣會有很大的差異。這個世界迥異於我過去所有的經驗，想必有其獨有的疾病；而建立在如此特別的環境下，這個社區一定自有其社會問題。卡洛斯和我不確定這個社區對我們會有何種反應，我們怕大家會把我們看成是哈佛來的偷窺狂，大老遠跑去窺視他們的貧窮。我們怕大家都逃之夭夭，連醫療關係都不願意與我們建立。

我很驚訝地發現，不管是在波士頓還是哈薩德，貧窮對健康所帶來的影響其實是很類似的。兩地的窮人家都很難接觸到基層的醫療照顧，因此普遍為常見的疾病所苦，例如糖尿病。這兩個社區中，有許多人都保險不足或根本沒有保險。在波士頓，一貧如洗的家庭比較會有流落街頭的情形，但是在肯塔基，就連最窮的家庭都會有個窩，不過可能缺水缺電就是了。哈薩德醫院的住院病人，都要填寫一份簡要的保健問卷，上面有個問題是：「你家有室內浴室嗎？」病人可以勾選「有」或「沒有」。

相較於整個社區的規模，哈薩德醫院算是非常大，不過它是鄰近五個郡主要的轉診中心。有一棟用磚和玻璃建造的新大樓，就蓋在一處舊的礦脈帶上，這棟大樓看起來就跟我所習見的哈佛醫學院附設醫院很像，只是規模小了點。它有一間八床的心臟病加護病房，以及一間同等大小的一般加護病房，除了神經與心肺外科之外，其他各科的病人都可在此照顧。如果病人情況太嚴重無法醫治，哈薩德醫院就會提供直升機，在十五分鐘之內把病人送到位於萊星頓市的肯塔基大學附設醫院。

波士頓與肯塔基最大的差別不在於貧窮的程度，或是醫療資源的能否取得，而是在於煤礦。開採煤礦是這個地區主要的產業，礦坑一天二十四小時都在運轉，實行三班制，每個班八小時。本地幾乎所有的男性，都從事或多或少與煤礦業相關的工作，因而許多男性都罹患了塵肺症，那是長年吸入矽粉，導致肺部硬化的結果。礦坑裡需要用重型機械做粗活，而且許多人都曾經遭遇過礦坑災變，正因為開採煤礦費力又辛苦，以致許多人在五十一、二歲退休時，看起來比實際年齡蒼老許多。

煤礦創造了一個奇特的經濟社會體系。冬天的各種天候狀況以及學校太遠，讓上學變得困難重重，而當礦工並不需要接受高深的教育。隨著時間的演進，情況已有改善，不過文盲的現象還是很普遍，特別在老一輩的人中。有些根本沒受過教育的人，在礦坑裡從基層做起一路往上爬，最後也是變得家財萬貫，這種現象特別是在石油禁運的七〇年代最為明顯。南西是那裡的一位護士，她告訴我，她的鄰居因為採礦而成為大富豪，不過他卻目不識丁。鄰居以前常常會拿信請她爸爸念給他聽，而她爸爸也只是小學三年級的程度。

哈薩德與東肯塔基也是全國吸菸率最高的地方，將近有五〇％的成人都吸菸。雖然暴露於礦坑中的矽塵從未被證實會導致肺癌，但是礦工因為吸菸而罹患肺癌時，他們的肺早就嚴重受損。在哈薩德，四〇％的癌症診斷結果是肺癌，而全國的平均比例是一四％。有一位來自那個地區的住院醫師說：「我們這裡這些傢伙都會得癌症。」得到肺癌一點都不稀奇，只是時間早晚問題。我們待在那裡的那一個月，醫療小組每個星期都會診斷出至少一個新的肺癌病例，而有兩個病例的狀況更多。

我有一個病人，她的先生最近才因為肺癌過世。她六十出頭，非常瘦，滿頭的白髮因為年歲漸增而轉為枯黃，緊緊向後紮成了一個馬尾。她的紫褐色眼鏡把她的藍色眼睛放大了，大到讓整個臉看起來不太協調。她十四歲的時候就嫁給了她先生，當時他二十一歲。「當他來我家說媒時，我老爸告訴他，我還是個小女孩而已。『沒關係的，』他回我爸說，『我會用我的方式把她扶養長大。』」她說他們在一起過得很幸福，自從他走了之後，她時時刻刻都在想念他。「我還記得他下工回家的樣子。他總是會舔舔嘴脣。他從礦坑回來時，除了被他舔乾淨的嘴脣周圍一圈之外，通常都是滿臉煤灰黑漆漆的。」

待在哈薩德的經驗撼動了我的心。哈薩德醫院是個溫馨的地方，我很喜歡那裡的醫師與住院醫師。那些專科醫師通常會在走廊上叫住我們，告訴我們有關病人的最新消息，而且他們會和我們一起坐下來吃午餐，這在階層分明的波士頓醫院是聞所未聞的。哈薩德醫院並不是一個學術中心，所以這裡的住院醫師，並不像我們在波士頓時那樣，閱讀許多最新的醫療文獻。不過，他們的醫療照顧非常完善，我對所有的住院醫師與主治醫師都深具信心。我的病人對我而言很有挑戰性，因為無論是他們的醫療問題或社會環境都很複雜。我喜歡去體驗不同的文化與生活方式。

卡洛斯和我一起渡過了很特別的一個月。我們整天都在一起工作，整個週末或晚上都沒有朋友、電視或電話的干擾。我很高興能夠這麼密集和他相處在一起，也更確定能夠嫁給卡洛斯我有多歡喜。我們每天晚上都去散步，每個週末都去健行。在新海文與波士頓住了七年之後，我才知道自己有多想念大自然。我想卡洛斯比我更渴望看到波士頓的書店、餐廳以及車水馬龍。雖然到頭來我也會想念城市，但是我覺得自己可以快樂在小小社區裡住上幾年。哈薩德的經驗，讓我想在結束住院醫師訓練之後，再回到這裡來工作。

肯塔基之行結束之後，卡洛斯和我參加了國家醫師執照考試的第二部分。醫師執照考試是我們醫學養成教育最後一道大關卡，之後並不需要再經過其他的考試就能取得學位。第二階段的醫師執照考試與第一階段一樣，都是兩天。考試範圍涵蓋所有的基本專業技能，同時還測驗我們各種疾病的診斷與醫療處置。通過了第一部分的考試之後，我對第二部分就比較能夠輕鬆以對。我的讀書時間比上次少了許多，也沒排得那麼緊。在哈薩德實習的最後一個星期，卡洛斯和我開了兩個半小時的車，到肯塔基的萊星頓市，那是離我們最近的考試地點，不過我們覺得在不熟悉的地方參加醫師執照考試，實在有點冒險。醫師執照考試之後，橫在我們與畢業之間的最後一道障礙就是「配對」了，這個全國統一的分發計畫，是要把醫學生分發到全國各大醫院去進行住院醫師訓練。住院醫師的申請從初秋開始，一直延續到年底。

卡洛斯和我在九月初回到波士頓，期待著開啟未來輕鬆的一年。我已經解決了所有困難的科別，所以接下來就可以選擇比較輕鬆的臨床選修課。從肯塔基回來之後，卡洛斯和我開始住在一起。我們在布魯克林以前住處附近，租了一間採光良好的單房公寓。雖然我很喜歡過去位於地下室的小窩，不過住在光線充足的公寓也很不錯，一眼就可以看到窗戶外面夏天翠綠的樹木。

許多朋友的時間表也安排得很輕鬆。突然間，大家的晚上和週末都空了出來，於是我們的社交生活又開始活絡起來。有個星期六晚上，我們聚在羅伊的公寓，大家一直聊到凌晨一點才散會。我發現上次在外面逗留到那麼晚，已經是一年多以前的事了。這是好幾個月來頭一次，沒有人是值完班累到癱，也沒有人需要在隔天起個大早到醫院去報到了。

White Coat

第38章

急診室再現

我焦急地在急診部的走廊上踱來踱去，擔心他會不會出現任何過敏的反應。我的班還剩下大半天的時間，真不知道要怎麼熬過去。我最害怕的狀況出現了。

十月，由於住院醫師申請的截止日期已經愈來愈近，誰選了哪一科的傳言滿天飛。在一位同學的準新娘送禮會中，我才了解大家有多麼走火入魔。她的未婚夫是個演員，他的朋友比手劃腳聊天、嬉鬧、吃東西，而我們這一群醫學生則占據了一個角落，對每家醫院的情況掂斤秤兩，還互相給予忠告。

起初，要指出自己和同學有何特殊專長，感覺有點奇怪。我已經很習慣認為我們沒有技能，彼此之間也沒有差別，什麼樣的選擇都有可能。不過，既然我已經決定了自己的前途，並且開始申請的程序，實習醫師與住院醫師訓練便頓時變得真實起來。我很快就要成為一名醫師了。

有些人的決定相當出人意表。大家一致認為會選外科的愛莉莎，竟然選擇了病理科。三年級過了一半的某個下午，我們在病醫課裡玩了一個遊戲。大家在一張單子上列出同學的名字，各自猜想別人的選擇，填完之後不具名交出去。每個人都會收到各式各樣的反應。有一半的同學鎖定我會選擇一般內科；有一個人認為我會選擇老年醫學。但是，大家對愛莉莎的看法非常一致。她收到的單子都是：「外科。外科。心肺外科……」

我記得有一次她告訴我們，她期許自己要和先生一起，攜手共同照顧重症的病人。她想像著自己在凌晨兩點的時候，夫妻倆趁著空檔一起到餐廳去，利用十分鐘的時間解決晚餐。但是夏天她在法醫病理科進行臨床選修實習之後，她發現自己很喜歡研究屍體，在屍體上埋頭找尋致死的任何蛛絲馬跡。

「而且我想要當媽媽，想要花點時間陪陪孩子。這一點在外科是絕對辦不到的。」九月底上完病醫課一起走回家的路上，她這告訴我。她先生選擇了外科，因為如果兩個人都走外科，工作時間冗長又捉摸不定，這樣要經營一個家庭簡直就是一項不可能的任務。你不可能為了到學校去接生病的小孩，而從一場十個小時的手術中說抽身就抽身。愛莉莎在念醫學院之前蹉跎了幾年，她覺得自己的生理時鐘已經快要拉警報了。雖然有些住院醫師科別對於請假接小孩很有彈性，而且也提供非全日的職位，不過外科卻不在此便利之列。

當我回想起過去幾年與愛莉莎在病醫課中的相處時，她的選擇看起來就沒那麼前後矛盾了。有時候，她會因為太顧到病人以致耗費太多時間，無法專心找出疾病的作用機制與治療方式。這種情況每每讓她很沮喪。二年級有一種實作考試，每個人要檢查三十個「病人」，每個病人只能花兩分鐘，考試過後，她評論說：「真是太好了，因為我可以開門見山，直指要害，而不需要先來段閒話家常。」

有一段時間，她常常為了病人傷心難過、不能自已。我還記得她在病醫課上談到一個垂死的病人時，還忍不住頻頻落淚。那個年老的病人因為痛得厲害，所以醫師給她大量的止痛藥，結果鎮靜作用太強，讓她與先生最後相處的時刻，幾乎沒什麼情感的反應。「她來不及說再見，來不及再說一次『我愛你』。」愛莉莎說。

「我覺得自己好像得二十四小時呼叫器不離身，這樣才能當一個我理想中的外科醫師，讓病人隨時隨地都能找得到我，」她決定之後說道。「但是真的面臨抉擇時，我並不想放棄太多自我的生活。」

雖然我很欣賞她願意為了家庭而犧牲工作，但是卻很失望她做了這樣的選擇。班上只有兩位女同學選擇了一般外科，我想絕大部分的人是因為時間安排太緊湊而打退堂鼓。就我所知，愛莉莎是所有同學中少數幾個可以承受嚴苛生活步調的人之一。她本來可以當個很出色的外科醫師。她是個非常專心一意的學生，而且已經累積了相當豐富的醫學知識。

雖然曾經遭遇過難以應付的艱難時刻，但是對於病人與同事，她總是非常體貼而且深具洞察力。她有勇氣站起來捍衛自己的信念，也有力量把自己的信念灌注在那個難以抗衡的階級制度中。愛莉莎原本可以在那個我經歷過的貧瘠環境裡注入一股人性化的清流。

另外還有一些其他的意外，多少反映出基層醫療抬頭的趨勢。在這所以培養各科專門人才聞名的學術殿堂裡，只有九個人選擇一般外科，而家庭醫學科卻破天荒出現了十個人，選擇小兒科的更是暴增到將近三十個人。還有更多的人選擇基層醫療——主要集中在一般成人內科，而不是以次專科為導向的各個科別。

我的朋友所選擇的，大部分和我預想的一樣。羅伊選擇以基層醫療為主的成人內科。我的室友凱特，和卡洛斯與我一樣，選擇了小兒科。班上幾乎有一半的同學，決定要再多花一年來完成醫學院的學業。安蒂亞就決定要延畢一年，先把她在內華達州合法妓院，與女性性工作者接觸的經驗寫成一本書。瑪夏也決定要到以色列念書，把住院醫師訓練延後一年。

去年冬天遭受嚴重挫折而請病假的瑞努，秋天的時候回到了醫學院。她還是很掙扎要不要走上這一條救世濟人之路，不過卻決定要先完成學業再說。我在醫院遇見她，她的身上穿著哈佛醫學院的白袍。「回來的感覺很奇怪，不過一切都還好。我慢慢先從輕鬆一點的實習開始，讓自己可以重新回到正常的軌道上。」她告訴我。我抱了抱她，兩人便匆匆分手，各自前往下午的門診去了。

經過三年級的風聲鶴唳，四年級是輕鬆多了。我繼續在醫院裡埋頭苦幹，不過已經不需要值夜班，基本上也沒有週末的工作。卡洛斯也比較不忙了，所以我們可以有多一點的時間相處。我們開始計畫在五月舉行婚禮，大概是畢業前的兩個半星期左右。

住院醫師的申請並不麻煩，不像大學或醫學院的申請，會有一大堆的複選和申論題要回答。我只寫了一篇個人的觀點，可以適用於所有學校的申請。大多數科別的面試時間，要到十一月才開始，而十二月、一月是高峰期。我們有一個月的假期，可以完成所有的面試。配對日——住院醫師分發揭曉的日子——訂在三月十八日。這個過程和大學或醫學院的申請不一樣，我們不會從自己選擇的多家醫院中，收到一家以上的錄取通知。醫學生把依照優先順序排列的醫院科別名單，交給統籌負責的機構，而醫院則交出錄取學生的優先順序名單。接著，電腦便依照最高志願的順序，為學生與各醫院科別進行配對。配對日當天正午的時候，每個人都會收到一個白色信封，裡面放了一張紙，揭曉接下來幾年，大家要在哪家醫院的哪一科裡渡過。分發結果出來之後，就再也沒有機會更改了。

卡洛斯和我參加了夫婦配對，也就是說電腦會把我們的申請結合在一起。我們提交名單的時候是複雜了一點，不過除此之外，整個系統的運作對大家都是一樣的。不過，因為電腦會以兩個人一組來考量，所以就會受制於兩個人當中比較弱的那一個人。有很多人建議進行夫婦配對的人，最好選擇不同的科別，但是卡洛斯和我雙雙選擇小兒科進行配對，這又是更加少見的一種狀況。

「你們絕對不能告訴別人你們是夫婦配對的，」有位指導教授告訴我們。「大家會開始懷疑，你們為什麼要把私人生活與專業領域牽扯在一起。特別是規模比較小的科別，他們很不喜歡夫婦同在一個單位。」

雖然教授如此建議，可是大部分的夫婦在面談的時候，都公開了自己的情況，結果也進行得很順利。如果某一科很喜歡你，那主任可能會打電話給你另一半的那一科，鼓勵他們也接受他。有時候，夫婦中的某一方，可能會比自己單打獨鬥所獲得的分發要來得更好。

卡洛斯和我十二月第一次去面談時，根本不知道該跟口試委員說些什麼。最後，我們決定採取「你不問，我不說」的政策。然而，雖然口試委員一般都對卡洛斯抱持「不問」的態度，但是幾乎每一個委員都會問我。根據朋友間非正式的民調顯示，女性比男性更有可能被問到感情狀態與家庭計畫的問題。

有一次，我在傍晚的時候到某家醫院去面談。那一天，大概有五十個醫學生去面試，行政人員把面談地點安排在一排檢查室裡。每一場面試歷時整整二十分鐘。每個人走進一間檢查室，裡面有口試委員，他們手裡都拿著資料等著詢問考生。十五分鐘之後，就會有行政人員一間一間敲門，提醒口試委員時間快要到了。敲第二次門的時候，就表示面談結束，大家同時走出檢查室，然後互相交換檢查室，進行第二輪的面談。

我的口試委員面前的小桌子上，有四個黃褐色的文件夾疊成一疊。她身懷六甲，蜂蜜色的金髮鬆鬆地挽了一個髮髻。我是那天下午的最後一個考生。「很抱歉，我沒時間看你的申請表格。今天下午本來並不是安排我來面試的。」我進去的時候她說。

她簡略向我介紹了那個單位之後，便注意到我手上的訂婚戒指。「哦，所以你快要結婚了，」她說道。「你的未婚夫是哪一行的？」

這樣的對話令我很不自在，不過我告訴她，卡洛斯也是一個醫學生。她又繼續追問，於是最後我便告訴她，卡洛斯和我一起進行小兒科配對，我們希望能夠在同一科工作，而不是分發在同一個城市裡的不同家醫院。

「噢，真的啊，」她說道。「你們有仔細考慮過嗎？我想同在一個單位裡工作很有壓迫感喔。這樣兩個人的生活會黏得太緊了。」

現在，我覺得非常不舒服。她主動談到了我的婚姻狀況，而且鉅細靡遺地盤問著。我們面試的目的是為了一份工作。這樣不算違反規則嗎？

她不是第一個問我有關卡洛斯問題的人，當然也不是最後一個。最後，我想出一個解釋兩個人選擇同一科的標準答案，再三向口試委員保證，他們不需要擔心同時接納我們兩個會有什麼後遺症。

最後幾場面試中，有一次我遇到一位小兒心臟科醫師。「我們到隔壁我先生的辦公室去。」我進去的時候，她對我說道。他們兩個不僅都是小兒科醫師，而且連次專科都一樣。她很熱情，很快就讓我卸下心防。這個人才是我真的想要談論卡洛斯的對象。於是，我和盤托出，詳細說明我們在進階實習，以及在哈薩德一起工作的經驗，還告訴她我們有多快樂。

她坐在辦公桌的另一端看著我，有點困惑的樣子。「當然。難怪你們會想要在同一科工作。」

幸好，卡洛斯和我事先決定要限制面談的次數。四處趕場很傷荷包，整天塞滿一場又一場的面試與說明會，簡直就是累死人不償命。才跑了四場，我就已經抱怨連連，而大部分我遇到的人，都已經是第十三、四場了。卡洛斯和我把原本會用在多跑幾場面試的金錢和時間省下來，規畫了一趟阿根廷之旅。他最親近的家人已經住在美國很多年，可是他的祖父母和其他親戚，都還住在布宜諾斯艾利斯。他上一次回去已經是十三年前的事了，而他大部分的親戚都沒有辦法來參加我們的婚禮。

經過六個星期的面試與東奔西跑之後，卡洛斯和我終於在二月回到波士頓，我們準備趕在四月結束醫學院學業之前，開始進行最後的實習。我們終於走到了最後的階段。

二月的時候，我開始到小兒科急診部進行一個月的實習，那家醫院就是卡洛斯和我想要進行住院醫師訓練的地點。我在醫學院最後一次的臨床實習，竟然是急診部，這和我第一次透過電視影集「急診室的春天」所獲得的間接醫療經驗一樣，實在是有一點諷刺。四年以前，當卡特還是個醫學生，跌跌撞撞摸索初次的醫病經驗時，我真的覺得感同身受。

三年級時，我第一次的臨床實習就是在急診室。我呆呆傻傻等著住院醫師與工作人員的指導，最後才慢慢累積了足夠的能力，晉升為醫學界中得以發揮功能的一員。在此即將完成醫學院最後一年學業的時刻，我已經非常熟稔醫院的節奏，也深諳照顧病人之道。我終於快要成為一名真正的醫師了。我隸屬於這個世界，這是我一步一腳印扎扎實實掙來的。

小兒科急診部實習是我們計畫中的選擇。卡洛斯與凱特都很熱中這次的實習。醫學生在照顧病人上扮演很重要的角色，特別是擔任實習醫師的時候，總是會有許多機會可以動手學習各種醫療程序。學習各種醫療方法是我的目標。我花了好幾個月的時間在小朋友堆裡工作，並學習如何檢查，可是卻從來沒有為他們抽過半次血。光看著他們纖細的血管，就讓我驚慌不已。我被他們的疼痛與父母的憤怒嚇得六神無主。不過，住院醫師訓練已經慢慢向我逼近。如果半夜只剩我一個人在醫院，可是我卻從來沒學過如何替小朋友打點滴，那該怎麼辦？我必須要學習各種醫療方法，而且愈快愈好。

在我想要進行住院醫師訓練的醫院裡工作，多少有點壓力存在。醫院會在那個月裡，製作學生排名名單並提交出去，就邏輯上而言，雖然我知道這個月的實習已經不具左右評選委員會的力量，可是我還是很擔心。

急診部位於醫院比較老舊的區域，空間很大，有兩條走廊，三十多張病床。除了大之外，急診部常常是人滿為患、大排長龍。走廊與病房地板都因為時日久遠而褪成了均勻的栗子色，而昏黃的燈光讓狹小的房間看起來更形擁擠。這裡和醫院其他區域不一樣，其他地方都五顏六色、活潑明亮，還堆滿了玩具，急診部看起來一點都不像是照顧小朋友的地方，只有偶爾出現的黃色小馬桶透露出玄機。

第一個星期待在急診部的狀況很不錯。病人進到急診部後，我就開始密切注意，根據每個人不同的問題，做出不同的診斷、安排他們進行相關的檢驗、為他們抽血，並且負責追蹤他們在急診部的病情進展，以便決定到底是該出院回家或是住院治療。我直接在負責督導的主治醫師手下工作，中間沒有住院醫師和我們一起照顧病人。

這種模式幾乎就跟當個實習醫師的情況一樣。經過第一個星期接手照顧病人之後，我的信心大增。我已經可以專注在臨床的檢查上，並且提出適當的治療方式；我已經可以完全掌握每個病人的相關細節；雖然抽血還不是很成功，不過我已經克服學習的恐懼。過了四年之後，我終於覺得自己已經取得足夠的技能，可以當一名實習醫師了。我可以勝任愉快。

但是，第二個星期簡直就是個大災難。星期一早上十一點，我到達醫院，準備開始十二個小時的工作天。我的第一個病人是個兩歲半的海地小男孩，旁邊有媽媽陪著。這位母親很沮喪，因為她的兒子過去一個月不斷拉肚子。每次她帶兒子去看小兒科，醫師都告訴她是病毒引起的胃腸炎，之後連藥都沒拿就回家去了。週末的時候，他又拉了幾次肚子。但是到了星期日，他變得容易哭鬧，而且到了晚上便開始發起燒來。他媽媽星期一的時候帶他來掛急診，因為她已經受夠了那個小兒科家庭醫師。

小男孩坐在媽媽的膝上，媽媽講話時他靜靜地自己玩。他外表看起來沒有很嚴重，也沒有脫水得很厲害的現象。檢查結果中比較值得注意的是耳朵受到感染。主治醫師詹姆森重新檢查了一下，她也贊同我的評估。我以前沒有和她一起工作過。她很年輕又很有活力，聲音充滿朝氣，有一頭黑色的長髮。

當我第一次訪談小男孩的母親時，她告訴我小男孩微微起了疹子，可是不會搔癢，那是因為對amoxicillin過敏所造成的，這是一種治療耳疾常用的抗生素。我和詹姆森醫師討論抗生素的用藥選擇時，稍微提醒了她一下。「他對amoxicillin過敏。你要不要用Bactrim？」我問。

她想了幾秒鐘之後才回答：「不用，我們就用靜脈注射ceftriaxone好了，反正他已經打了點滴，一劑就是一個完整的療程。」

我知道少部分病人對amoxicillin的過敏反應，有時候會嚴重到危及生命，而這一類的病人也有可能對ceftriaxone過敏，不過如果是像他媽媽所描述的，只是皮膚過敏起疹子的話，通常就不屬於這一類。我看過有些醫師儘管知道有此禁忌，可是還是選用了ceftriaxone。況且，我才剛剛提醒了詹姆森醫師過敏的問題。

所以，如果她還是決定使用ceftriaxone，那應該可以很放心相信她的判斷。我寫下使用ceftriaxone的處方，另一位住院醫師也簽了名，這樣護士才能夠給予病人抗生素的治療。

就在護士告訴我病人已經開始接受ceftriaxone治療之後不到幾分鐘，詹姆森醫師朝我走過來，我當時站在病房門外的走廊上。「你告訴我他對Bactrim過敏。」她說道。

我的胃直向下沉，胃酸猛然湧上喉頭。「不對，我剛剛告訴你，他對amoxicillin過敏。我**建議**採用Bactrim。」我說。

「不是，」她把聲音提高了一點。她皺起眉頭，犀利的目光直鑽進我的靈魂。「你告訴我他對Bactrim過敏。」

「嗯，如果你聽到的是那樣，那我很遺憾。不過我真的是告訴你，他對amoxicillin過敏。」我回覆道。我的心跳加速，雙手冰冷發汗。

「喂，不能這樣瞎搞嘛。病人對amoxicillin過敏，你就不能給他ceftriaxone啊。」她生氣說道。

「我沒有問，因為我有看過醫師在這種情況下也給病人ceftriaxone，我以為你聽到了我的提醒。」我顫抖說著。

「但，這個問題很嚴重的。這個小孩很可能會引發致命的併發症啊。如果你覺得不妥，應該要提出來才對。」她衝進小男孩的病房，我也隨後跟了進去。她很唐突、焦躁再一次詢問那個媽媽有關小男孩過敏的問題。那個媽媽又把起疹子的事解釋了一遍。

當我們走出病房時，詹姆森醫師粗暴說道：「那個小孩大概沒什麼問題，不過我們要更密切觀察。」

我覺得糟透了。我簡直就坐立難安，只能焦急在急診部的走廊上踱來踱去，擔心他會不會出現任何過敏的反應。我的班還剩下大半天的時間，真不知道要怎麼熬過去。我最害怕的狀況出現了。我不僅犯了輕忽的錯誤，更做出了錯誤的判斷。

最後的結果是小朋友沒什麼大礙，他沒有出現過敏反應。當我幫他做出院前的檢查時，他正在遊戲間裡玩沙盤，嘴裡還吸吮著冰棒。小朋友安然無恙，詹姆森醫師雨過天晴，但是我卻毀了。

我已經麻木到欲哭無淚，於是便打電話給卡洛斯。我已經打算在病人回家後提早下班，可是我不敢自己一個人走二十分鐘回家，所以我請卡洛斯來醫院接我回去。我們約在急診部見面，當我們朝置物櫃走去時，我解釋整個情況給他聽。

「就這樣？」他說道。「然後小朋友沒事？」

我點點頭。

「在這樣的情況下，我也絕對不會給ceftriaxone，」他說道。「不過開ceftriaxone給對amoxicillin輕微過敏小朋友的例子，我看過好幾百次，而且我自己也做過。天哪，你打電話給我時，我還以為發生什麼可怕的事了呢。」

這是我覺得最感謝能與卡洛斯分享醫學苦楚的一刻。沒有人能像他一樣讓我冷靜下來，我知道他很了解我在當下的醫療處境與情緒感受。他並不是因為愛我，所以只好相信我的醫療能力，而在那裡說些空洞的安慰話。

我們沒有回家，而是到醫院大廳的**Au Bon Pain**烘焙咖啡店，卡洛斯陪我坐著吃貝果（猶太麵包）。他一次又一次告訴我，如果換作是他，他也會做同樣的事。最後，我終於平靜下來，然後又回到急診部繼續未完的工作。那天晚上，要在「醫師欄」下簽名，同時又要照顧其他病人，可以說是有史以來我所做過最艱難的事情之一。

我知道抗生素的選擇本身，算不上是什麼大失誤。然而，犯下嚴重錯誤的可能性，第一次在剎那間化為真實。我曾經差一點就犯下其他更嚴重的錯誤，這種經驗我們都有過。不過，這一次，錯誤竟活生生地發生了。我不想要承擔這種粗心大意的責任。

過去三年中，我從來就沒有懷疑過要成為一名醫師的選擇，可是現在，正當配對日與住院醫師訓練一步步接近時，我卻拚命想要逃離醫師的身分。突然間，我開始以羨慕的心態來看待其他的專業人士。為什麼我就不能簡簡單單選個朝九晚五的工作，還可以享有週末和假期呢？當我交出配對名單時，已經簽署了一份實習醫師的法定契約。現在根本沒有回頭路。卡洛斯忙著應付我晴時多雲偶陣雨的情緒，還得為我癱瘓的自信心尋找靈丹妙藥。

配對日愈接近，時間似乎就爬得愈慢。行政人員告訴我們，大家要在配對日的正午，準時到註冊組辦公室前領取分發的信函。等我們每個人都收到各自的信之後，他們會發布全班同學住院醫師分發的名單。之後，行政單位會為所有醫學生與家人舉辦一個午餐會。

「那就像是一種公開羞辱，」當我媽媽聽到配對日是如何安排時，她如是說道。

在一百五十個人的小團體中，要保守祕密根本就是奢求。即使我不是親自和每個同學交談，但是從我所有的朋友以及朋友的朋友當中，我幾乎可以聽到每個人的消息。因此，我們都知道彼此的選擇。當我們一起把信封打開時，要知道哪家歡樂哪家愁並不困難。

在配對日前兩天的黑色星期一，沒有被自己心儀的任何科別選上的學生，會接到所屬小組辦事人員的電話。星期二是湊和日，各小組的辦事人員，會打電話給諸大醫院中還有遺缺的各科主任，央請他們接受這些學生。基本上，每個人經過牽線湊和之後，都會得到一個住院醫師訓練的機會，在任何地方都有可能。如果星期一沒有接到電話，那就可以確定一定是自己選擇的某個地點。

配對日的早上，我強打起精神認真上課，可是耳朵裡充塞著血液奔流的聲音，幾乎阻斷了台上老師滔滔不絕的諄諄教誨。我遇到了凱特，兩個人一起走到醫學院中間的草坪去，耽擱的時間比我預計的久。卡洛斯那一天休假，我們計畫正午前幾分鐘要碰面。我心裡很確定他已經到了，於是便對凱特說道：「我希望他先把信拆開，這樣我就沒有排隊等著領信的壓力了。」

「不過，你知道他不會在你還沒到前就打開，對吧？」凱特問道。

「我真希望他先拆。」

等我到的時候，拆開信封後雀躍萬分的同學們，把走廊擠得水洩不通。樓梯上綁了許多粉紅色與白色的氦氣氣球，我得費一番力氣才能擠過洶湧的人潮，到註冊組辦公室去。

我看到卡洛斯站在樓梯的平台上，手裡抓著他的信封。「你去哪兒啦？我一直在等你。」他開口對我說道。

「你還沒看嗎？」

「還沒，我在等你啊。去拿你的吧。」卡洛斯說道。

「不要，你先拆你的。」我告訴他。

「你確定嗎？」他問道。我點點頭，於是他便撕開了他的信封。他看了一下笑了開來，然後遞給我看。他上了第一志願：這表示我很有可能也是一樣。我離開卡洛斯去找其他的朋友，並且冷靜地走進註冊組去拿我的信封。我的單子證實我們都上了第一志願。

我很快找到了凱特，知道她也被分發到同一家醫院，我們即將一起進行住院醫師訓練。羅伊也很滿意他的分發，他也留在波士頓。

我不知道該期待那一刻出現什麼感覺，不過我並不像其他同學那樣，如此欣喜若狂。我只覺得過去幾個月來的重重壓力，終於解脫了。

有個休學一年但是來和我們一起慶祝配對日的同學，後來告訴卡洛斯和我：「我看著你和卡洛斯打開信封，你們兩個只是淡淡笑一笑，然後搖搖頭。我還以為你們沒有被分發到第一志願咧。我張望了一下，有些人看到結果之後，簡直高興到不行。我實在無法想像，信封裡的玄機會讓我高興成那樣。」

我們兩個人的父母都急著等待結果出爐。我打電話到媽媽辦公室，強忍著驚喜的淚水，告訴她我們兩個以及其他朋友的消息。我想她可能比我們還興奮。我也打電話給卡洛斯在家裡的父母，他們也很高興我們終於心想事成，不過也有點失望，因為我們無法搬到加州去，和他們就近照應。

當我回到慶祝的現場時，大家已經從走廊移到大會議廳去享用自助餐了。我看到大家似乎都很興奮。不過等我仔細一瞧，發現有些人不見了。我們並沒有規定一定要在走廊上當著大家的面拆開信封，因此有些人祕密揭曉答案去了。我開始為久久沒有回來的人擔心。等我收到全班同學的分發結果之後，也就不難理解為什麼有少數幾個同學沒有回來參加慶祝大會了。雖然他們也獲得住院醫師的分發，不過那肯定不是他們心目中理想的科別。

當某位同學打開信封時，他的三位朋友站在一旁，準備為他拍照留下歷史性的一刻。他看起來很失望，可是他向來就是個耍寶大王。於是，他的朋友起鬨大叫：「快啦，不要再耍寶了好不好。」後來，他們很快就發現，這次他可不是開玩笑的。

我有一個朋友很晚才到，當他三步併作兩步爬上樓梯，直奔註冊組辦公室時，另外一個已經看到全班名單的同學向他走過去：「嘿，我知道你被分發到哪裡喔。要不要我告訴你啊？」

在這個場合裡去面對自己的未來，似乎是太公開了一點。對我們這些春風得意的人而言，大家當然很樂於分享。但是那些聰明有才氣的同學，沒有得到應得的分發，我真的為他們感到心痛。他們為什麼要把挫敗的一刻攤在我們的檢視之下？為什麼我們不能到一旁悄悄印證自己的期待，然後再回到現場，與同學一起慶祝四年來的高潮？

配對日是畢業前的最後一道高欄。現在，我們終於可以想像一下，七月一日開始，自己要成為怎樣的一個住院醫師了。我品嚐著配對日所帶來的解放滋味，但是某些同學受挫的困窘難堪，卻是整個喜氣洋洋的慶祝會美中不足的缺憾。

既然住院醫師分發大勢已定，先前急診部的風波所引發的恐懼，便又開始興風作浪讓我隱隱作痛。雖然我知道同學對於實習醫師的身分也都很焦慮，但我卻是到了驚慌失措的地步。卡洛斯再三安撫我，而我也試著把恐懼擱到一邊去，好好享受四年級最後的幾個月。

White Coat

第39章

畢業

現在，學校已經授予我學位，宣告我正式成為一名醫師了。但是，當我回顧過去四年時，實在弄不清楚那樣的轉換是在何時發生的。什麼時候我覺得像個醫師呢？

配對日之後，日子似乎悄悄靜止了。我已經完成所有醫院的臨床課程，只剩下兩個月在教室上的課。二月的時候，我看了醫學院生涯中最後的一個病人。卡洛斯也只剩下一些分量比較輕的課程。我們看書的時間多了，煮飯的時間也增加了，甚至還去聽了幾場音樂會，這些都是二年級以後就不再做的事情。

既然卡洛斯和我都已經知道七月的棲身之所，那麼我們就可以比較放鬆，把注意力放在規畫未來在波士頓的生活上。我們很喜歡目前在波士頓的公寓，所以既然已經確定不用搬家，便決定把學生時代破舊的家具丟棄，把它布置成我們長久的安居之所。

我們幾乎沒怎麼注意到醫學院的最後一天。感覺上，我好像睡掉了最後一個月。教授上課大部分一天只有三、四個小時，而上課的時候，我又多半忙著編織婚禮宴會要用的猶太圓頂小帽，偶爾才聽一下無聊的授課。卡洛斯和我的父母都打電話來恭喜我們，並且問我們是怎麼慶祝的。不過有點不尋常的是，我們並沒有狂歡，唯一對這個重大時刻的致意，就是晚餐前一起喝了一瓶啤酒。

卡洛斯和我把五月保留起來度假用，那是畢業前的最後一個月，而大部分的同學都是這樣做。我們計畫於五月十七日，在我的老家——紐約的羅徹斯特舉辦婚禮，而典禮結束之後就到愛爾蘭去度蜜月。

我們在五月初的時候到羅徹斯特去，和我媽媽一起打點婚禮最後的一些細節。雖然我們安排的是簡單隆重的小婚禮，不過卻有辦不完的瑣事。起初，我根本沒辦法把心思放在婚禮上。雖然急診部事件之後，我已經重拾部分的自信，但是對於住院醫師訓練的恐慌還是啃噬著我，為婚禮將至的歡欣喜悅蒙上了一層陰影。這種潛在的焦慮，偶爾表現在突發的信心危機上。卡洛斯還是不斷安慰我，而當婚禮迫近，需要費心的地方愈來愈多時，惶恐的感覺也就逐漸隱沒了。

婚禮前幾天，賓客陸陸續續抵達。卡洛斯八十多歲的祖父母從阿根廷飛到紐約來，另外還有一對叔叔嬸嬸也是。和我非常親近的九十歲外婆，也從加州趕來參加婚禮。而朋友出席的情況也比我們預期的要多得多。醫學院的眾家朋友中，基本上只有羅伊缺席，當時他正在土耳其飽覽當地風光。

我們的婚禮感覺真的非常美妙。雖然有人警告過我們，通常是不知不覺中，整個過程就已經結束。「我只有一句忠告：一定要找個好的攝影師。」卡洛斯的叔叔建議。我們則認為自己一定會細細感受晚上的每一刻。是在之後，我才開始感覺婚禮好像不太真實。隔天的下午，我們動身前往愛爾蘭。在飛機上，卡洛斯不斷說：「艾兒，我們在度蜜月喔。我們的蜜月喔！」

我們在愛爾蘭租了一部車，花了兩個星期玩遍了許多鄉鎮。春天的山坡上開滿了野杜鵑，到處都是一望無際的黃色鳶尾花。忙了幾個星期籌備婚禮之後，我們終於能夠放鬆心情，好好享受無憂無慮的兩人世界了。但是到了蜜月的最後幾天，我們又雙雙開始感受到住院醫師訓練逼近的焦慮。我夢見自己搞砸了檢定我是不是個好醫師的考試，而且還惡夢連連，夢裡的醫師惡形惡狀地喝叱我能力不足、粗心大意。卡洛斯則夢見在一個嚴重氣喘發作的個案中，我們兩個是唯一能夠照顧那個小病人的人手。

我們在醫學院畢業典禮的前兩天才回到波士頓。因此幾乎錯過了所有畢業前班上舉辦的活動，只來得及趕上畢業典禮而已。

要一下子從婚禮轉換到畢業典禮，實在有點困難。卡洛斯和我對畢業典禮並沒有感到特別興奮。我多少有點驚訝於自己的反應。我回想到一年級時，當時我住在范迪廳，地點就在舉行畢業典禮的醫學院大草坪的對街。我在宿舍房間裡就可以聽到畢業典禮的聲音，然後從窗戶望出去，滿眼淨是畢業生與家人，整個下午都在那兒來來去去。我強烈意識到，不知道還要跨越多少險阻才能到達那一天呢，我真是太羨慕那些畢業生了。我的雙眼噙著淚水，預想著畢業時喜極而泣的感覺。

但是，今天就是我畢業的日子。當鬧鐘在五點四十五分響起時，我幾乎爬不起來。卡洛斯的父母住在我們家裡，雖然還有加州的時差，不過動作卻比我們快，等我們在七點二十五分到達大學部校園要參加早晨的典禮時，我爸媽已經在排隊等著搶好位子了。卡洛斯與我和父母分手，加入了同學的行列，參加早晨的列隊繞行。我們在半管制的混亂中空等了兩小時之後，才行進到舉行典禮的哈佛園（**Harvard Yard**）。

當我們站著聊天時，許多人都認為這一刻和我們的預期大相逕庭。「我已經在外面玩了四個星期了。與其說畢業典禮代表從醫學院解脫出來，倒不如說畢業典禮代表住院醫師訓練再過兩個星期就要開始了，」羅伊說道。「如果我覺得自己已經準備好要當醫師了，那還比較令人高興呢。」

進到哈佛園之後，我們和其他學院的畢業生坐在一起，就在等著典禮開始的同時，各學院呼喊口號的聲音此起彼落。教育學院的畢業生大喊「我們願、我們願，教育你！教育你！」我們班有幾個同學回應道：「我們願、我們願，治好你！治好你！」坐在我後面的幾個同學，把口號修改了一下：「我們願、我們願，治死你！治死你！」大家都哄堂大笑。即使在畢業的這一刻，我們內心沒把握的感覺還是照樣浮現。

下午的時候，醫學系與牙醫系的畢業生，回到了醫學院舉行另一場典禮。醫學院草坪的中央搭起了一個帳棚。午餐過後，全部一百五十七名醫學系與牙醫系的畢業生，在醫學院大樓前的階梯上拍攝畢業照。我們按照姓名的字母順序排列，以便能夠依序領取畢業證書。班上幾乎有一半的同學選擇延畢一年，而和我們一起畢業的，又有將近一半是之前曾經休學，然後再回來念的。我搜尋著班級名單位置圖，看看自己應該排在哪裡，而站在我附近的人，我是一個也不認識。

二年級之後，大家就各走各的路。我甚至連有些同學的名字都不記得了。當我坐在椅子上等著被叫時，身邊坐的都是陌生人，讓我覺得四年後又齊聚一堂，期待能有一個共同的回憶，實在是很做作。

但是，對班上某些同學而言，畢業典禮還真的是個令人振奮的時刻。我們有幾位同學年紀比較大，他們是在其他領域工作過後，才又轉到醫學的跑道上來。特別有一位同學，是在快四十歲時才進醫學院的。我只能想像她一定是鼓起了很大的勇氣，才決定放棄原有的職業，轉而追求耗時、耗財，又耗力的醫學養成教育。當她走上台去領取畢業證書時，整個人神采奕奕，手裡還拿著旗幟，上面寫著：「謝謝你們，媽媽、爸爸，還有我摯愛的湯姆。」好幾位同學抱著襁褓中的嬰兒，或是帶著大一點的小朋友，一起上台去領取證書。上台的每位小小「畢業生」都得到一個填充玩偶，而他們的父母則拿到自己的畢業證書。

我站在卡洛斯後面好幾排，看著他被叫上台去領取畢業證書。當我等著被叫時，感覺離他好遠。最後，好像等了一輩子那樣，終於輪到我了。我決定畢業證書上要印婚後的姓名（我把卡洛斯的姓，當作我的中名），那是我對新名字第一次這麼強有力的應答。

上台領完證書之後，我走回自己的位子上。不知道為什麼，在那個當下，我覺得特別沮喪。然後，我看到卡洛斯就站在我前面那一排的走道上。他拿到證書之後，並沒有照規定回到位子上，而是站在那裡等我。我深深被他的舉措感動，不知不覺便掉下了眼淚，那正是我一年級無意中聽到畢業典禮時所預期的眼淚。

後來我媽媽說：「唉，也許對你們來說沒什麼大不了的，但是對做父母的來說可是件大事啊。看著你和卡洛斯穿著黑袍子，披著粉紅色的垂帶，手牽手走在一起，對我們來說是多麼震撼啊。它代表著一個時代的結束。」

現在，學校已經授予我學位，宣告我正式成為一名醫師了。但是，當我回顧過去四年時，實在弄不清楚那樣的轉換是在何時發生的。什麼時候我覺得像個醫師呢？

是在進一年級第一天的白袍禮上嗎？當時我們收到了白袍，袍子左胸口上，還繡了深紅色書寫體的「哈佛醫學院」字樣。還是一年級看著「急診室的春天」電視影集的時候？那時我才剛開始接觸醫學語言。或者是發生在二年級的時候？當時我買了些配備，準備動手學習身體檢查。那時的我相當篤定，自己即將學到進醫學院的最大目的：照顧病人。當我升上三年級時，我認為既然進了病房，身分的轉換理當會發生。

就在畢業前的兩個月，我在急診部裡經歷了醫學生涯中最具破壞力的一刻。疏失事件迎面撞上，讓我開始懷疑自己選擇行醫之路是否正確。問題發生後的幾個月裡，靠著卡洛斯的支持，我對這個意外事件有了不同的看法。我只是個普通人，我必須原諒自己的疏失。雖然我的自信還是搖搖晃晃，但是最後終於鼓起勇氣向前邁進。我再度重拾以往的信念：我可以、也會是一個好醫師。

經過四年之後，白袍終於踏實貼在我的肩上了。因為長年使用，白袍變得有些灰樸樸，一個口袋已經脫線，暫時先用別針固定住。我已經習慣了醫院的生活步調。我曾經因為看到「急診室的春天」裡醫學的複雜難解而心生畏懼，現在，我已經可以輕而易舉挑出其中的錯誤了。我已經覺得自己像個醫師了嗎？我還是不確定。但為了讓自己扮演醫師與醫療照顧者的角色更稱職，我猜想我的成長永遠沒有止息的一天。

中英文專有名詞對照

三劃

HIV 心肌症	HIV cardiomyopathy
HIV 腦病	HIV encephalopathy

四劃

不反應期	refractory period
心肌梗塞	myocardial infarcition, MI
心室纖維震顫	ventricular fibrillation
心電圖	electrocardiogram, EKG
心臟停止	asystole

五劃

出血性休克	hemorrhagic shock
卡氏肺囊蟲肺炎	Pneumocystis carinii pneumonia, PCP
卡洛莉症候群	Caroli syndrome
外傷性心跳停止	traumatic arrest
失語症	aphasia
布洛卡氏區	Broca's area
瓦登伯格氏症候群	Waardenburg's Syndrome
白斑症	vitiligo
先天巨噬細胞病毒	congenital cytomegalovirus infection
妄想型思覺失調症	paranoid schizophrenia
成骨不全症	osteogenesis imperfecta
羊膜囊	amniotic sac
血管機能不全	vascular insufficiency
血膽固醇過多	hypercholesterolemia

八劃

注意力缺陷症	attention deficit disorder
青少年型糖尿病	juvenile-onset diabetes

十劃

哮吼症	croup
格蘭染色法	gram staining
脊髓側索硬化症	amyotrophic lateral sclerosis, ALS

十一劃

動脈血氣體分析	arterial blood gas, ABG
蛋白酶抑制劑	protease inhibitors

十二劃

創傷後壓力症	posttraumatic stress disorder
唾腺	salivary glands
惡性黑色素瘤	malignant melanoma
智障兼腦性痲痺	mental retardation-cerebral palsy, MR-CP
硬化治療	sclerotherapy
硬脊膜外腔痲醉	epidural anesthetic
黃韌帶	ligamentum flavum

十三劃

傳染性軟疣	molluscum contagiosum
運動失調半身跳躍	movement disorder hemiballismus
鼠蹊淋巴結	inguinal lymph nodes

十四劃

思覺失調症	schizophrenic

十六劃

螯合治療	chelation therapy

十八劃

職能治療	occupational therapy
壞死性筋膜炎	necrotizing fasciitis
邊緣型人格障礙症	borderline personality disorder
鏈球菌激酶	streptokinase

二十一劃

攝護腺特異性抗原	prostate specific antigen, PSA

二十二劃

囊胞性纖維症	cystic fibrosis, CF

二十三劃

體染色體隱性異常	autosomal recessive disorder

二十五劃

顱骨神經	cranial nerve

國家圖書館出版品預行編目(CIP)資料

白袍：一位哈佛醫學生的歷練 / 艾倫・羅絲曼(Ellen Lerner Rothman)著；朱珊慧譯. -- 第三版. -- 臺北市：遠見天下文化, 2020.1
面； 公分. -- (健康生活；133B)
譯自：White coat : becoming a doctor at Harvard Medical School
ISBN 978-986-479-908-4(平裝)

1.羅絲曼(Rothman, Ellen Lerner) 2.醫學 3.傳記

785.28 108021243

健康生活 133B

白袍
一位哈佛醫學生的歷練
White Coat:
Becoming a Doctor at Harvard Medical School

原著— 艾倫·羅絲曼（Ellen Lerner Rothman, M.D.）
譯者— 朱珊慧
審訂— 賴其萬

總編輯— 吳佩穎
編輯顧問— 林榮崧
責任編輯— 鄭惟和；陳子揚
封面設計暨美術編輯— 江儀玲

出版者— 遠見天下文化出版股份有限公司
創辦人— 高希均、王力行
遠見．天下文化 事業群榮譽董事長— 高希均
遠見．天下文化 事業群董事長— 王力行
天下文化社長— 林天來
國際事務開發部兼版權中心總監— 潘欣
法律顧問— 理律法律事務所陳長文律師
著作權顧問— 魏啟翔律師
社址— 台北市104松江路93巷1號2樓
讀者服務專線— 02-2662-0012
傳真— 02-2662-0007；02-2662-0009
電子信箱— cwpc@cwgv.com.tw
直接郵撥帳號— 1326703-6號　遠見天下文化出版股份有限公司

排版廠— 辰皓國際出版製作有限公司
製版廠— 東豪印刷事業有限公司
印刷廠— 中原造像股份有限公司
裝訂廠— 中原造像股份有限公司
登記證— 局版台業字第2517號
總經銷— 大和書報圖書股份有限公司　電話／（02）8990-2588
出版日期— 2004年2月20日第一版第1次印行
2024年1月9日第三版第3次印行

定價— NT500元
書號— BGH133B
ISBN— 978-986-479-908-4
天下文化官網— bookzone.cwgv.com.tw